国家社会科学基金重点课题
浙江省"八八战略"创新发展研究院　研究成果
浙江省全面从严治党研究中心

地方监察委员会
运行逻辑与发展路径研究

陈宏彩 著

中国社会科学出版社

图书在版编目（CIP）数据

地方监察委员会运行逻辑与发展路径研究／陈宏彩著 . —北京：中国社会科学出版社，2023.7
ISBN 978 – 7 – 5227 – 2200 – 9

Ⅰ.①地… Ⅱ.①陈… Ⅲ.①地方政府—监察—政治制度—研究—中国 Ⅳ.①D630.9

中国国家版本馆 CIP 数据核字（2023）第 122995 号

出 版 人	赵剑英
责任编辑	王　琪
责任校对	杜若普
责任印制	王　超

出　　版	中国社会科学出版社
社　　址	北京鼓楼西大街甲 158 号
邮　　编	100720
网　　址	http://www.csspw.cn
发 行 部	010 – 84083685
门 市 部	010 – 84029450
经　　销	新华书店及其他书店

印　　刷	北京明恒达印务有限公司
装　　订	廊坊市广阳区广增装订厂
版　　次	2023 年 7 月第 1 版
印　　次	2023 年 7 月第 1 次印刷

开　　本	710×1000　1/16
印　　张	20
字　　数	302 千字
定　　价	109.00 元

凡购买中国社会科学出版社图书，如有质量问题请与本社营销中心联系调换
电话：010 – 84083683
版权所有　侵权必究

序　言

宏彩教授博士毕业来浙江工作时，我们就已经相识。近二十年来，我们有很多的合作和交流，也结下了深厚的友谊。宏彩教授一直在从事监察体制改革的研究，无论是冷门还是热门时期，他都始终在这一领域耕耘。今天读了其国家社科基金重点课题的成果，为他取得的新的成绩而高兴。

面对严峻复杂的反腐形势，以习近平同志为核心的党中央一方面铁腕治腐、正风肃纪；另一方面，开创性地推动国家监察体制改革。浙江是国家监察体制改革三个试点省市之一，对该问题展开研究具有独特的条件和优势。宏彩教授凭借自己扎实的研究基础和敏锐的学术洞察力，第一时间开展研究，第一时间获得国家社科基金重点课题立项，第一时间出版学术专著，体现了学者的执着和担当。本书主要有以下几个特点。

首先，它建立在长期的田野调查和跟踪研究基础之上。作者对国家监察体制改革进行了长达五年的跟踪研究，先后访谈了一百多名纪检监察机关的干部，举办了三十多次座谈会。国家监察体制改革初期，各种矛盾、各种问题涌现尤其充分，深入地开展实地调研和访谈，获得第一手资料，对课题研究尤为重要。作者对实践的了解十分充分，从而使本书始终站在实践前沿、改革前沿，研究成果很接地气，这是一般的研究者难以做到的。

其次，它建立在独特的学科视角和分析框架之上。国家监察体制改革研究主要有政治学、法学、公共管理学三种路径。政治学主要从权力结构优化的视角进行分析，法学主要从改革的宪法基础和法治路径进行分析，公共管理学主要从治理效能提升的角度进行分析。从这几年的研究来看,前两者的研究较多,后者的研究相对较少。本书主要从公共管理学的视角进行研究,运用当代公共管理的前沿理论——整体性治理理论作为分析工具,建立了主体、客体、行为三重维度的分析框架。这三重维度涵盖了国家监察体制改革的各个方面,有利于用整体的、系统的思维方式研究和阐释改革实践,提出系统性的政策建议。

最后,它建立在扎实的前期研究成果和学术积累之上。作者二十多年专注于权力监督改革特别是监察体制改革研究,发表了系列质量较高的成果,本书的部分成果已经发表于权威期刊。在这一系列的前期成果中,作者提出了许多具有创新性、前瞻性的观点,例如,如何建立从"单向吸纳"到"双向赋能"的地方监察机关组织结构,如何建立动态平衡的权力赋予机制,监察机关内部监督如何在相互制约和相互协同中寻求平衡,如何建立健全地方监察委员会绩效评估机制,如何超越国家监察体制改革深化国家廉政体系建设,等等。

当然,由于国家监察体制改革本身处于初级阶段,对改革的研究也仍然处于初级阶段。国家监察体制改革仅仅经历了短短的五年时间,对其研究目前也只能是整体上的和宏观层面的。这也是本书的局限所在。当国家监察体制改革进一步深化的时候,本书论述的许多问题还可以专门进行研究,完成系列专著。无论怎样,作为国家监察体制改革的第一批国家课题、第一批学术著作,本书在许多方面进行了宝贵的探索,为后人的研究奠定了一定基础。不管是理论工作者还是实务人员,都能开卷有益、收获良多。

2022年,我主持的第四项国家社科基金重大课题"新时代党和国家监督体系的理论建设与制度完善研究"正式立项,宏彩教授担任子课题的负责人。我们将在这一领域深耕细作,为国家权力监督体系的完善贡献绵薄之力。

是为序。

陈国权

2023年初于浙江大学

目　录

导　论 ………………………………………………………………（1）

第一章　整体性治理理论：国家监察体制改革研究新视角 ………（27）
　一　科层管理体制的悖论与困境：传统行政模式的弊端分析 …（27）
　二　理论创新与治理变革：整体性治理理论及其本土化运用 …（37）
　三　整体性治理视域下的国家监察体制改革：
　　　一个系统性分析框架 ……………………………………（44）
　四　弥补还是超越科层治理：整体性治理的功能辨析 …………（50）

第二章　权力监督的整体性治理：国家监察体制改革的
　　　　逻辑演绎 ……………………………………………（54）
　一　国家权力结构的整体性优化：实质性提升
　　　监察权位阶与权能 ………………………………………（54）
　二　反腐资源的整体性重组：克服重复配置与效率低下 ………（60）
　三　党内监督与国家监察的整体性实施：建构有中国特色的
　　　权力监督格局 ……………………………………………（71）
　四　职务违法与职务犯罪行为的整体性防控：遵循廉政
　　　建设规律的行动自觉 ……………………………………（76）
　五　历史传统与域外经验的整体性借鉴：中国反腐道路的
　　　理性选择 …………………………………………………（80）

第三章 机构与职能的整体性配置:监察委员会高效运行的制度基础 …………………………………………（88）
 一 组织机构的系统调整:健全新型反腐机构的组织载体 ……（88）
 二 职能的科学配置:打造整体性治理的反腐模式 …………（100）
 三 机构重组后的运行机制:基于反腐实践的审视 …………（115）
 四 深化机构改革与职能调整:面向未来的顶层设计 ………（130）

第四章 权力的整体赋予与权威的整体重塑:建立集中统一的法定专责机关 ………………………………（142）
 一 权力的依法充分赋予:监察机关的权威重塑 ……………（142）
 二 权力赋予的争议辨析:从留置措施到监察对象 …………（150）
 三 权力行使的动态平衡:基于反腐效能的整体性考察 ………（155）

第五章 对监察权监督的整体性制度安排:破解"谁来监督监督者"难题 …………………………………（160）
 一 强化监察机关内部监督:理论逻辑与制度建构 …………（160）
 二 人民代表大会监督:法理基础与制度创设 ………………（178）
 三 司法与执法机关监督:制度优势与推进原则 ……………（192）
 四 舆论与社会监督:构筑开放互动的监督平台 ……………（206）

第六章 领导与管理体制的整体性重构:建立党领导下的权威高效反腐机构 ………………………………（223）
 一 从统一领导、上级主导到整体行动:党的十八大以来的反腐体制改革 ………………………………………………（223）
 二 中央要求与地方实际的有机融合:地方纪检监察机关的体制创新 …………………………………………………（231）
 三 将体制优势转化为治理效能:深化反腐体制改革的根本路径 …………………………………………………（241）

第七章 监察体制改革绩效的整体性评估:以评估推进改革目标的达成 ……………………………………………… (253)
 一 以评促改与以评促建:国家监察体制改革绩效评估的实践逻辑 …………………………………… (253)
 二 过程评估与结果评估的结合:国家监察体制改革绩效评估指标体系 ……………………………………… (256)
 三 自评与他评的结合:监察体制改革的评估主体 ………… (264)

第八章 超越监察体制改革:清廉国家的整体性系统性建设 …… (267)
 一 清廉国家的体系建构:域外探索及其经验借鉴 ………… (267)
 二 新中国的廉政体系建设:历史演进与主要成就 ………… (273)
 三 廉政体系建设中的国家监察体制改革:制度绩效与功能局限 ……………………………………… (281)
 四 廉政建设体系的整体性重塑:清廉国家建设的根本路径 ……………………………………………… (286)

结 论 ………………………………………………………………… (293)

参考文献 ……………………………………………………………… (296)

后 记 ………………………………………………………………… (309)

导　论

自从人类的政治生活产生以来，如何有效地监督和制约政治权力始终是政治生活的重要议题。纵观人类的政治发展历程，权力监督兴则国家兴民生兴，权力监督衰则国家衰民生衰。在某种意义上讲，一部政治文明史，就是一部权力监督制约史。古代雅典的公民大会、现代西方国家的三权分立，无不体现了人类对权力制约的探讨和努力。自中国共产党成立以来，一代又一代的中国共产党人始终牢记党的初心和宗旨，不断加强权力监督和自我革命，不断进行理论探索和实践创新，保障人民的权力始终为人民谋利益。以习近平同志为核心的新的党中央十分重视权力监督体制机制改革，站在国家兴衰存亡的历史高度，从完善国家权力结构的崭新视角深入推进国家监察体制改革，取得了历史性伟大成就，创造了一系列的理论成果、实践成果和制度成果。对国家监察体制改革进行系统性研究，具有重要的理论和现实意义。

一　选题背景与研究问题

2016年11月，中共中央部署在3个省市设立各级监察委员会，由同级人民代表大会产生本级监察委员会，作为行使国家监察职能的专责机关。这是我国政治体制改革中的一件大事，引起了全社会的广泛关注。习近平总书记指出："国家监察体制改革是事关全局的重大政治体制改革，是强化党和国家自我监督的重大决策部署。要按照党中央确定的时间表和路线图，完成国家和省、市、县监察委员会组建工作,建立党统一领导的反腐败工作机构,构建集中统一、权威高效的监察体系。"① 2017 年 11 月 4 日,根据中共中央办公厅印发的《关于在全国各地推开国家监察体制改革试点方案》,第十二届全国人民代表大会常务委员会第三十次会议通过《关于在全国各地推开国家监察体制改革试点工作的决定》,国家监察体制改革随即在全国铺开。这场改革的涉及面之广、力度之大、效率之高、影响之深远,在百年大党的历史演进和制度变革中极其罕见。对于这项事关全局的重大政治体制改革和国家权力监督体制改革,不仅社会各界的关注空前高涨、各方面的宣传全方位展开,学术界的研究和探讨也异常热烈。在学界,比较活跃的是政治学和法学领域的学者,他们对这场改革带来的国家权力结构的变化以及改革的法理依据、法律完善等进行了广泛而深入的探讨。其实,每项重大的改革,都可以从政治学、法学、公共管理学的视角进行分析,每个学科研究的问题、方法是不同的。政治学更加关注改革的政治意义,法学更加关注改革的合法性与法律完备性,管理学更加关注改革的绩效。因此,这三个方面相互补充,可以从各自的角度深化对改革的认识,从而有助于理解和推进改革。"深化国家监察体制改革的初心,就是要把增强对公权力和公职人员的监督全覆盖、有效性作为着力点,推进公权力运行法治化,消除权力监督的真空地带,压缩权力行使的任性空间,建立完善的监督管理机制、有效的权力制约机制、严肃的责任追究机制。"② 那么,监察委员会如何科学地进行机构设置、职能配置和体制转型呢?如何深化对监察机关的监督以防止监察权本身的变异和腐败呢?如何从国家廉政建设体系的视角审视监察体制改革的功能与局限呢?或者说,如何更好地将制度优势转化为治理效能呢?这正是本书要研究的主要问题。

---

① 《习近平谈治国理政》(第 3 卷),外文出版社 2020 年版,第 512 页。
② 习近平:《在新的起点上深化国家监察体制改革》,《求是》2019 年第 5 期。

二 国内外研究现状述评

（一）国内研究现状

国家监察体制改革始终是国内学术界研究的焦点之一。特别是国家监察体制改革试点启动前后，学术界的探讨尤为热烈。政治学、法学、公共管理学等领域的学者纷纷对该问题进行了广泛而深入的探讨。国内学者主要研究了以下问题。

1. 国家监察体制改革的理论逻辑和实践逻辑研究

国家监察体制改革的理论逻辑和实践逻辑是无法绕开的议题。学者们主要从四个角度进行论述，形成了"自我革命论""资源整合论""体制压力论""实践取向论"等有代表性的观点。

（1）自我革命论。吴建雄认为，国家监察体制改革是以习近平新时代中国特色社会主义思想为指导的依法治国方略，是监督公职人员廉洁履职、秉公用权，实现党和国家自我革新、自我完善、自我提高的重要保障。[①] 马怀德认为，作为长期执政的政党，中国共产党最大的挑战就是对权力的监督，"实现党的历史使命，必须破解自我监督这个难题，要以党内监督带动和促进其他监督，健全完善科学管用的权力监督制约体系，推进治理体系和治理能力现代化"[②]。

（2）资源整合论。任建明、杨梦婕认为，"反腐败机构不能过于分散，而要整合、集中以达到相当的规模，并在此基础上按照职能分工的要求设计内设机构，在人事管理方面选择职业化和专业化模式"[③]。任进认为，反腐职能分散于各个职能部门、反腐资源配置效

[①] 吴建雄：《国家监察体制改革的法哲学思考：立场、观点与方法》，《中南大学学报》（社会科学版）2019年第4期。

[②] 马怀德：《国家监察体制改革的重要意义和主要任务》，《国家行政学院学报》2016年第6期。

[③] 任建明、杨梦婕：《国家监察体制改革：总体方案、分析评论与对策建议》，《河南社会科学》2017年第6期。

益不高是我国反腐体制存在的明显弊端,"建立集中统一、权威高效的国家监察组织,应将行政监察、腐败预防、查处贪污贿赂、失职渎职以及预防职务犯罪等相关职能,整合成为相对独立的监察权,集中由各级监察委员会行使"①。过勇、宋伟对地方纪检监察体制的整合性改革进行了研究并予以肯定。他们认为,"珠海市横琴新区将多个职能机构整合在一起的一体化模式在中国是首创,为纪检监察机关改革提供了一个新思路,对于精简机构、人员,整合党内监督、行政监督和法律监督,形成纪检监察合力具有积极意义"②。

(3) 体制压力论。庄德水认为,国家监察体制改革的逻辑起点在于现行反腐体制存在的结构性和功能性双重压力。国家监察体制改革风险较低且相对独立,又能够产生联动效应;既能触及政治改革的核心问题,又革新了党的执政方式和领导体制。因此,国家监察体制改革是当前政治改革特别是政治体制改革的突破口与切入点。③ 邱霈恩认为,党的十八大以来,虽然反腐败斗争已经取得压倒性胜利,但反腐形势依然严峻复杂,"要消除腐败存量,抑制腐败增量,力争杜绝腐败,就一定要建成并实施一个高效长效的反腐败体制机制和专责体系,也就是必须不断深化国家监察体制改革、加强国家监察体系建设"④。徐小庆认为,"国家监察体制改革以'反腐权力'为着力点,通过重构权力运行程序,改变了监督职能重叠交叉、监督权行使易受干扰等体制性障碍,初步实现了监督权的现代化改造。通过赋予监察权较高的位阶和相对独立的地位,构建起党集中统一领导下的决策、执行、监督既相互协调又相互制约的权力运行机制,更加契合全面建设社会主义现代化强国时期规范权力运行的内在逻辑和客观要求"⑤。

---

① 任进:《宪法视域下的国家监察体制改革》,《行政管理改革》2017 年第 3 期。
② 过勇、宋伟:《中国地方纪检监察机关改革模式分析》,《政治学研究》2014 年第 5 期。
③ 庄德水:《国家监察体制改革的行动逻辑与实践方向》,《中共中央党校学报》2017 年第 4 期。
④ 邱霈恩:《积极推进国家监察体制改革和体系建设》,《中国行政管理》2018 年第 7 期。
⑤ 徐小庆:《完善党和国家监督体系的创举——国家监察体制改革的回溯与展望》,《政治学研究》2021 年第 4 期。

（4）实践取向论。有学者认为，成立专门的反腐败工作机构，对所有行使公权力的党员干部、公职人员进行监督，对违纪的进行查处，对涉嫌违法犯罪的进行调查处置，这是坚持党管干部原则、加强党的领导的重要体现，是完善坚持党的全面领导体制机制的重要举措。① 李晓明等认为，"面对依然严峻复杂的反腐败斗争形势，零星的修补已不足以摆脱这种困境，必须对现有的反腐败体制进行重构再造"②。江国华认为，建立党统一领导下的纪检监察合署办公体制，可以加快案件流转，提高反腐工作的效率，还可以推动党纪与国法的紧密衔接，实现依规治党与依法治国的有机统一。③ 杜兴洋等认为，形成权威高效的监督体系是推进国家治理现代化的重要内容。深化国家监察制度改革，设立国家监察委员会是推进国家治理体系和治理能力现代化的重要举措。④ 同时，也有学者（如姚文胜）为如何有效治理腐败提供了中国智慧和中国方案。⑤

2. 国家监察机关的性质、地位和功能的研究

关于国家监察机关的性质、地位和功能的问题，学者们主要从政治学、宪法学和管理学三个角度进行分析。

从政治学的视角出发，学者们大多认同权威部门的解释，即"监察委员会作为行使国家监察职能的专责机关，是实现党和国家自我监督的政治机关，不是行政机关、司法机关"⑥。邱霈恩从国家权力结构的角度分析监察权的性质和地位。他认为，监察权的确立以及国家监察委员会的建立，正式建立了由立法权、行政权、监督权、审判权和检察权构成的"新五权"国家权能结构。这一重大创新适应了国家治理现代化的规律和需要，是马克思主义国家学说在中国新时代的

---

① 本书编写组：《监察与司法有效衔接工作指引》，中国方正出版社2019年版，第25页。
② 李晓明、芮国强：《国家监察学原理》，法律出版社2019年版，第213页。
③ 江国华：《国家监察立法研究》，中国政法大学出版社2018年版，第23页。
④ 杜兴洋主编：《国家监察概论》，武汉大学出版社2019年版，第18页。
⑤ 姚文胜：《国家监察体制改革研究》，中国社会科学出版社2019年版，第52页。
⑥ 中共中央纪律检查委员会法规室、中华人民共和国国家监察委员会法规室：《〈中华人民共和国监察法〉学习问答》，中国方正出版社2018年版，第12页。

新发展。①

从宪法学的视角出发,学者们的探讨更为丰富。莫纪宏认为,"从政治宪法学的角度,可以把中国特色监察权分为两部分:一部分是由党的执政权延伸出来的政治权力性质的监察权,这种监察权的正当性来自于党管干部原则;另一部分是需要借助于国家权力体系运行的国家监察权,这种监察权需要纳入由宪法和法律所确立的国家权力运行体系以及法律监督权的运行秩序中"②。陈瑞华认为,"在国家宪法层面上,各级监察委员会属于对公职人员行使监督、调查和处置职能的国家监察机关。监察机关监督的对象不是国家机关,而是所有行使公权力的公职人员,监督的重点是公职人员是否存在职务违法和职务犯罪的情况,这种监督同时包含着党纪监察、政府监察和刑事监察等三个方面"③。童之伟认为国家监察机关的实际地位不能高于法院。因为无论哪个国家的法院都是主要国家机关之一,而监察组织只是主要国家机关的从属机构。④

从管理学的视角出发,徐汉明认为,国家监察权是一种"高位阶独立性的复合性权力"。国家监察权是对以往多种权力的继承、整合与扬弃的结果,是独立于其他国家机关的高位阶权力。这一权力具有反腐败的专门性、地位的独立性、权力行使的强制性、权力运行的主动性、规范权力的程序性、履职责任的客观义务性、组织体系的严密性等特征。⑤ 谭家超认为,国家监察权设置的功能主要体现在四个方面:国家权力结构的调整功能,权力运行及权利维护的保障功能,国家公职行为的净化功能,国家整体形象的增信功能。⑥ 石亚军等认为,国家监察体制改革致力于从行政监察向国家监察转变、从单一监察向

---

① 邱霈恩:《国家监察体制改革和体系建设的法理创新探略》,《中共中央党校学报》2018年第4期。
② 莫纪宏:《国家监察体制改革要注重对监察权性质的研究》,《中州学刊》2017年第10期。
③ 陈瑞华:《论国家监察权的性质》,《比较法研究》2019年第1期。
④ 童之伟:《国家监察立法预案仍须着力完善》,《政治与法律》2017年第10期。
⑤ 徐汉明:《国家监察权的属性探究》,《法学评论》2018年第1期。
⑥ 谭家超:《国家监察权设置的功能》,《河南社会科学》2017年第6期。

复合监察转变、从惯性监察向规制监察转变，理顺了监察要素、系统和环境的关系，构建起全域立体监察模式，创新了党统一领导下的无缝隙权力监督体系和反腐控制网络。①

3. 监察机关的职权职责与法律体系建设研究

学者们对监察机关的主要职权职责进行了探讨，包括法规制定权、处置权、案件管辖权、监察对象范围的界定等。

在法规制定权方面，主要探讨了监察机关法规制定权的法理基础和类型类别。宋方青、张可认为，全国人大常委会以决定方式赋予国家监察委员会监察法规制定权，需要"在《决定》（即《全国人民代表大会常务委员会关于国家监察委员会制定监察法规的决定》）基础上进一步厘定监察法规效力位阶，完善制定程序、构建立法监督体系，以确保监察法规制定权与现有立法制度有效衔接"②。聂辛东认为，"目前国家监察委员会既可以为执行监察法律、监察直接相关法和间接相关法的规定，单独或者联合其他国家机关进行执行性立法，也可以在遵守法律保留原则的前提下，就领导性管理事项进行创制性立法，还可以基于全国人大常委会的专门授权，就法律的相对保留事项和监督性管理事项进行授权性立法"③。叶海波意识到现行纪检监察规范生成的缺陷，认为在监察机关缺乏监察规范创制权的情况下，往往通过党的机关单独或者与监察机关联合发文的形式对相关事项加以规范。这种方式在一定时期是必要的，但也存在诸多缺陷。应逐步明确监察机关的规范制定权限，走"监察立法"路径。④

在处置权方面，学者们主要对留置、技术侦查等权力进行了探

---

① 石亚军、卜令全、陈自立：《国家监察体制：全域立体监察模式的构建》，《中国行政管理》2017年第10期。
② 宋方青、张可：《国家监察委员会监察法规制定权：权限范围与制度构建》，《湘潭大学学报》（哲学社会科学版）2021年第4期。
③ 聂辛东：《国家监察委员会的监察法规制定权限：三步确界与修法方略》，《政治与法律》2020年第1期。
④ 叶海波：《从"纪检立规"到"监察立法"：深化国家监察体制改革法治路径的优化》，《政治与法律》2020年第8期。

讨。陈辉对监察委员会处置权的合理配置与规范运行进行了研究，认为监察机关的处置权配置"应遵循权力有限与职能分工原则，以能否实现监察全覆盖的目标、对基本权利的限制是否合乎比例原则及是否侵犯其他权力的核心领域为考量因素"①。监察法规定留置期间律师不得介入，绝大多数学者表示认同。但也有学者认为，切实保障留置人员的权益是实施留置措施的前提条件。为此，应在适当时间、适当条件下允许律师介入，也应进一步加大人大监督、社会监督、舆论监督等外部监督力度。②尽管技术侦查由监察机关提出、由公安机关执行，但还是引起了学者们的关注。有学者认为，虽然监察法规定了监察机关对职务犯罪案件可以采取技术调查措施，但一定要遵循实际需要的原则，十分慎重而且严格依法。③

在案件管辖权方面，叶青、王小光认为，"我国的监察管辖模式是一种以干部管理权限为标准，兼顾地域和行业分工的分级管辖模式，该模式中存在着多种管辖权变更和移转的形式"④。他们呼吁进一步完善监察法，解决监察机关和检察院管辖交叉冲突问题。卞建林认为，"为了确保刑事案件管辖分工之清晰，同时确保刑事案件办理之高效，有必要加强监察机关、检察机关、公安机关之间的管辖协调，具体问题具体沟通，而不是一刀切地适用监察优先原则"⑤。董坤认为，"从法律规定和办案实践看，监察机关与公安司法机关在案件管辖上的衔接主要涉及互涉案件管辖中的主办与协助、共有管辖权案件的分工与协商、移送案件在级别管辖中的对应与衔接。需要我们从本国国情出发，从实践办案入手，以问题为导向，不断探索解决问

---

① 陈辉：《论监察委员会处置权的合理配置与规范运行》，《社会主义研究》2019年第6期。
② 方资、聂晶：《从实证分析和理性思考看监察委员会留置措施的适用——兼对强制措施适用不当的分析》，《社会科学论坛》2018年第1期。
③ 本书编写组：《法法衔接20讲》，中国方正出版社2019年版，第78页。
④ 叶青、王小光：《监察委员会案件管辖模式研究》，《北方法学》2019年第4期。
⑤ 卞建林：《检察机关侦查权的部分保留及其规范运行——以国家监察体制改革与〈刑事诉讼法〉修改为背景》，《现代法学》2020年第2期。

题的方案"。①

在监察对象范围界定方面，宗婷婷、王敬波认为，虽然《监察法》的相关条款对监察对象的范围进行了专门规定，但相关概念内涵不清、法条之间关系不明、具体认定标准缺失等问题依然存在，与其他法律规定的衔接也不是很顺畅，因此，应以公权力、公共事务、公共资产和公务活动为理论支点，构建"公权力"标准、"身份＋职位/职责"标准和"行为"标准三个维度的标准认定体系，分门别类地划定监察对象范围。②谭宗泽认为，监察对象的列举式规定并不周延，应综合运用公权、公职、公务、公财四个要素标准来进行识别。③蔡乐渭认为，公权力可以分为国家公权力、社会公权力和国际公权力等不同类别，各类公权范围也是特定的，应结合公权力的内涵、类别与范围，合理确定国家监察对象。④

如何确立改革的宪法依据和法理基础，如何尽快完善包括监察法在内的法律法规体系，是国家监察体制改革的难点。大批法学研究者从宪法学、行政法学、诉讼法学、法律史学等学科角度纷纷加入这项重大改革和重大立法活动的讨论。⑤学者们主要从国家监察体制改革的宪法依据、监察法的完善、法法衔接的完善等方面进行探讨。

在国家监察体制改革的宪法依据方面，2016年11月，中共中央办公厅印发了关于在三省市进行监察体制改革试点的方案，全国人大常委会同年12月25日通过了相关决定。对于这个决定是否能作为国家监察体制改革的宪法依据，学者们颇有争议。沈岿对全国人大常委

---

① 董坤：《论监察机关与公安司法机关的管辖衔接——以深化监察体制改革为背景》，《法商研究》2021年第6期。
② 宗婷婷、王敬波：《国家监察对象的认定标准：核心要素、理论架构与适用场域》，《中共中央党校（国家行政学院）学报》2019年第4期。
③ 谭宗泽：《论国家监察对象的识别标准》，《政治与法律》2019年第2期。
④ 蔡乐渭：《论国家监察视野下公权力的内涵、类别与范围》，《河南社会科学》2018年第8期。
⑤ 秦前红、刘怡达：《国家监察体制改革的法学关照：回顾与展望》，《比较法研究》2019年第3期。

会是否具有授权试点的权力提出质疑。①童之伟认为，授权试点属于全国人大的职权范围，只有全国人大才能授权进行国家监察体制改革的试点。②马怀德认为，"在全国人大闭会期间，全国人大常委会可以行使全国人大的权力，有权作出关于设立监察委员会的决定"③。李少文认为，"国家监察体制改革直接针对宪法结构，需要贯彻宪法某种程度的控制力。这种控制源于宪法保留原理和宪法的本质功能，也是'重大改革于法有据'这一党的执政思想的落实。必要的宪法控制能够维护一系列改革底线，有助于坚持党的领导、人民当家做主、依法治国的有机统一"④。伊士国认为，尽管我们已经通过修宪解决了国家监察体制改革的宪法依据问题，"改革中的一些重大问题仍然需要从宪法的高度准确界定，特别是监察委员会及其监察权的宪法定性问题、监察委员会的宪法地位问题、监察委员会的宪法约束问题等须依宪规范"⑤。

在监察法的完善方面，学者们主要探讨了如何进一步完善监察委员会的组织法、程序法、监察官法等。秦前红、叶海波等对监察委员会的组织规范，包括其法律性质和地位、监察委员会组成人员的任免、管辖权的层级分配、监察委的职责与职权进行了初步探讨。⑥薛彤彤、任建明认为，法官员额制改革对我国监察官制度的建立有一定的启示借鉴意义，但两者又存在较大差异。不能完全照搬法官员额制的做法，主要原因是监察官涉及的专业知识面更宽，在监察机关的人员比例也应更大。⑦周磊、焦利认为，建立监察官制度是深化国家监

---

① 沈岿：《论宪制改革试验的授权主体——以监察体制改革试点为分析样本》，《当代法学》2017年第4期。
② 童之伟：《将监察体制改革全程纳入法治轨道之方略》，《法学》2016年第12期。
③ 马怀德：《全面从严治党亟待改革国家监察体制》，《光明日报》2016年11月12日第3版。
④ 李少文：《国家监察体制改革的宪法控制》，《当代法学》2019年第3期。
⑤ 伊士国：《国家监察体制改革的宪法学思考》，《甘肃社会科学》2020年第6期。
⑥ 秦前红、叶海波等：《国家监察制度改革研究》，法律出版社2018年版，第105—109页。
⑦ 薛彤彤、任建明：《法官员额制改革及其对国家监察官制度的启示》，《河南社会科学》2021年第1期。

察体制改革、推进治理现代化的必由之路,监察官的设立必须解决好准入范围、等级设置和"中国特色"三个问题。① 还有学者对监察机关的信息公开进行了前瞻性探讨,王可利、刘旺洪认为,监察委员会监察信息公开兼具议会信息公开、政府信息公开、党务信息公开和司法信息公开的特点。必须借鉴各种信息公开经验,遵循信息公开立法的一般性和特殊性规律,对监察信息的公开分门别类地加以规范。②

在法法衔接方面,学者们主要探讨了监察法如何与行政法、刑事诉讼法等进行有机衔接。在刘文华看来,原行政监察机关的外部具体行政行为属于行政诉讼的受案范围,"在未来的制度建构中,监察委采取行政性监察措施所涉及的外部法律关系,应当纳入行政诉讼的可诉范围,并应建立一整套国家监察体制的行政法衔接制度"③。姚莉认为,现有监察案件的立案转化与法法衔接存在明显不足,不能以监察委员会移送案件作为与刑事诉讼法衔接的时间标志,而应在监察委员会内部设置党纪政纪调查部与刑事调查部,遵循两套立案程序。④ 王弘宁认为,应该完善监察机关办理职务犯罪的追诉时效规定,这是法制统一的基本要求,也有利于节约监察资源和更好地实现法法衔接。⑤ 封利强认为,检察机关提前介入监察调查不符合法理,可以考虑在审查起诉环节增设特别立案程序,通过实质审查发挥过滤功能,实现留置与强制措施的无缝隙对接。⑥ 钱宁峰认为,监察机关与执法机关是互相分工、互相配合和互相制约的关系,具体体现在决定权和执行权、移送权和查处权、主办权和协助权这三种权力关系的分工与

---

① 周磊、焦利:《构建中国特色国家监察官制度:背景与建议》,《北京行政学院学报》2019年第3期。
② 王可利、刘旺洪:《论监察委员会监察信息公开立法模式的建构》,《江苏行政学院学报》2021年第4期。
③ 刘文华:《国家监察体制改革的行政法衔接》,《学术探索》2021年第11期。
④ 姚莉:《监察案件的立案转化与"法法衔接"》,《法商研究》2019年第1期。
⑤ 王弘宁:《监察机关办理职务犯罪追诉时效问题研究》,《社会科学战线》2022年第1期。
⑥ 封利强:《检察机关提前介入监察调查之检讨——兼论完善监检衔接机制的另一种思路》,《浙江社会科学》2020年第9期。

互动。监察机关和执法机关的关系必须尽可能做到法律化、程序化和组织化。① 另外，检察院的反贪职能转隶到监察机关之后，如何重新界定检察院职能、如何做好监察机关与检察机关的衔接也是现实问题。吴建雄认为，在检察机关相关职能和人员转隶的情势下，要重新审视检察机关司法反腐的职能定位，科学进行内设机构的调整。建议设立人民检察院职务犯罪检察局，并使其与监察机关更好地进行衔接，真正形成监察机关与检察机关相互配合、相互制衡的工作机制。②

4. 监察机关的监督制约与当事人权利保障研究

国家监察体制改革建立了党集中统一领导的权威、高效的反腐机构，监察机关的权力得到集中和加强。如何有效监督制约监察权力、保护当事人甚至包括所有公民的合法权利，成为学者们关注和探讨的另一焦点，主要集中在强化监察机关权力监督制约的内在逻辑、加强权力监督与权利保护的途径等方面。

在强化监察机关权力监督制约的内在逻辑方面，马怀德认为，如何实现国家监察机关与司法机关的有机衔接、如何实现对国家监察机关的监督和制约，是国家监察体制改革的两大难点。③ 杜治洲认为，"新组建的监察委员会整合了多种监督权力和手段，客观上形成了必要的权力集中。因此，在推进改革试点过程中要同步研究强化对监察委员会的监督制约，妥善回应社会关切，从而在全社会形成支持改革、拥护改革的良好氛围"④。刘素梅认为，监察权"位高权重"，必须构建全方位的监察权监督制约体系。既要建立专门监督机构监督制度、垂直领导制度、权利救济制度等内部监督制度，又要完善党的监

---

① 钱宁峰：《监察机关与执法部门之间关系的宪法定位及其具体化》，《学海》2019年第3期。
② 吴建雄：《国家监察体制改革背景下职务犯罪检察职能定位与机构设置》，《国家行政学院学报》2018年第1期。
③ 马怀德：《国家监察体制改革的重要意义和主要任务》，《国家行政学院学报》2016年第6期。
④ 杜治洲：《中国特色国家监察的制度创新与运行机制》，《河南社会科学》2019年第1期。

督、人大监督、司法监督、人民群众监督等外部监督制度。① 刘艳红、夏伟认为，检察机关的权力转隶或多或少会弱化现有刑事诉讼法的反腐功能，但这些权力在效果上等同于刑事司法权力。如果这些权力没有得到严格限制，就会侵犯犯罪嫌疑人、被告人的人权，违反法治国家的要求。②

在加强权力监督与权利保护的途径方面，学者们主要从强化人大监督、内部监督、司法监督、社会监督等方面提出对策建议。姜明安认为，"无论国家监察法是否为司法监督开口子，人大和人大常委会的监督都是国家监察的监督机制中不可或缺的环节，而且应是最主要最核心的环节"③。陈辉、汪进元认为，"监委会对人大机关领导人员、人大选举任命官员及人大代表履行处置职权时，与人大监督权存在不同程度的张力。在协调机制上，对涉及人大机关领导人员的监督，应通过提级管辖的方式来消解监察全覆盖与人大至上权力体制的逻辑悖论；对人大选举任命官员的处置应坚持与人大人事监督进行协同；对人大代表的处置应遵循政治责任优先原则"④。周佑勇认为，应切实落实地方监察委员会对同级地方人大负责的宪法规定，增强地方人大监督的刚性，建构符合地方人大属性的监督模式。⑤ 陈宏彩对加强和完善监察委员会内部监督进行了系统探讨，提出了完善内部制约机制、严格执行程序性规定、强化专门监督力量等对策建议。⑥ 马春晓认为，对监察机关的监督存在外部监督力量有限、缺乏有效抓手等问题。改革的方向是，"在强化内部监督的基础上，拓宽外部监督

---

① 刘素梅：《国家监察权的监督制约体制研究》，《学术界》2019年第1期。
② 刘艳红、夏伟：《法治反腐视域下国家监察体制改革的新路径》，《武汉大学学报》（哲学社会科学版）2018年第1期。
③ 姜明安：《国家监察法立法的若干问题探讨》，《法学杂志》2017年第3期。
④ 陈辉、汪进元：《监察委员会处置权与人大监督权的内在张力及协调》，《广西社会科学》2019年第6期。
⑤ 周佑勇：《对监督权的再监督——地方人大监督地方监察委员会的法治路径》，《中外法学》2020年第2期。
⑥ 陈宏彩：《强化监察机关内部监督的理论逻辑与制度建构》，《河南社会科学》2020年第11期。

的渠道；保障静态监督与动态监督双管齐下；同时根据反腐败工作的发展阶段，逐步调整监察制度的价值取向，由发现客观真实转向保障基本权利与正当程序"①。

学者们对司法监督机制的探讨最为系统、最为集中，江国华认为，监察机关对职务犯罪的调查权及其行使程序具有刑事司法的基本属性，必须完善监察机关和司法机关之间的线索移送机制、工作配合机制、证据规则适用衔接机制、审查起诉中的程序衔接机制、案件审理中的程序衔接机制等。② 秦前红认为，在处理审判机关、检察机关与监察机关之间关系的时候，仍然需要重申和坚持审判中心主义，并防范可能出现的监察中心主义。司法体制改革中有关以审判为中心的理念和措施，同样可以适用于监察机关。③ 龙太江、牛欢认为，监察委员会的12项调查措施与《刑事诉讼法》中规定的强制措施无异，却没有相当程度的规定或法律对其进行约束，司法机关应当被允许适当地参与监察委员会的一些调查，以弥补部分调查措施缺少外部监督的缺陷。④

对于检察院如何与监察机关形成相互衔接、相互制约的关系，学者们也从不同角度加以分析。朱福惠认为，"监察机关的职务犯罪调查具有刑事诉讼法上犯罪侦查之法律效果，属于刑事诉讼之发动，构成人民检察院制约监察委员会的法律依据和基础。检察机关通过审查起诉来制约监察机关职务犯罪调查，具体内容是依照刑事诉讼法审查犯罪事实是否存在、证据是否充分确凿、是否存在非法证据、犯罪性质和罪名是否准确"⑤。周长军认为，监察委员会调查职务犯罪的程序构造对于规范监察权行使、职务犯罪控制和被调查人权益保障具有"框架性"意义。借鉴国内外经验与教训，程序构造应从"线性结

---

① 马春晓：《监察委员会监督机制的比较研究》，《河南社会科学》2019 年第 10 期。
② 江国华：《国家监察与刑事司法的衔接机制研究》，《当代法学》2019 年第 2 期。
③ 秦前红：《我国监察机关的宪法定位：以国家机关相互间的关系为中心》，《中外法学》2018 年第 3 期。
④ 龙太江、牛欢：《监察委员会监察权配置研究》，《长白学刊》2019 年第 3 期。
⑤ 朱福惠：《论检察机关对监察机关职务犯罪调查的制约》，《法学评论》2018 年第 3 期。

构"向"三角结构"转换,允许检察机关作为客观、中立的"第三方"介入,并构建独立的职务犯罪立案程序。①

还有学者对目前尚未实施、但今后可能有必要逐步建立的国家赔偿制度进行了探讨。徐汉明、张乐认为,应"明确监察官主体责任,构建监察责任制、非法证据排除制度、错案责任追究制,明确赔偿主体赔偿责任,并将职务犯罪特别调查结束后进入刑事诉讼的冤错案件纳入国家赔偿制度,使反腐败目的与保障人权、实体正义、程序正义法益目标相契合"②。

(二) 国外研究现状

国外关于腐败与反腐败的研究历史悠久且成果丰硕,很多研究成果对我们具有重要的启示意义。就本书而言,国外研究主要体现在两个方面:关于反腐体制与机构设置的研究;关于反腐机构绩效制约因素的研究。

在反腐体制与机构设置方面,Patrick Meagher 对世界主要国家的反腐体制和机构设置进行了比较分析,对单一模式和分散模式的利弊提出了自己的观点。③ Jon S. T. Quah 重点分析了新加坡腐败与反腐败的演进历程,对新加坡如何适应反腐形势建立廉政公署的历程与动因进行了剖析,也分析了新加坡反腐体制对世界其他国家重构反腐权力结构和运行模式有何启示。④ John Wallis 对美国历史上的腐败行为以及由此引发的法律修订、反腐体制变革等进行了分析,阐述了商业发展给政治腐败带来的新的挑战,提出了反腐体制机制的适应性问题。⑤

---

① 周长军:《监察委员会调查职务犯罪的程序构造研究》,《法学论坛》2018年第2期。

② 徐汉明、张乐:《监察委员会职务犯罪调查与刑事诉讼衔接之探讨——兼论法律监督权的性质》,《法学杂志》2018年第6期。

③ Patrick Meagher, "Anti-corruption Agencies: Rhetoric Versus Reality", *The Journal of Policy Reform*, Vol. 8, No. 1, March 2005, p. 72.

④ Jon S. T. Quah, "Combating Corruption in Singapore: What Can Be Learned?", *Journal of Contingencies and Crisis Management*, Vol. 9, No. 1, March 2001, p. 32.

⑤ John Joseph Wallis, "Constitutions, Corporations, and Corruption: American States and Constitutional Change, 1842 to 1852", *Journal of Economic History*, Vol. 65, No. 1, March 2005, p. 256.

Najih Mokn 和 Wiryani Fifik 阐释了印度尼西亚和马来西亚的反腐体制及其效率。①

在反腐机构绩效制约因素方面,研究的缘起是世界上反腐机构林立,但有的绩效显著、有的绩效平平,所以要探究到底是哪些因素导致绩效差异。经过长期研究,学者们认为,在复杂的权力斗争环境中,反腐机构顺利开展工作的前提是它本身必须具有公正性和公信力,不受党派、意识形态等因素的影响,不偏不倚地执行国家的法律。经验表明,独立性是反腐机构公正性和公信力的保障。② 新加坡建立了完全独立的腐败行为调查局(Corruption Practices Investigation Bureau,CPIB),终于遏制了腐败的蔓延。腐败行为调查局不受任何政府部门的干扰,不接受任何与法律规范和自身工作准则相违背的指令,甚至可以独立地对总理展开调查。③ 由于反腐败斗争的复杂性,"不仅要建立专门的反腐机构,而且必须授予反腐机构更完善的调查能力和强硬的执法能力(a better investigative capacity and strong law enforcement force),这才是反腐成功的关键"④。这些能力主要包括特别调查权、搜查权、冻结财产权、拘捕权等。中国香港廉政公署当初依法行使了大量的特殊权力,"在今天的人看来,那些特别权力给人制造的印象是廉政公署几乎为'国中之国(a state within a state)'"⑤。此外,反贪机构的经费预算不仅仅是一个简单的财政问题,在某种意

---

① Najih Mokh, Wiryani Fifik, "Learning the Social Impact of Corruption: A Study of Legal Policy and Corruption Prevention in Indonesia and Malaysia", *Journal of Social Studies Education Research*, Vol. 11, No. 4, Oct. 2020, pp. 175–189.

② Moshe Maor, "Feeling the Heat? Anticorruption Mechanisms in Comparative Perspective", *Governance: An International Journal of Policy, Administration, and Institutions*, Vol. 17, No. 1, January 2004, p. 4.

③ S. A. M. Choon-Yin, "Singapore's Experience in Curbing Corruption and the Growth of the Underground Economy", *Journal of Social Issues in Southeast Asia*. Vol. 20, No. 1, April 2005, p. 57.

④ Jin-Wook Choi, "Institutional Structures and Effectiveness of Anticorruption Agencies: A Comparative Analysis of South Korea and Hong Kong", *Asian Journal of Political Science*, Vol. 17, No. 2, August 2009, p. 198.

⑤ Roman David, "Transitions to Clean Government: Amnesty as an Anticorruption Measure", *Australian Journal of Political Science*, Vol. 45, No. 3, September 2010, p. 398.

义上讲，它是政治领导人和全社会解决腐败问题的意志的体现（a reflection of the political and community will to tackle the problem）。① 考虑到大多数人的行为都是理性计算的结果，② 反腐机构还必须进行全面彻底的反腐斗争，改变人们对腐败的成本效益的认知和考量。③ 此外，学者们对反腐机构绩效的关联作用也有一些探讨。Teremet Skyi V. 等分析了腐败治理与抗击新冠疫情成效的关系，④ Tacconi Luca 和 Williams David Aled 论述了反腐机构成效与环境治理的关系，⑤ N. Naher 等人分析了南亚与东南亚国家中低收入阶层获取卫生医疗服务与公共部门腐败治理的关系，⑥ 等等。

（三）已有研究的贡献与不足

国家监察体制改革推进速度非常之快，势如破竹。与此相适应，学术界对这项重大改革的研究和探讨也显示出前所未有的热忱。正如实践发展取得重大成果一样，理论研究也取得了一系列高质量的研究成果。

从总体上看，这些研究体现出如下特点。一是政治学和法学的研究较多，公共管理学的研究偏少。政治学主要是从党的建设、国家权

---

① Bertrand De Speville, "Anticorruption Commissions: The 'Hong Kong Model' Revisited", *Asia-Pacific Review*, Vol. 17, No. 1, May 2010, p. 53.

② Roman David, "Transitions to Clean Government: Amnesty as an Anticorruption Measure", *Australian Journal of Political Science*, Vol. 45, No. 3, September 2010, p. 393.

③ Andrew Wedeman, "Anticorruption Campaigns and the Intensification of Corruption in China", *Journal of Contemporary China*, Vol. 14, No. 42, February 2005, p. 97.

④ Vladyslav Teremetskyi, Yevheniia Duliba, Volodymyr Kroitor, Nataliia Korchak, Oleksandr Makarenko, "Corruption and Strengthening Anti-corruption Efforts in Healthcare During the Pandemic of Covid-19", *The Medico-legal Journal*, Vol. 89, No. 1, Mar. 2021, pp. 25 – 28.

⑤ Tacconi Luca, Williams David Aled, "Corruption and Anti-corruption in Environmental and Resource Management", *Annual Review of Environment & Resources*, Vol. 45, No. 4, Oct. 2020, pp. 305 – 329.

⑥ N. Naher, R. Hoque, M. S. Hassan, D. Balabanova, A. dams A. M., S. M. Ahmed, "The Influence of Corruption and Governance in the Delivery of Frontline Health Care Services in the Public Sector: A Scoping Review of Current and Future Prospects in Low and Middle-income Countries of South and South-east Asia", *Public Health*, Vol. 20, No. 1, June 2020, p. 880.

力结构优化的角度进行分析，法学主要是研究改革的法理基础和法律体系的完善，两者占有相当的比例。相比之下，公共管理学的介入较少。二是宏观和微观的研究较多，中观研究偏少。宏观上探讨国家监察体制改革的重大意义与结构性问题，微观上探讨具体的立法问题，都有许多较好的研究成果。但从中观上探讨监察委员会的机构设置、运行机制等方面的研究明显不足。三是即时研究较多，历时研究跟踪研究偏少。大多数学者就某个问题进行即时研究，缺乏长期的跟踪研究与分析。事实上，对于关系到国家权力结构完善、廉政体系建设和反腐败斗争胜利的全局性、根本性、基础性重大改革，仅仅停留在短期的即时研究是不够的，还必须进行长期跟踪研究。四是规范研究较多，实证研究经验研究偏少。学者们主要对国家监察体制改革进行了规范研究，而深入改革一线进行经验研究，对某些关键性问题进行实证研究，限于各种条件，此类研究进行较少，鲜有成果体现。

正因为如此，本书从公共管理的学科视野出发，以公共管理的前沿理论——整体性治理（holistic governance）理论为理论视角和分析工具，在长期跟踪研究的基础上，对监察机关的机构设置、管理体制、运行机制等中观性问题进行探讨，旨在提高监察机关的管理效率和工作效率，更好地将制度优势转化为治理效能。

三　主要内容、重点难点与创新之处

（一）主要内容

1. 整体性治理视域下国家监察体制改革的分析框架与逻辑演绎

建立在职能分工、层级节制、非人格化管理基础上的科层制适应了工业化大生产的需要，提高了生产和管理效率。但是，条块分割的碎片化治理模式历来受到理论界和实务界的诟病。整体性治理理论主张打破科层组织碎片化治理模式，建立全新的整体性治理格局。国内外学术界纷纷用整体性治理理论分析公共管理和公共服务改革，提出了很多富有真知灼见的思想和建议。本书也以整体性治理理论作为理论分析工具，建立了主体、客体、行为三重维度的分析框架。这三重维度涵盖了国家监察体制改革的各个方面，利于用整体的、系统的思维方式研究和阐释改革实践，提出系统性的政策建议。运用整体性治理理论进行分析，国家监察体制改革主要建立在这样的逻辑基础之上：整体性优化国家权力结构，实质性提升监察权位阶与权能；整体性重组反腐资源，克服重复配置与效率低下；整体性实施党内监督与国家监察，建构有中国特色的权力监督格局；整体性防控职务违法与职务犯罪行为，遵循廉政建设的客观规律；整体性借鉴历史传统与域外经验，理性选择中国反腐道路；等等。

2. 地方监察委员会机构设置、职能配置与运行机制的整体性重塑

组织机构、职能的系统调整包括内外两个方面，外部转隶检察院的反贪职能与腐败预防职能、其他相关机构的监督监察职能；内部减少行政管理机构、增设业务办理机构，从而进一步整合组织资源、形成合力、突出重点。从整体性治理的角度出发，还必须建立横向到边、纵向到底的组织体系：横向到边，就是要通过派驻纪检监察组的方式在党政机关、事业单位、国有企业等全面建立监察机关的组织体系，确保监察组织"全覆盖"；纵向到底，就是要建立国家、省、市、县（区）各级监察机关，并通过在乡镇设立监察办公室、村（社）设立监察联络站的方式实现触角的全面延伸，打通组织体系的"最后一公里"。腐败的发生是多种因素系统作用的结果，反腐败斗争必须坚持整体性、系统性思维，所以监察机关的职能配置应坚持监督、调查和处置整体性设计，使"不敢腐""不能腐""不想腐""三不"一体推进，而不是顾此失彼、单打独斗。国家监察体制改革后，监察机关创新了权责清单、巡视巡察、专项治理、从严问责等机制，收到了较好效果。从整体性的角度，还必须动态调整组织机构、始终强化主责主业、加强基层组织机构建设、建立高素质职业监察官队伍，等等。

3. 地方监察委员会权力赋予与权力行使的整体性审视

自政治文明产生以来，人类经历了持久的反腐败斗争，设立专门的反腐机构是其中的努力之一。世界的反腐实践表明，反腐机构要卓有成效，必须赋予其行使职能所需要的充分的权力，包括强制调查

权、独立的财权和人事权等。从监察委员会的运行来看,我国的监察机关已经拥有了充分的权力,足以富有成效地开展工作。权力赋予中的几个关键问题始终值得探讨:监察机关是专责反腐机关,不是司法机关和行政机关,留置措施不能等同于刑事强制措施,但监察机关的留置权如何进一步规范呢?监察对象实现"全覆盖",这是全面从严反腐的根本需要,但监察对象的界定如何更加具体、更加清晰呢?权力赋予是否应当存在层级差异,基层监察机关是否可以拥有省、市级监察机关同等的权力呢?我们对这些问题也进行了探讨和研究。从整体性治理的角度出发,本书提出了权力赋予动态平衡的基本思路:更加重视维护权利,在权力行使与权利保障中取得平衡;更加重视"有形覆盖",在重点对象与一般对象中取得平衡;更加重视监察效率,在合法性与有效性之间取得平衡。

4. 地方监察委员会领导体制与监督机制的整体性重构

党的十八大以来,不但反腐败斗争取得压倒性胜利并全面巩固,反腐领导和管理体制也取得了历史性突破,主要体现在:加强和完善党的集中统一领导体制,为权威高效的反腐机构建设提供政治保障;深化双重领导体制改革,充分发挥上级纪检监察机关在人事安排、案件查处中的领导作用;创新层级、部门与区域之间的协作机制,提升了反腐行动能力;深化派驻机构管理体制改革,派驻机构的独立性、权威性得到增强,在腐败预防、腐败查处中的作用进一步发挥,实现了从"有形覆盖"到"有效覆盖"的转变。

为了适应反腐工作的需要,从整体性治理的角度来看,领导体制和管理体制改革必须进一步深化:切实贯彻上级领导为主的体制,克服反腐败斗争的人为障碍;贯通监察监督与审计监督,让两者信息共享与联合行动,实现同频共振;推进层级贯通与资源整合,激发基层治理效能;调动各种主体的积极性,扩大制度化、有序化参与,完善多元主体治理结构。建立权威的、强有力的监察机关是必要的,也是充满挑战的,其中的挑战之一就是如何监督制约监察机关。为此,必须全面树立整体性系统性思维,加强和改进监察机关内部监督、人大监督、司法监督、舆论和社会监督,并让各种监督有效贯通和有机衔接，形成强大的监督合力，保障监察机关始终在法治的轨道上运行，始终在充分履行职责的同时切实保障当事人以及全体公民的合法权益。

5. 整体性治理视域下深化国家廉政体系建设研究

国家监察体制改革虽然时间并不长，但已经充分展现其治理效能。在党中央的坚强领导下，反腐败斗争不断深入推进，一大批腐败分子得到严肃查处，政治生态得到根本好转，人民群众的制度自信、道路自信明显增强，党和国家的执政基础得到进一步巩固。但是，在高压反腐态势下，还是有一批腐败分子胆大妄为、顶风违纪，严重损害党和政府的形象、削弱了国家监察体制改革的制度成果。实践表明，国家监察体制改革是反腐败斗争的重大的、关键的举措，但不是充分的、完善的举措。我们必须运用整体性治理的观念和理论，从建设国家廉政治理体系出发，全面地、整体地分析腐败产生的根源，系统施策、源头治理。从总体上看，我国实行的是权力高度集中的领导体制，地方主要领导、职能部门主要负责人拥有充分的权力。这种体制优势十分明显，但也给腐败防控带来极大挑战。如何建立决策权、执行权、监督权相互分立、相互制衡的权力结构和运行机制，是国家廉政体系建设的重大课题。

改革开放以来，社会主义市场经济体制建设取得了重大成就，但在房地产市场、资源交易市场等领域，政府和市场的关系并没有真正理顺，还存在腐败赖以生存的土壤。如何进一步规范政府和市场的关系、让市场在资源配置中起决定性作用，这是国家廉政体系建设的另一重大课题。

法治是国家秩序和社会秩序生成的根本，也是防治腐败的根本。如何将党的领导、人民当家作主和依法治国真正统一起来，增强法治的权威，让所有公权力在法治的轨道健康运行，是国家廉政体系建设的根本路径。阳光是最好的"消毒剂"，如何深化党务、政务、财务信息公开，进一步增强权力运行、干部重大事项的透明度，也是国家廉政体系建设无法回避的问题。本书拟跳出国家监察体制改革的思维框架，对国家廉政体系建设的全局性、根本性、基础性问题进行系统审视与整体探讨。

（二）重点难点

1. 研究重点

本书的研究重点在于以下几个方面。

（1）地方监察委员会内部运行机制与关键制度的完善。地方监察委员会的高效运转，必须依靠衔接紧密、科学合理的运行机制。特别是作为由不同部门、不同人员整合的机构，运行过程中或许会不断产生新的问题，需要跟踪研究并不断加以解决。

（2）地方监察委员会与权力监督体系的协调。国家监察体制改革是一项重大的政治改革，涉及反腐格局的重新调整和权力监督体系的优化。研究地方监察委员会与权力监督体系的协调，旨在通过整体性的视角审视有中国特色的权力监督体制的完善。

（3）地方监察委员会权力的规范与制约。监察委员会与同级纪委合署办公的体制，有利于实现党对国家监察的统一领导，有利于提升国家监察的地位和权威，也有利于整合各种监督资源。合署办公的体制同时也带来这一监督机构权力的扩张和延伸、执纪与执法的边界厘清等问题，必须破解在中国现有体制框架下反腐机构的监督路径。

2. 研究难点

本书的研究难点体现在以下几个方面。

（1）纪委和监委合署办公的体制，如何正确处理好执纪与执法的关系。纪委监委合署办公是中国特色监察制度的重要体现，有利于增强党的集中统一领导，更好地实现反腐败斗争的政治效果、纪法效果和社会效果的统一。纪委进行执纪监督，监察委负责执法监督，二者合署办公如何处理可能存在的思维方式、工作方式上的差异，必须在体制、机制、制度建设中破解这道难题。

（2）国家监察体制改革给权力监督格局带来了哪些变化，如何通过这一重大改革建立和完善有中国特色的权力监督机制。必须将监察委员会放在整个中国权力监督体系中加以审视，用系统的、发展的观点研究制度变迁的路径和规律。既要看到国家监察体制改革在反腐败斗争中发挥的重要作用和功能，又要分析改革本身的局限性，从整体性治理的角度进一步思考国家廉政体系建设的根本路径。

（3）国家监察体制改革的绩效如何评价。绩效评价既包括监察委员会成员自身的评价，又包括公职人员的评价，还包括社会评价。既有客观评价指标，又有主观评价指标。对国家监察体制改革进行定量分析，是一个十分复杂的问题。同样的反腐成效，可能是多种因素作用的结果，并非一定是国家监察体制改革单因素作用的结果。监察体制改革的成效有些是单一的、有些是多元的，有些是直接的、有些是间接的。因此，很难对国家监察体制改革的成效进行定量研究，只能以定性分析为主。

（三）可能的创新之处

1. 新的研究视角

本书从公共管理的学科视角出发研究国家监察体制改革，弥补了现有研究以政治学和法学为主的结构性缺陷。运用整体性治理这一理论工具建构国家监察体制改革的分析框架，在此基础上对地方监察委员会的机构设置、职能配置、运行机制、领导体制等进行了全面系统分析。

2. 新的研究方法

国内对国家监察体制改革的研究以规范研究为主，本书将规范研究和经验研究有机结合，运用跟踪调查方法、深度访谈法等对地方监察委员会进行长期跟踪研究。同时对监察委员会廉政教育实施效果等重点问题进行问卷调查和定量分析，获得了大量第一手资料。

3. 新的观点主张

笔者长期从事廉政建设研究，对国家监察的历史演进、制度变迁以及前沿动态历来十分关注。本书在笔者历年研究的基础上，提出了一些可能具有创新意义的观点。例如：运用整体性治理理论，系统阐释了国家监察体制改革的理论和实践逻辑；提出了以任务为中心的组织结构动态调整思路，以及基层组织机构的建设从"单向吸纳"到"双向赋能"的转型思路；针对监察机关权力赋予与权力运行中的突出矛盾和问题，提出了"动态平衡"的观点；对强化监察机关内部监督的理论逻辑和制度建构进行了深入分析，提出了增强专门监督机构独立性、完善内部权力制衡机制、加强对监察官重大事项报告的监督等前瞻性对策建议；对监察机关领导体制特别是基层领导和管理体制进行了深入探讨，提出了"县乡一体"的基层纪检监察体制改革路径；率先对国家监察体制改革绩效评估进行了探讨，建立了比较系统、比较科学的绩效评估指标体系；主张从建构国家廉政建设体系的角度审视国家监察体制改革的功能和局限，以整体性治理的思路全面深化市场化、法治化改革，全面建成有中国特色的廉政建设体系。

四 研究思路与方法

（一）研究思路

本书遵循提出问题、分析问题、解决问题的基本思路。通过对监察委员会运行状况的深度访谈和跟踪研究，洞察监察委员会制度存在的主要问题；在全面从严治党、全面依法治国和全面深化国家监察体制改革的宏观背景下，遵循反腐机构效能建设基本规律，对问题产生的原因进行剖析；结合域外经验和中国国情，探讨完善监察委员会制度、健全有中国特色的权力监督体系的政策建议。研究思路如图0-1。

（二）研究方法

1. 跟踪调查方法

国家监察体制改革是一项崭新的事务，牵涉面广，面临的体制、机制、法律等方面的问题很多，改革进程中也必然会出现一些新的情况，很有必要做长期跟踪研究，在跟踪研究中发现和审视问题。因此，我们通过跟踪调查方法收集第一手资料，这也是本书的重要特色之一。跟踪调查的实施方案有以下几种。（1）调查内容。地方监察委员会运行情况、存在的主要问题以及完善建议。包括机构设置、职能配置是否合理，领导和管理体制是否顺畅，权力行使是否规范，权力监督制约机制是否完善，反腐成效和面临的主要问题，等等。（2）

导 论

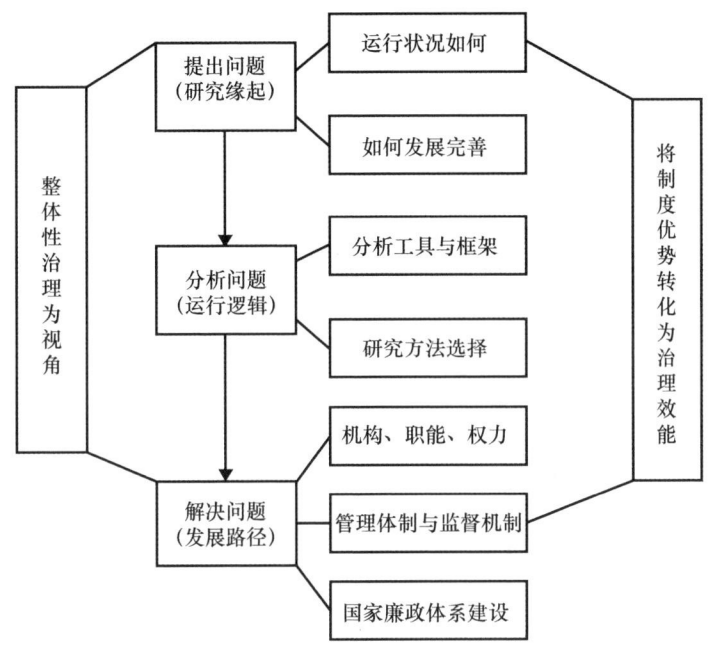

图 0-1 研究思路图

跟踪样本的选取。以某省三级监察委员会作为研究对象，除了省级监察委员会，根据以往腐败案件发生情况，按照较多、中等、较少三个层次选取市级监察委员会 3 家，每个市再按照同样的方法选取县（区）级监察委员会 3 家，共选取 9 家县（区）级监察委员会。样本具有典型意义，样本量的确定数量适中，以便能够完成跟踪研究任务。（3）调查频次。根据研究的需要和课题组的研究力量，采取每个单位每年集中调查一次的做法。调查的时间相对集中在下半年，有时也有一定的灵活性，具体时间根据对方工作安排确定。（4）调查对象。调查对象主要包括监察委员会负责人、执纪监督和审查调查以及案件管理部门负责人、一般办案人员、乡镇监察办公室和村级监察联络站工作人员四类人员。调查以座谈会方式进行，同时实地考察基层站室建设情况。（5）调查资料分析。跟踪调查获取的资料主要是各地的规范性文件、实际工作总结材料、相关人员口头汇报材料等，对这些材料以定性分析为主，在保证信度和效度的前提下适当进行定量分析。

2. 深度访谈法

利用相关人员来党校进行培训的得天独厚条件,对监察委员会的主要负责人、职能部门负责人以及参与日常监督、信访受理、案件调查和审理的一线工作人员进行深度访谈,形成了两万余字的访谈记录和摘要,统一编号。这些访谈资料十分珍贵,从中可以洞察国家监察体制改革过程中实践部门遇到的一系列问题,可以发现政策、法律法规的不足及其完善方向,还可以感受到国家监察体制改革的系统性、复杂性和长期性。对于一些好的意见和建议,经过比较和甄别之后,已充分吸纳到课题研究成果之中。

3. 案例研究方法

课题组始终注意收集一些具有代表性、典型性的案例,并对这些案例进行深入分析。例如,每次发生的重大腐败案件,课题组总会密切关注并进行讨论,分析案例中暴露出的体制、机制、法制漏洞,探讨国家监察体制改革必须进一步解决的问题。对于地方监察机关开展的专项治理、警示教育等活动,也作为案例进行研究分析,总结监察机关在廉政教育、腐败预防等方面的好的经验,并对这些行动的成效与制度化、常态化建设路径进行深入的探讨。对于地方监察机关在纪法衔接、法法衔接中的一些具体案例,在严格遵守保密制度和保密承诺的前提下,课题组也对一些制度设计层面的问题进行了研究。

第一章　整体性治理理论：国家监察体制改革研究新视角

整体性治理理论是当代公共管理领域中具有较大影响力的理论主张，不但在国内受到广泛关注，而且在国际社会也产生了较大反响。国内学术界将整体性治理理论用来分析中国的部分改革实践，提出了许多具有前瞻性和针对性的政策建议，产生了一批影响较大的研究成果。其实，国家监察体制改革也可以运用整体性治理理论进行分析，这是一个新的视角。运用整体性治理建立分析框架对国家监察体制改革进行阐释，可以更加全面、更加深入地理解国家监察体制改革的制度逻辑和完善路径等。当然，整体性治理理论也有一定的局限性，在强调整体性、系统性治理的同时，容易模糊各个主体的行为边界与责任分担。

一　科层管理体制的悖论与困境：传统行政模式的弊端分析

传统公共行政是建立在理性基础之上的、以科层制为基本组织形态的公共行政。当西方文明从神性的桎梏中走出来，理性开始得到重视和张扬，文明的发展立即进入了一个崭新的阶段，主要体现在科学技术的进步、工业化的迅猛发展和科层制组织的出现。这三个方面是相辅相成、相互促进的，也是一个相互融合的有机体。理性推动了科学技术的进步，科学技术的进步推动了工业化的迅猛发展，而科层制组织使庞大的工业化社会的管理变成现实。

（一）制度理性与实际成效：科层组织的运行反差

一百多年前，当工业化大规模扩张的时候，著名的社会学家马克斯·韦伯对工业化时期的各种组织，包括政府的组织、企业的组织、军队的组织等进行观察和研究，提出了一个崭新的、经久不衰的概念——官僚制组织，亦称科层制组织。韦伯认为，工业化时期的各种组织都是科层制组织。这一组织的根本特征体现在：专业化、部门化、层级化和制度化（非人格化）。和传统社会相比，工业化时期的管理变成一种专门的科学和专门的职业，只有那些经过职业化培训的专业技术人员才能担任；根据专业化分工设立众多的职能部门，每个部门承担专门任务；建立层级节制的权力结构，下级服从上级的指挥，确保政令统一、执行有力；整个组织按照规章制度运行，实行非人格化管理。和传统社会相比，科层制组织无疑具有巨大的进步。科层制组织具有形式上的合理性，它和生产车间的一台现代化的大机器一样，由各种"零件"科学组合而成，结构严密、形式完整。从理性的角度讲，科层制组织是为了适应工业化大生产和人口增加、公共事务增多的现代化社会管理的需要。通过专业化、科学化的组织设计，可以满足管理活动中对效率和责任的追求。由专业的人、专业的部门从事专业活动，效率比笼统的、全科式的管理要高出很多；每个层级、每个部门、每个人分工十分明晰，权力和职责边界清晰，这样可以确保管理责任得到全面落实。

确实，正如任何组织都必须根据目标设定合理的组织结构和制度体系一样，科层制组织也具有完全科学的组织设计和制度安排。正是依靠科层制组织，工业化大生产在各个领域展开，生产力产生质的飞跃，物质财富的激增极大地满足了人们的生产生活需求，现代社会的管理面貌一新。但是，这套看起来十分科学、十分严密的组织，在实践中却产生了众多的矛盾。每个人、每个部门都以效率为中心，严格按照规章制度和既定程序办事，导致管理日益僵化，形式主义、官僚主义日益受到诟病。每个人都固守自己的职责，凡是涉及其他部门、其他领域的事务，总是相互推诿、视而不见，从而使原本完整的责任

第一章 整体性治理理论：国家监察体制改革研究新视角

制在很多时候无法落实。权力和责任原本是对等的，但"权力与责任往往出现相分离的情况，一些行政官员仅仅拥有权力而回避责任，他们往往把权力掌握在自己手中而把责任推给制度体制甚至别人"①。这就是我们常说的科层制在实际运行中产生的"效率悖论"和"责任悖论"。

"效率悖论"和"责任悖论"的长期演进，将导致官僚主义和形式主义泛滥，而且导致组织体系中的条块分割和各自为政，在管理实践中则表现为碎片化治理的大量出现。当工业化进入中后期阶段的时候，科层制组织的不适应性更加凸显。首先，复杂性事务、跨界事务逐步登上历史舞台。工业化初期，社会面临的主要问题是如何高效率地组织工业化生产，推动经济的快速发展。不管是企业还是政府部门，只要不断提高专业化水平，按照科层制组织的既有模式运行，基本上可以满足工业生产和公共管理的需要。当工业化发展到一定阶段，新问题、新矛盾大量涌现。工业化带来环境污染、资源紧缺和贫富分化，以及人口结构变化、社会冲突加剧等各种社会问题。所有这些问题的解决，仅仅依靠某个层级的政府或者政府的某个部门显然力不从心。其次，社会风险大量增加，应急管理考验政府的管理能力。新材料、新技术层出不穷，生产要素大规模、高频率流动，各种安全生产事故防不胜防。经济的周期性波动、系统性金融风险增加了经济活动的不确定性。在社会领域，各种社会矛盾造成社会的断裂，大规模社会冲突的风险在一定范围内、一定程度上存在。德国社会学家乌尔里希·贝克甚至认为，在全球化发展背景下，人类实践导致的全球性风险已经对人类的生存和发展造成严重威胁，人类事实上进入了风险社会。处理突发性事件和全球性、系统性风险，也不是某个地区、某个层级、某个部门能够从容应对的。最后，行政官员的自主性、公民和社会团体的参与意识不断增强。伴随工业化带来的社会财富的增加，人们受教育水平大幅度提高，权利意识、主体意识逐渐觉醒，自主性、创造性不断提升。完全按照刻板的管理体制和规章制度办事，

---

① 张康之：《寻找公共行政的伦理视角》，中国人民大学出版社2002年版，第252页。

行政官员自身也愈来愈不适应。在基层，行政官员直接面对服务对象，各地的情况千差万别，千篇一律、脱离实际的管理显然招致不满。公民要求政府更加具有回应性，更加体现民众的真实需求。公民个体、社会团体不满足于官僚体制的封闭式运作，希望参与公共管理和服务，民主管理、民主监督势在必行。因此，传统的科层结构及其运作模式已经无法适应经济社会发展的需要，如何在继承中创新、在创新中发展成为不可回避的公共议题。

（二）走出科层制困境：中国的实践与探索

根据韦伯的描述，我国的行政组织体系也具有科层制组织的典型特征。封建社会建立的组织架构，虽然不是现代意义的科层制，但也具有科层制的部分雏形，只不过那套组织体系在传统社会按照传统模式运转。新中国成立以后，中国建立了部门分工、层级节制、科学管理的现代政府体系。正是依靠这套体系，我们迅速地组织工业化大生产，经济秩序、社会秩序在短时期内得以建立，而且高效地完成了国家建设中的许多宏伟任务。如果进行理性审视，我们又会发现，科层制在其他国家暴露的种种弊端，在中国的行政体系中同样存在，甚至在某些方面表现更为突出。这是因为，中国是从计划经济体制走出来的。计划经济体制要求对经济活动进行全面的计划、管理和监督，政府设立众多的职能部门顺应无微不至、无所不能的经济和社会管理的需要。例如，为了加强对工业活动的管理，当初设立了好几个主管部门，有煤炭工业部、机械工业部，甚至设立机械工业一部、二部。在社会主义市场经济体制建立过程中，我们逐渐从微观管理变为宏观调控、从直接管理变为间接管理。但在相当一段时期内，政府职能部门的设置过多过细，给政府管理活动制造了太多的部门壁垒。另外，改革开放之后，我们经历了税费并存的时期。费改税以前，政府许多部门存在大量的收费行为，这些收费一部分上缴财政，一部分直接或间接变成部门收入甚至职工福利。各个部门都在争取扩大自己的权力，权力部门化、部门利益化、权力利益化十分明显。有利可图的事务争着管，无利可图的事务相互推诿。部门之间的利益之争加剧了部门壁垒和鸿沟，部门之间的协调与合作变得异常困难。同时，中国设有中央、省、市、县（区）、乡镇五级政府，比其他国家的政府层级明显要多。在缺乏有力督导的情况下，地方政府对中央政策"选择性执行"并非个案，部分地区、部分层级对上面的政策有利则执行、无利则变通。中间层级拥有资源截留权，把本属于基层政府的财力吸纳到本级政府之中，将教育、医疗、交通中的优势资源过度集中于本级政府及本级政府所在地，成为政策执行、资源配置的"肠梗阻"。在地区协同方面，改革开放之后，为了推动经济的快速发展，各级政府的经济考核指标十分具体，考核成绩直接影响主要负责人的政治前途。在某种意义上讲，没有这样的考核激励机制，没有所谓的"政治锦标赛"体制，就没有我国经济如此高速度的发展。但是，所谓的"政治锦标赛"体制造成一定程度的地方中心主义，地区之间的合作变得异常困难，除非能够在经济发展中实现双赢。

为了克服部门壁垒、层级本位和地区中心主义，我们始终在进行大刀阔斧的改革。在党中央、国务院的统一部署下，全国层面进行了一次又一次的机构改革，切实转变政府职能，将"全能政府"变成"有限政府"，将直接管理、微观管理变成间接管理和宏观调控，将以行政手段为主的管理方式变成以法律和经济手段为主的管理方式。经过历次机构改革，政府机构大幅度裁撤，精简、高效成为行政改革的主旋律。越是机构臃肿、人浮于事，越不利于部门之间的协调；反之，越是精简优化，越有利于减少内部摩擦和协调成本。为了有效遏制乱收费现象、规范行政权力的运行，我们在很多领域陆陆续续地进行费改税改革。费改税之后，部门的利益驱动明显下降，部门之间的利益冲突也大幅度减少。曾经一段时期，各个政府部门的收入差距、奖金福利差距很大，苦乐不均，严重影响公务员的积极性。通过建立健全公务员制度和改革收入分配制度、公共财政制度，所有公务员实行"阳光工资"，各个单位、各个部门不得在政策之外乱发奖金、福利，"部门利益化"基本得到控制。

根据经济社会发展情况，我们因时制宜地进行了大部制改革和行政综合执法体制改革。特别是党的十八大以来，原有的改革进一步拓展和延伸，许多难点、堵点得到突破和疏通。在市场监管方面，我们将原来的分部门、分段式、多头式监管改成统一监管，设立统一的市场监管局。在反腐败方面，将分散在检察院、公安、海关、监察等部门的反贪职能进行整合，成立集中统一、资源优化、权威高效的监察委员会，有力地推动了反腐败工作的开展。在应急管理领域，将原有的分散在十多个部门的应急管理职能集中起来，成立统一的应急管理部门。行政综合执法改变传统的分散执法、多头执法、重复执法模式，将执法资源、力量进行有效整合，大大节省执法成本、减轻企业和社会负担。许多地方已经从县级综合执法向市级综合执法提升，在更大范围、更深层次上提高行政执法效能。为了减少层级之间的摩擦、提高行政效率，行政体制改革和行政审批制度改革逐步推进。上级政府不断地向下级政府放权，政府不断向企业、市场和社会放权。省直管县改革、强镇扩权改革，都使基层政府的财政自主权和管理自主权进一步扩大。

为了保障中央政策的全面贯彻落实，坚决杜绝有令不行、有禁不止的情况，近年来，中央政府的督导力度明显加大并逐步走向制度化。定期开展的中央环保督查，在各地引起强烈反响，许多民众反映集中、很久得不到解决的环境污染事件，在中央环保组的督查下，很快便得到处理。这种自上而下的督查方式，保障了中央政策的坚决有力执行，有效制止了各地急功近利、本末倒置的低质量经济发展行为。

如何理顺县乡行政管理体制、推进基层治理体系和治理能力现代化，始终是地方行政体制改革的重点和难点。很多地方积极推动"县乡一体，条抓块统"改革，将分散在乡镇的"七站八所"直接划归乡镇政府进行属地管理，县级政府职能部门负责业务指导和协调，有效化解条块之间的矛盾、垂直管理和属地管理之间的矛盾。在区域合作方面，国家级、省级的区域一体化发展战略先后出台，京津冀一体化、长三角一体化、珠三角一体化、长株潭一体化通过国家层面的统一部署有序推进。在地方行政区域内部，各种模式、各种层级的区域合作也取得了一定成效，乡镇区域发展联盟、县（区）战略合作框架等受到关注。通过以上努力，科层组织的悖论在一定程度上得到化解，组织韧性逐渐提高。但是，科层组织所固有的部门之间、层级之间、地区之间的隔阂和壁垒并没有从根本上得到消解。

（三）公共治理系统转型：变革时代的现实需要

在国外，理论界和实务部门也一直在探索如何走出科层制的困境。20世纪60年代末70年代初，以美国为代表的西方国家连续出现了一系列的政治、经济和社会危机，以科层制为代表的传统公共行政面临重大挑战。1968年，以乔治·弗雷德里克森为代表的新公共行政学派认为传统公共行政奉行"效率至上"的理念，忽略了政府的社会责任和公平公正等价值追求，造成工具理性和价值理性的严重失衡。新公共行政学派主张建立有道德的、公平公正的公共行政，"强调以伦理、民主、政治互动，公民参与以及回应性等观念为基础设计出一种新的组织体制或制度，以增进社会公平实现的可能性"[①]。20世纪70年代末，英国撒切尔政府和美国里根政府率先发动"新公共管理"运动，推动西方发达国家公共管理第二次重大转型。这场运动的主要内容是实行国有企业的私有化改造，通过引进企业管理方式和各种竞争机制、采用服务外包和特许经营制等公共服务供给方式，节省政府成本、放松政府规制。这场改革"实现了国家退却和政府卸载，重新划定了政府、市场和社会的边界"[②]。诚然，新公共管理运动让市场主体参与公共管理和公共服务，在一定程度上克服了科层制的刻板化和封闭性，提高了财政资金使用效益，改善了治理绩效。但是，这种建立在管理主义、效率本位基础上的改革一开始就受到各方面的批判，许多人认为公共服务的质量难以从根本上得到保证、政府的公共管理和公共服务责任在很大程度上被推卸。更为严重的是，它将科层制组织原有的碎片化进一步拓展，在服务供给、责任分担等方

[①] 丁煌：《西方行政学说史》，武汉大学出版社2004年版，第312页。
[②] 赵成根：《新公共管理改革：不断塑造新的平衡》，北京大学出版社2007年版，第18页。

面造成更深层次的碎片化。20世纪90年代末期，在批判新公共管理运动的基础上，以佩里·希克斯和帕却克·登力维为代表的学者提出了整体性治理理论。① 针对以往政府改革所强化的碎片化状况，整体性治理主张逆部门化和碎片化，把一些功能相近的机构重新组合成部门化的组织，取消准政府机构，让无限制竞争的地方机构建立合作的、以社区为基础的结构；推行大部门式治理，改变极度分散化造成的无效和低效；恢复或重新加强中央政府过程，改变重复的、多头的等级结构；提供一站式、打包式的整体服务，更好地满足公民对公共服务质量和效率的需求；通过信息技术手段推动部门流程再造、数据共享和业务协同；等等。

无论是国内还是国外、理论界还是实务部门，都已充分认识到科层制在现代社会治理中的不适应性，都已经做出了修正完善的许多努力。科层组织结构随着人类管理活动的复杂化、规模化逐渐产生，并在工业化时期得以正规化、科学化和制度化。科层制组织一旦正式生成，它就具有相对稳定性甚至超稳定性，难以从根本上超越。这是因为，它符合人类活动的基本规律和公共管理的基本规律。只要人类存在大规模生产活动和科学化管理的需要，科层制组织就会成为无可替代的选择。可以预见，在相当长的一段时期内，人类的公共管理活动都将依托科层制组织来进行。但是，任何组织结构都必须与所在的社会环境相适应，当今社会既与传统社会有本质的区别，也与科层制理论产生初期的工业化社会有很大的差异。现代公共管理一定是在科层制分工基础之上的更加注重系统性、整体性、协同性的管理，协作与协同是现代公共管理的本质特征。

首先，公共性是现代政府管理的价值属性。人类的政治实践史，在某种程度上讲是一部权力公共性得以承认和建构的历史。古代行政虽然也具有一定程度的公共性，但总体来讲，无论从价值层面还是实践层面，公共性的比重是非常低的。封建统治者以维护自己的统治、满足自身的需要为根本利益，甚至为了自身利益践踏人民群众的各种

---

① 竺乾威：《从新公共管理到整体性治理》，《中国行政管理》2008年第10期。

第一章　整体性治理理论：国家监察体制改革研究新视角

利益。现代国家建立之初，政府的公共职能逐渐得到强化，但时常因为对管理效率的追求忽略最根本的公共性追求。哈贝马斯认为，现代性是私人领域和公共领域逐渐分离的过程，两者遵循不同的价值和实践逻辑。"公共性本身表现为一个独立的领域，即公共领域，它和私人领域是相对的。"① 公共领域虽然较为宽泛，但作为"公共权力机关"的国家是公共领域的主体。国家"之所以具有公共性，是因为它担负着为全体公民谋幸福这样一种使命"②。可以说，不管是何种政体的国家，一旦丧失其"为全体公民谋幸福"这种使命，它便失去了"公共性"，不再拥有合法性基础。"按照人们对现代政府的理解，公共权力来源于维护社会公共利益和社会公共生活秩序的需要，本质上是一种凝聚和体现公共意志的力量，作为其载体的政府是为社会公众所有的，政府存在的目的与合法性就在于维护与保障人民的权利。"③ 我国政府是全心全意为人民服务的政府，始终以促进和维护公共利益为自己的职责和使命，除了公共利益之外没有自身的特殊利益。因此，各级政府应该摒弃与公共利益不一致的理念，完全按照公共利益的需求进行管理和服务，打破各种利益藩篱和行政封锁，共同促进和维护公共利益，建设人民满意的服务型政府。

其次，系统性是现代政府管理的基本特征。马克思主义认为，世界是普遍联系的。万事万物不可能孤立存在，而是相互影响、相互作用的。这种联系有些是直接的，有些是间接的；有些是隐性的，有些是显性的。系统的观点为我们分析事物之间的联系提供了基本的思想观点和思维方法。1952年，美国理论生物学家L. V. 贝塔朗菲提出了系统论的思想，并在1968年发表专著《一般系统理论——基础、发展和应用》（*General System Theory: Foundations, Development, Applications*），确立了这门科学的学术地位。系统论认为，"整体性、关联

---

① ［德］哈贝马斯：《公共领域的结构转型》，曹卫东等译，学林出版社1999年版，第2页。
② ［德］哈贝马斯：《公共领域的结构转型》，曹卫东等译，学林出版社1999年版，第2页。
③ 冯英：《论公共行政之公共性及其何以可能》，《中国行政管理》2008年第5期。

性、等级结构性、动态平衡性、时序性等是所有系统的共同基本特征，系统论的基本思想方法，就是把所研究和处理的对象，当作一个系统，分析系统的结构和功能，研究系统、要素和环境三者的相互关系和变动的规律性，并优化系统观点看问题"①。根据系统论观点，行政系统是整个社会系统中的一个子系统，这个子系统受社会大系统的影响，所有行政活动必须充分考虑到社会系统的影响与制约，与社会系统相适应。行政系统由各个组成部分联结成一个有机体，各个组成部分之间联系十分紧密，而且相互影响相互作用。因此，层级之间、部门之间、区域之间不能孤立地行动，任何主体的好的政策和行动对整个系统都会产生有利影响，而任何主体的坏的政策和行动对整个系统都会产生负面作用。特别是在各种要素高速流动、系统联系异常紧密的现代社会，行政系统之间的相互影响和作用会呈现乘数效应，所有行动主体对此必须有清醒的认识并采取相向行动。

再次，互利合作是现代政府管理的互动基调。政府之间虽然也有竞争，甚至竞争会比较激烈，但这种竞争和企业之间的竞争是不一样的。它不是你死我活的零和博弈，而是互利共生的合作型竞争。企业之间的竞争可以将某个企业淘汰出局，政府之间的竞争绝对不是让某个政府被淘汰。相反，如果某个地区、某个政府在竞争中处于不利甚至落后地位，其他政府有帮助、扶持义务。部门之间可以创先争优，但主要还是协同共进，因为有时决定整个政府绩效的不是"长板有多长"，而是"水桶中最短的那块木板有多短"。地区之间可以相互竞争，但如果采取以地区为中心、以重复建设和资源消耗为基本特征的粗放式低质量增长方式，最终会破坏整个区域的经济发展环境和生态环境。更何况，区域之间反差太大，落后地区会对发达地区造成"挤压"效应，最终影响整体发展。正因为如此，我国在国家层面、地方层面展开各种层次、各种方式的互利合作，推动区域一体化高质量发展。

最后，共享联动是现代政府管理的存在方式。科层制组织分部

---

① 何潇：《系统论对行政管理实践的挑战》，《发展研究》2005年第12期。

门、分层级管理的方式,不但与行政官员的行为习惯有关,而且与信息传递方式有密切的关系。当信息传递以人工传递为主,或者以有限的信息共享为主,组织之间相互保密而不是相互开放,行政命令只能逐个层级、逐个部门传达,许多工作只能逐步落实,效率低下。但是,现代政府不再是一个封闭的、保密的行政机构,而是信息共享、开明开放的公共机构。信息开放与共享的法律得以实现,部门之间、层级之间不再成为信息孤岛。新一轮技术革命成果在行政管理活动中得到广泛应用,各个层级、各个部门可以实时共享关键的、动态的信息。必要时,各个层级、各个部门可以根据共享的信息第一时间采取联合行动,而不是被动地应付和机械式操作。这正是政府治理现代化的重要体现和标志。如果凡事都必须按照传统的条块分割方式行动,落后于社会发展和群众要求,将不能实现现代化的治理;相反,以信息共享为纽带、以高效联动为手段,政府的治理理念、体制、技术、方式等都已发生革命性变革,朝着高度现代化、信息化、智慧化方向不断前进。

二 理论创新与治理变革:整体性治理理论及其本土化运用

整体性治理理论是在特定的政治经济社会环境下产生的。作为一种新的理论,整体性治理在国内与国际学术界和实践部门都产生了巨大反响。深入研究整体性治理理论的核心内容和精神实质,对推动我国的公共治理变革以及廉政体系建设等具有十分重要的意义。

(一)碎片化治理制约治理效能:整体性治理理论的产生背景

整体性治理理论的产生背景,主要可以从传统科层组织的固有弊端、新公共管理运动的困境、民众对公共治理质量的诉求以及科学技术的发展等方面进行理解和阐释。

以职能分工、层级节制、非人格化管理为典型特征的科层制在实践中发挥了很大的作用,提高了管理效率和社会生产力,也为人类的秩序和发展提供了组织保障。但是，科层制带来的官僚主义和形式主义、相互推诿、效率低下、条块分割等弊端历来遭到各界诟病。事实上，自从马克斯·韦伯提出科层制理论后，对科层制的探讨和反思从来没有停息，思想家从各种角度探索如何突破科层制困境，走出了一条更加符合治理规律、更加提高治理效能的道路。一百多年以来，各种理论主张先后登场，各种论著汗牛充栋。可以说，整体性治理是其中的理论主张之一，是学术界对传统官僚制进行反思和批判的结果。

在实践方面，为了克服官僚制的弊端，从20世纪70年代开始，一场充满变革色彩的新公共管理运动在许多国家兴起。新公共管理运动倡导打破政府在公共服务中的垄断地位，主张将公共物品的提供者、生产者进行分离，在公共部门内部引入竞争机制，提高管理效率和服务质量；外部引入市场化竞争机制，让各种市场主体平等参与公共物品的生产；坚持顾客导向和结果导向，将企业管理中的成本效益原理引入政府，以企业家精神营造公共部门；主张企业、社会组织、公民更多地参与公共事务，建立多元主体协商治理的良好格局。客观地讲，新公共管理运动在一定程度上克服了传统科层制的弊端，大大节省了政府的运行成本，提高了公共物品的供给效率。但是，新公共管理运动仍然是建立在管理主义基础上的改革设计，它以市场化、多元化方式将公共管理和公共服务再次碎片化，甚至因为缺乏监管导致了公共服务质量的下降和社会公众的不满。学术界在充分肯定新公共管理运动的进步意义时，也出现了很多不同的观点和理论主张。新公共服务理论是对其效率至上的反思和批判，而整体性治理理论是对其重新碎片化的反思和批判。

在社会领域，随着经济社会的飞速发展，政府应对复杂系统的能力遭到前所未有的挑战。许多公共事务，包括应对气候变化、突发公共卫生事件等，绝对不是依靠政府单方面的力量可以解决的，也不是依靠单一层级的政府可以解决的。改变单一的治理模式，实现跨层级、跨部门、跨地区、跨领域协同治理，是公共治理变革的必由之路。同时，各种新的技术广泛出现，改变了政府之间的信息传递方式以及传统的治理手段和方式，为整体性治理创造了一定的技术基础和条件。事实上，人类历史上的每一次重大的科技革命，都会使生产力的发展产生质的飞跃，也会带来不可小觑的管理革命。以蒸汽机的广泛应用为标志的第一次科技革命、以电力技术的广泛应用为标志的第二次科技革命、以电子信息技术的广泛应用为标志的第三次科技革命和以区块链、人工智能、数字技术为标志的第四次技术革命，是人类发展史上的重大分水岭，也是人类生产生活中具有标志性和转折意义的重大事件。科技革命对政府治理的影响，直接体现在它为政府改革注入了先进的科技因素、提供了重要的媒介，使政府的治理革命成为可能，实现政府治理从量变到质变的巨大飞跃。①

（二）重构公共治理的架构与机制：整体性治理的主要内容

整体性治理是针对新公共管理的缺陷和不足提出的具有重大影响力的公共管理理论。其代表人物佩里·希克斯和帕却克·登力维认为，新公共管理过于强调分散化治理和组织内外的竞争与激励，导致碎片化治理和目标冲突日益严重。为了克服这种现象，整体性治理主张明确治理的整体性和统一性目标，在信息网络技术的支撑下，政府部门系统化运作和协调化行动，为公众提供"一站式"服务和可持续的公共物品供给。② 希克斯从目标和手段两个向度考察了政府的类型划分。从纵向的目标的向度，政府可以分为"目标互相冲突"和"目标互相增强"两种类型；从横向的手段的向度，政府可以分为"手段相互冲突"和"手段相互增强"两种类型。根据这两个向度，政府可以分为"贵族式政府""渐进式政府""碎片化政府""整体性政府"四个象限。整体性治理，就是为了打造目标整齐一致、手段相互增强的"整体性政府"。③ 具体来说，整体性治理主要包含以下

---

① 陈宏彩：《"最多跑一次"改革：新时代的政府效能革命》，《治理研究》2018年第3期。

② 竺乾威：《从新公共管理到整体性治理》，《中国行政管理》2008年第10期。

③ Perry, Dinna Leat, Kimberly Seltzer and Gerry Stoker, *Towards Holistic Governance: The New Reform Agenda*, New York: Palgrave, 2002, p.31（转引自竺乾威《从新公共管理到整体性治理》，《中国行政管理》2008年第10期）.

内容。

（1）政策目标的一致性。从理论上讲，科层组织的政策目标是完全一致的，都是自上而下执行统一的政策。但在实践中，政策目标未必完全一致。政府的各个层级、各个职能部门如果对政策的理解和认识存在偏差，甚至为了各自利益制定相互冲突的政策，导致画地为牢、各自为政，整体性治理根本无法实现。因此，政策制定者要充分考虑政策本身的科学性、合理性和可行性，并要对政策的执行进行监督，确保政令统一、协同共进。

（2）消除层级和部门壁垒。整体性治理最大的障碍在于层级和部门壁垒。政府在遵守职能分工、授权规定的前提下，一定要打破各种人为的壁垒，建立跨部门、跨层级的协作机制，确保政府整体运行。在公共服务领域，要考虑到民众的实际需求，提供"一站式"服务，减少行政成本和社会成本。整体性治理主张尽可能地将功能相近的政府机构进行合并，组建大部制政府机构。层级之间要合理授权，尽可能减少政府层级，让政策执行者拥有一定的行政自由裁量权。倡导"逆民营化"，将原来承包给民营机构的公共服务重新交由公共部门供给。强调树立中央政府的权威，让中央政府在克服部门化、地方化、碎片化方面发挥更大的作用。

（3）多元主体的协同共治。任何社会问题的产生都有复杂的社会根源，如果依靠政府单方面采取行动，很可能是治标而不治本。因此，必须强调政府、企业、社会等多元主体的相互协作，从多方面查找问题产生的根源，从源头上进行系统性、整体性、协同性治理，降低问题重复发生概率和事态扩大趋势。因此，要根据公共事务的特性，建立符合需要的各种网络治理结构，完善各种整合机制，让治理主体之间形成应有的合力，并整合各种资源，综合运用各种治理手段，逐步实现公共治理目标。

（4）信息互通和数据共享。以往政府的碎片化运作模式，既有体制束缚和利益驱动因素，又有信息不互通、数据不共享的因素。因此，政府必须利用先进的信息技术和手段，最大限度地推动政府内部信息的共享和利用，通过信息与数据共享改变政府的行动方式、提升

第一章 整体性治理理论：国家监察体制改革研究新视角

政府的治理效率。信息和数据的共享越充分，越利于整体性政府的建构。此外，政府要改变封闭式运作模式，尽可能地让公民、社会共享政府的信息，增进信息交流与互通，增强互信与合作。

（三）从政府监管到公共服务：整体性治理的本土运用

整体性治理不但与我国现行的改革思路吻合，而且与中国传统文化和思维方式具有某种程度的一致性。因此，整体性治理理论很快在国内学术界广泛传播并得到认可。司晓悦、赵霞霞基于2008—2018年CSSCI及核心期刊来源的文献计量分析，描述了国内整体性治理研究的知识图谱。他们的研究表明，在此期间，国内整体性治理研究的CSSCI及核心期刊文章达到330篇之多，研究热度有增无减。[1] 国内整体性治理研究几乎涉及公共管理的各个领域，丁煌、方堃[2]与王丛虎、刘卿斐[3]运用整体性治理理论分析了我国行政综合执法体制改革，李利文[4]分析了国家财政体制变迁中的公共服务供给碎片化及其整体性治理，郑容坤[5]、黎梓良[6]、陈伟珂等[7]分别探讨了我国扶贫领域、乡村振兴、城市内涝的整体性治理。高小平[8]、戚建刚等[9]针对我国

---

[1] 司晓悦、赵霞霞：《国内整体性治理研究的知识图谱——基于2008—2018年CSSCI及核心期刊来源的文献计量分析》，《东北大学学报》（社会科学版）2019年第4期。

[2] 丁煌、方堃：《基于整体性治理的综合行政执法体制改革研究》，《领导科学论坛》2016年第1期。

[3] 王丛虎、刘卿斐：《城市管理综合行政执法模式与适用研究——基于基层高绩效执法组织的构建》，《中国行政管理》2017年第12期。

[4] 李利文：《国家财政体制变迁中的公共服务供给碎片化及其整体性治理》，《学习论坛》2020年第4期。

[5] 郑容坤：《整体性治理视域下的精准扶贫研究：基于福建省下党乡的调查》，《江汉大学学报》（社会科学版）2019年第5期。

[6] 黎梓良：《乡村治理振兴中的碎片化困境与整体性救治策略》，《中共南宁市委党校学报》2019年第4期。

[7] 陈伟珂、高双、张煜珠：《城市内涝治理碎片化困境及其突破——基于整体性治理理论》，《城市发展研究》2019年第8期。

[8] 高小平：《整体性治理与应急管理：新的冲突与解决方案》，《公共管理与政策评论》2018年第6期。

[9] 戚建刚、乌兰：《应急管理部的行政法建构——基于整体性治理理念的分析》，《北京行政学院学报》2018年第5期。

应急管理体制存在的突出问题，主张从体制和政策方面全面推行整体性治理。韩兆柱、卢冰①以整体性治理为视角，探讨了京津冀雾霾治理中的府际合作机制建设。在廉政建设领域，任建明②以及王仓、刘再春③主张对我国的职务犯罪进行整体性防治，肖云忠、肖冬梅④则用整体性治理理论对我国监察体制改革的动因进行了初步分析，张学龙⑤针对党内巡视巡察存在的问题提出了整体性治理思路，等等。可以说，国内的整体性治理研究不仅分析了纷繁复杂的公共管理现实，而且为未来的公共管理改革提供了可贵的理论指引和政策参照。

在实践领域，整体性治理事实上在政务服务、政府监管等各个方面都得到体现。2016年，浙江省启动的"最多跑一次"改革就是在全面深化改革的背景下，以提质增效为基本目标，以数据共享和平台互通为基本路径，以体制机制创新和流程再造为核心内容，以信息网络技术为支撑的一场划时代的政府效能革命。在某种程度上讲，"最多跑一次"改革是政务服务事项集成办理、地方公共事务整体性治理的典型，因为它在以下几方面取得了历史性突破。

一是在数据共享、消除孤岛方面取得重大突破。以往政府部门办事效率低下，奇葩证明、循环证明层出不穷，最根本的原因就是数据壁垒、信息孤岛的存在。如果要减少证明，减少群众跑腿次数，首先要破解数据壁垒，消解信息孤岛。为了破解这道难题，浙江省数据管理中心陆续公布《省级公共数据共享清单》，涵盖了全省人口、法人基础信息和社保、民政等相关数据，以及部分专业资格证书、资质证照、信用信息等。也就是说，通过这些数据共享，群众和企业办事涉

---

① 韩兆柱、卢冰：《京津冀雾霾治理中的府际合作机制研究——以整体性治理为视角》，《天津行政学院学报》2017年第4期。

② 任建明：《"廉实力"建设与廉政治理》，《廉政文化研究》2016年第1期。

③ 王仓、刘再春：《基于整体性治理的职务犯罪防治对策研究》，《领导科学》2019年第12期。

④ 肖云忠、肖冬梅：《基于整体性治理理论的国家监察体制改革动因解析》，《广州大学学报》（社会科学版）2019年第3期。

⑤ 张学龙：《整体性治理视角下的党内巡视巡察联动研究》，《理论与改革》2019年第6期。

及绝大多数证明材料都不用出具了。相应地，去各部门、各窗口奔波之苦也随之消散。经过不懈的努力，2018年2月28日，浙江省省级办件量前100高频事项已实现系统对接和数据共享，全面实现"最多跑一次"。打通信息孤岛、实现信息共享取得实质性突破。

二是在部门协同、业务整合方面取得重大突破。在官僚制结构中，部门分工是基本原则。政府部门各司其职，分工有余、协同不足，导致相关事项无法合并、相关业务无法整合，严重影响了办事效率。针对这种现象，2017年4月28日，浙江省建设厅联合省发改、公安、财政、人防、住建、审管、气象等7个部门和单位，下发了《关于贯彻落实"最多跑一次"改革决策部署全面推进施工图联合审查的实施意见》，全面启动了施工图联合审查改革工作。原来这些部门审查的标准不统一，结果也互不认，企业办事异常烦琐。改革之后，统一标准、集中服务、结果互认、依法监管。通过此项改革，审批时间压缩一半。同时，针对企业投资项目中的环境影响评估、能耗评估、水土保持影响评估等各自为政的现象，浙江省积极推行区域评估、多评合一。能评、环评、水保等方面不再针对单个企业进行，而是区域整体评估，企业达标进入。多评合一，减轻负担。在此基础上，积极推行联合验收，多测合一。政府十多个部门对竣工项目进行规划、档案、消防、质量、水保、绿化等联合验收。多个部门、多次测量变成联合测量，一次完成。

三是在流程再造、精简材料方面取得重大突破。同样一件事情，如果流程设计过于复杂或者顺序颠倒，就会导致办事效率大打折扣。传统政府管理中的许多流程，都可以根据时代发展及时再造。企业投资项目审批，以往总是审批在先，层层审批。如果换一种思维，首先将标准公之于众，符合标准直接准入，是否可以达到与审批同样的效果而效率大增呢？为此，浙江省在德清县进行了"标准地"的大胆尝试。所谓"标准地"，就是把每一块建设用地的规划建设标准、能耗标准、污染排放标准、产业导向标准、单位产出标准等给予明确，带地一起出让。企业拿地前，就已经知道该地块的使用要求和标准，拿到"标准地"，经发改委"一窗受理"

后，就可以直接开工建设，不再经过各类审批，建成投产后，相关部门按照既定标准与法定条件验收。在减材料、减环节方面，全面清理与国家法律、法规不相适应的地方法规和规章，大幅度精简材料和办事环节，积极推广容缺受理、快递邮件，最大限度地减少群众和企业的跑腿次数。

四是在统一标准、规范服务方面取得重大突破。办事效率要提高，必须尽可能实现标准化；地方经验要复制推广，也必须实现标准化。为此，浙江省统筹建设一体化网上政务服务平台和移动政务服务平台，改变"村村点火、户户冒烟"现象；规定各级行政机关不得新建业务专网，已有业务专网合理分类后并入电子政务网络。将各类非紧急的投诉举报热线统一整合到"12345"热线电话，形成统一接收、按责转办、限时办结、统一督办、评价反馈的业务闭环，确保受理事项件件有痕迹、件件有着落、件件有回音，解决部门不作为、慢作为、乱作为问题，减少重复信访、重复投诉举报现象。全面实现"最多跑一次"标准化全覆盖，构建全省统一规范、动态调整的标准化办事事项和办事指南体系。同时，浙江省还积极争取，推动"最多跑一次"相关标准上升为国家标准，为全国提供可复制、可推广的经验。[1]

三 整体性治理视域下的国家监察体制改革：一个系统性分析框架

整体性治理在我国公共管理和公共服务领域得到广泛实践，也产生了较好的成效。那么，在廉政建设领域，是否也应运用整体性思维加以推进呢？国家监察体制改革的整体性重构，应当建立何种分析框架呢？

---

[1] 陈宏彩：《"最多跑一次"改革：新时代的政府效能革命》，《治理研究》2018年第3期。

第一章　整体性治理理论：国家监察体制改革研究新视角

（一）廉政建设领域的整体性治理：何以必要与何以可能

推动廉政建设，必须对腐败产生的政治经济社会根源进行深入分析，在此基础上提出针对性、前瞻性、系统性应对之策。"腐败现象，它的规模、特点和活动，是一个国家政治、社会和经济中的问题。"① 从我国的实际情况来看，腐败现象的存在确实是多种因素相互作用的结果。

我国的政治和行政管理体制总体上讲是权力相对集中的体制。这一体制最大的优势就是"集中力量办大事"，可以快速组织和动员政治、行政乃至社会系统投入重大任务，完成其他体制难以完成的任务。但是，这一体制最大的问题就是权力缺乏相互制约与制衡，容易产生权力滥用和腐败现象。如果权力相对分散，在一定程度上形成相互制衡机制，腐败产生的漏洞和概率就会大大减少和降低。事实上，我们也在努力建成行政机关内部决策、执行、监督相互分立、相互制约的权力结构和运行机制。但体制的惯性始终存在，只要上级有重大决策部署，传统体制很快就会被激活。

计划经济时期，政府掌握了经济发展的所有重要资源，按照计划方式对资源进行集中统一配置。社会主义市场经济体制的建立在很大程度上厘清了政府和市场、政府和社会的关系，政府从微观管理、直接管理向宏观调控、间接管理转变。毋庸讳言，许多地方政府在市场监管、土地交易等方面具有很大的决定权，加上相关的法律法规不够完善，这就给许多腐败分子留下了可乘之机。正如阿克曼和帕利夫卡等人所言："任何国家，无论其统治者乐善好施还是压迫民众，他们都掌握着受益的分配和成本的增加。谁获得有价值的收益，而谁不得不承担沉重的成本，通常由手握实权的政府官员说了算。想要获得优待的个人及私营企业，可能愿意通过行贿的手段来达成目标。"②

---

① ［俄］萨塔罗夫主编：《反腐败政策》，郭家申译，社会科学文献出版社 2011 年版，第 57 页。
② ［美］苏珊·罗丝-阿克曼、邦妮·J. 帕利夫卡：《腐败与政府：根源、后果与改革》，郑澜译，中信出版集团 2018 年版，第 51 页。

受传统文化的影响,我国的"官本位"文化在一定程度上依然存在。在扭曲的世界观、人生观、价值观的影响下,少数人失去理想信念,把升官发财作为自己的人生追求。一旦手中掌握了权力,处心积虑如何"变现"、如何完成几代人甚至世世代代的财富积累。"一人飞升,仙及鸡犬"的传统观念在某些地方、某些家族文化中仍有体现,为少数领导干部的腐败行为添加了"合法性"。加上我国是一个人情社会,各种各样的血缘、学缘、业缘、地缘纽带往往在社会交往、政府与社会互动中发挥作用,权力的依法规范行使一旦和这些因素发生冲突,时常容易出现变形走样,引发各种腐败现象。

因此,我国的廉政建设是一项系统性、复杂性工程,也是一个艰难的、长期的过程。我们既要重视政治体制改革和行政体制改革,不断优化权力结构、完善法律制度、健全监督机制,又要深入推进社会主义市场经济体制建设,让市场在资源配置中发挥决定性作用,让政府这只"有形的手"始终限制在确有必要的范围之内,还要加强理想信念教育和社会文化建设,弘扬公私分明、公平公正的先进文化理念,营造风清气正的社会文化环境。事实上,改革开放以来特别是党的十八大以来,我们已经将廉政建设作为一项系统性工程来抓,始终坚持惩防结合和源头治理,坚持"三不"机制一体推进。根据腐败发生的根源进行整体性、系统性治理,是我国廉政建设的基本方向和根本路径。

(二)廉政建设体系中的国家监察:结构功能主义的阐释

20世纪中叶前后,美国著名社会学家、哈佛大学教授塔尔科特·帕森斯(Talcott Parsons)在《社会行动的结构》(1951)、《迈向一种一般行动理论》(1951)等著作中系统、完整地阐述了结构功能主义理论。[①] 该理论提出之后,不仅在社会学中产生很大反响,而且在政治学、公共管理学等领域也产生了很大反响,成为学术界研究

---

① 周定财:《结构功能主义视角下地方服务型政府的结构分析》,《上海行政学院学报》2016年第3期。

社会结构和社会现象、政治结构与政治现象的一种理论阐释性框架。"结构功能主义是侧重对社会系统的制度性结构进行功能分析的社会学理论,通过研究社会系统中各子系统之间'地位—角色'的定位以及彼此之间的互动关系,以维持社会系统的稳定和存续。"① 那么,借鉴结构功能主义分析方法,我们是否可以对廉政建设体系中的各个子系统进行"地位—角色"分析,从而探讨监察机关在廉政建设体系中的特殊地位和作用呢?

如果把廉政建设体系作为一个大系统来看待,那么党委、人民代表大会、监察机关、行政机关、司法机关、社会团体等可以被看成这个大系统中的几个关键子系统。党委是廉政建设的领导者、组织者和指挥者。根据民众要求和廉政建设的形势任务,党委将党的意志转化为党的反腐路线、方针和政策,直接向纪检监察机关传递,监督监察机关履行党的决议、贯彻党的决策的力度和成效。监察机关接受党委的统一领导,并将重大任务的执行和整个廉政建设行动及时向党委汇报。人民代表大会是立法机关,将党的意志、民众意志适时转化成法律法规,为监察机关的廉政建设提供坚强的法律保障,监察机关也必须接受人民代表大会的监督,定期向人民代表大会常务委员会进行专项工作报告。司法机关是反腐行动的有力协作者,让监察机关办结的案件及时进入司法程序,使腐败分子最终得到法律的制裁。同时,司法机关和监察机关形成权力制约关系,可以在很大程度上防止监察权的违规滥用。监察机关的廉政预防、反腐行动等需要得到社会团体、民众的广泛支持,民众和社会团体也对监察机关形成社会制约力量。

可见,从结构功能主义视角审视,监察机关处于廉政建设体系的枢纽与执行中心。监察机关设置是否科学、运转是否高效,直接关系到廉政建设体系的稳定与发展。监察机关和其他各个子系统形成错综复杂的输入、输出的关系,各个子系统将信息、政策、法规输入监察机关,监察机关则向其输出各种应对之策,反馈行动与绩效信息。没

---

① 党秀云:《国有企业社会责任合作治理的模式建构——结构功能主义的视角分析》,《中国行政管理》2021年第8期。

有各个子系统的政治、行政、司法输入，监察机关无法运转；没有监察机关的执行与反馈，各个子系统也无法回应反腐愿望与政策执行诉求。正是与各个子系统的相互依存、相互促进，监察机关出色地完成了廉政建设任务，维持了廉政建设体系乃至整个政权体系的正常运转与健康发展。廉政建设体系的结构功能主义分析如图1-1。

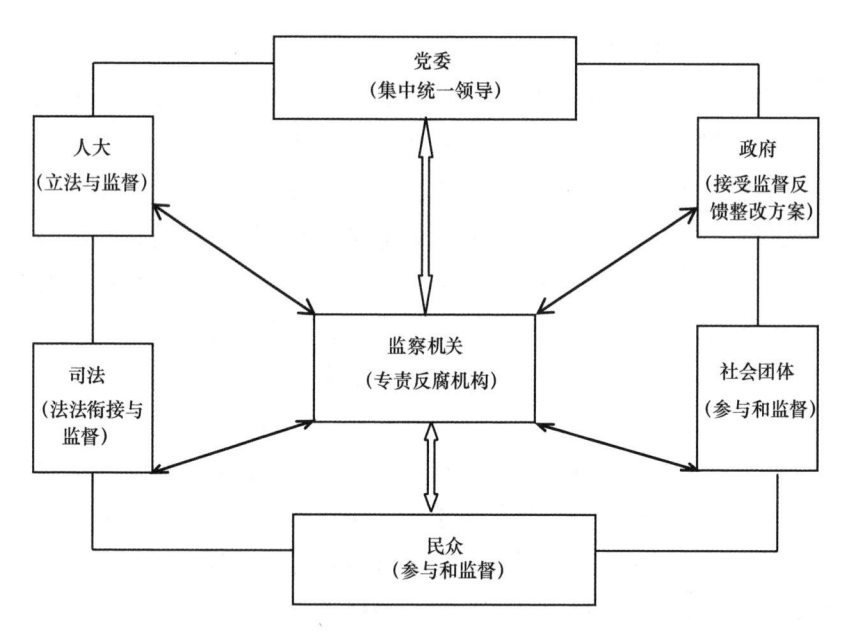

图1-1 廉政建设体系的结构功能主义分析图

（三）主体、客体与行为三重维度：监察体制改革的整体性分析框架

运用整体性治理理论对国家监察体制改革进行分析，可以从主体、客体、行为三个维度入手。从哲学的角度讲，这三个维度涵盖了任何一项集体行动，正是主体、客体和行为的互动，推动了某项事务的运行与发展。国家监察体制改革是一项重大的政治行动和改革运动，包含了许多复杂的内容。但是，只要从三个维度进行分析，基本上可以对整个改革进行深入剖析。

国家监察体制改革主体的整体性重组，主要包含结构重塑和资源

第一章 整体性治理理论：国家监察体制改革研究新视角

重组两个方面。结构重塑包含外部结构和内部结构。从外部结构来讲，党的集中统一领导是国家监察体制改革的核心和关键。监察体制改革全面确立了党的集中统一领导地位，纪检监察机关在党的统一领导下开展工作。监察机关不再是行政机关内部的一个职能机构，而是提升为与行政机关并行的一个新的权力序列和机构序列。从内部结构来讲，进一步明确了监察机关以上级纪检监察机关为主的领导体制，同级党委的领导、上级纪检监察机关的领导得到规范。同时，监察机关内部进行机构改革，削减职能部门、增加业务部门，使业务部门的力量得到加强，便于提升纪检监察机关的战斗力。建立监察机关内部既相互分立又相互制约的权力结构，防止内部权力的滥用。资源重组也包括内部重组和外部重组两个方面。从外部来看，检察院的原有反贪资源转隶到纪检监察机关，理顺公安机关、法院与监察机关的关系，巩固和加强法法衔接。其他承担反腐职能的资源也全部整合到纪检监察机关。从内部来看，进一步优化资源配置，保障最具优势资源运用到最重要的地方，提高资源配置效益。

要使整个廉政建设和反腐行动有效，除了对主体进行重组，客体也必须全部统摄其中。这里的客体主要是指监察对象。2017年在全国启动的监察体制改革将所有行使公权力的人纳入监察对象，坚持了改革的系统性、整体性思维。腐败主要发生在掌握最重要资源的党政机关，但其他领域同样存在腐败的空间。如果仅仅在党政机关正风肃贪，其他部门、其他领域腐败盛行，整个政治生态、社会生态就难以从根本上好转。政风、行风、社会风气是相互影响、相辅相成的，只有将它们作为一个整体来考虑，旗帜鲜明地反对各个领域、各个群体的腐败，才会真正收到成效。监察体制改革的另外一个特点，坚持对客体的"时空全覆盖"，也就是说，不管腐败分子潜伏期多长、是否退休、是在国内还是境外，一律绳之以法、概莫能外。

腐败行为的发生总有一个演进的过程。监察机关必须根据腐败行为的发生规律，做好教育、预防、查处的全周期管理。教育就是要帮助公职人员树立正确的世界观、人生观和权力观，坚持理想信念，抵制各种诱惑和侵蚀，做到"不想腐"；预防就是不断改革创新权力运行的体制机制、建立健全相关的法律法规和规章制度，堵塞各种可能的漏洞，将权力关进"制度的笼子"，让掌握权力的人"不能腐"；查处就是严厉处置各类人员、各类行为，无论职务多高、功劳多大，都不能逃避法律的制裁，树立监督的权威、法律的权威，让所有人"不敢腐"。坚持"三不"一体推进，最大限度地降低腐败行为发生概率。过去反腐机关查处的往往是严重腐败行为，对轻微的违纪违法行为没有及时处理，没有做到"红脸出汗"和防微杜渐。国家监察体制改革以后，坚持违纪行为、违法行为和职务犯罪行为一起查处，法纪贯通，起到了较好的效果。

国家监察体制改革主体、客体、行为三重维度的分析框架如图1-2所示。

四 弥补还是超越科层治理：整体性治理的功能辨析

整体性治理主张多跨协同与系统治理，有效克服了条块化、碎片化治理现象，弥补了科层治理的不足。但是整体性治理理论应用于公共管理同样会出现"管理悖论"，即官僚组织内部主体间的协同和联动在提升了效率的同时，也会带来行为边界与责任分担的模糊，从而影响效率的提升。

（一）多跨协同与系统治理：整体性治理的思维优势

整体性治理理论对科层治理的局限性有着深入洞察，并针对科层制内在的、结构性的矛盾提出了系统性的变革主张。这些主张顺应了当代公共事务发展变化的客观规律，具有显著的方法论优势。

无数事实证明，层级壁垒、部门壁垒严重影响政府的运行效率，影响社会公众对政府的信任和支持。面对日益复杂的公共事务，面对瞬息万变的社会环境，只有跳出科层组织的治理结构，让层级之间、

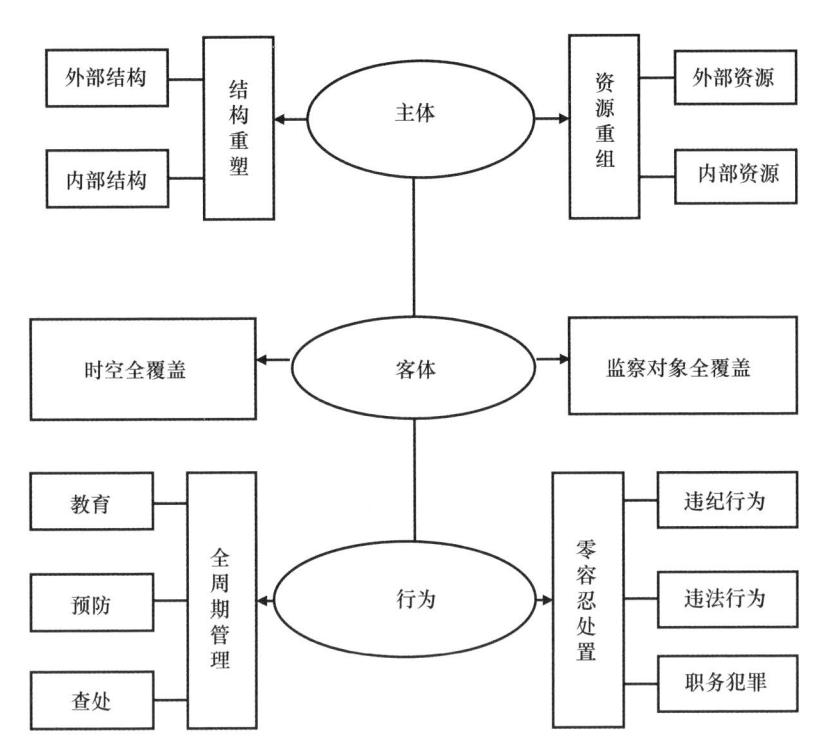

图 1-2 国家监察体制改革主体、客体、行为三重维度的分析框架

部门之间进行制度化、无缝隙的联动与协作，才能真正提高治理效率，改善公共服务质量。跨层级、跨部门、跨地区、跨领域的合作，改变了传统的思维方式和行为方式，使政府从各自为政、相互推诿的局面中走出来，可以建立整体性的治理结构，提升治理效能。

科层制组织习惯于对社会问题进行单方面的剖析、采取单方面的行动，容易陷入"头痛医头，脚痛医脚"的被动局面。整体性治理理论认为，任何事物的发展都是多种因素作用的结果，需要找到问题的症结所在，采取全面的、系统化的行动。在科层制组织中，各个部门根据自己的权力和职责，解决自身范围内的问题，对自己管辖的事务、自己有限的职责负责。显然，这样的格局有利于快速解决某个简单的问题，但对于稍微复杂一点的公共事务而言，科层治理已经力不从心。

在管理体制、资源配置方式的束缚下,科层组织往往聚焦于尽快解决问题,哪怕是阶段性的甚至是表象化的解决方式皆可。至于如何从根本上、源头上解决问题,条块分割的管理体制没有这样的动力。更何况,领导人和工作岗位的频繁变化,使得政策的系统性、延续性本身成为问题。与之相反,整体性治理始终坚持从源头上解决问题,要求政府部门既要解决紧迫的问题,又要根本施策、源头治理。无论整体性治理能否成为主导的治理范式,这样的思维方式至少给公共管理者带来了深刻的启示。

(二) 与科层治理的融合互补:整体性治理的合理定位

既然整体性治理有着超越科层治理的许多优势,是否意味着整体性治理可以完全替代科层治理,成为一种新的治理结构和治理范式呢?我们认为,科层制组织和科层治理仍然有着强大的生命力,尽管其饱受诟病。

马克斯·韦伯认为,科层制组织是适应社会化大生产的最有效的组织形式,在现代化社会,无论是政府机关、军队还是企业,都必然采取科层制的组织结构。确实,今天的社会已非小国寡民的社会,全球80多亿人口的生存与发展,各种大型社会活动的组织与协调,没有层级节制、分工协作的科层组织几乎是难以想象的。中国古代的军队和大型灌溉工程的兴建,事实上都建立了科层治理模式,只不过不是今天严格意义上的理性官僚制。也就是说,科层治理是人类社会几千年来的管理经验,是相对科学、相对稳定的治理结构。人类可以不断推动科层制组织的优化和完善,纵向上建立扁平化组织、横向上建立大部制机构等,但完全摒弃这一治理模式,恐怕是不现实的。

确实,今天的许多社会问题具有高度综合性和高度复杂性,依靠某方面的专业知识难以从根本上解决。这是否意味着传统的专业分工过时了呢?是否可以用综合化代替专业化呢?我们认为,许多事务是高度专业化、高度综合化的有机统一。纯粹依靠专业化知识无法解决问题,同样,纯粹依靠综合化知识也无法解决问题。综合化也是建立在专业分工基础之上的,没有专业化就没有高质量的综合化。因此,在公共治理中，既要依靠传统的专业化分工，又要依靠新型的跨专业合作，两者相辅相成、并行不悖。

多元主体的参与和合作改善了公共治理结构，提升了公共治理效能。但是，我们永远无法否定政府的主导地位。政府依靠法定的权威动员全社会资源解决重大社会问题，这是任何机构、任何力量都无法替代的。在政府内部，某方面事务必须由某个职能部门牵头，这也是无法回避的事实。我们倡导的整体性治理，是政府主导的多元合作治理；我们实验的跨部门、跨层级、跨地区协同，也是建立在职能分工基础之上的"一主多辅"的协同。

因此，无论社会如何发展变化，整体性治理无法完全替代科层制治理。它只能是科层治理的有益补充，必须和科层治理有机融合、相互协调。如果否定科层治理结构，过多地强调整体性和协同性治理，可能会产生新的问题。一是部门之间的分工遭到削弱，职责的明晰度受到影响。政府组织本来是建立在专业分工基础之上的，如果淡化了分工意识，各个部门的责任会变得模糊。一旦出了问题，很难像原来一样找到合适的责任部门。二是单项行动的重要性日益削弱，单项事务的处置效率可能变低。整体性治理强调各个部门的协同行动、整体运作，对于某些综合性事务而言，这种处置方式效率是最高的。但是，对于某些单项事务，可能会因为过度依赖整体行动而使效率变得很低。因此，对于整体性治理的运用，也必须根据事务的性质和特点理性对待，不能削弱传统科层治理结构的作用，不能为了克服传统治理模式的弊端而走向另一个极端。

第二章　权力监督的整体性治理：国家监察体制改革的逻辑演绎

国家监察体制改革是当代中国的一项重大的制度变迁，是有中国特色的政治体制的深刻调整，也是新的历史条件下权力监督体系的整体性重构。这是新的中央领导集体从国家治理体系和治理能力现代化的要求出发，按照整体性治理的思路，在综合考虑各种因素的基础上，对我国政治权力结构的优化、廉政建设的系统推进等作出的重大制度安排。从整体性治理的角度来看，它是基于五个方面的考量：国家权力结构的整体性优化、反腐资源的整体性重组、党内监督与国家监察的整体性实施、职务违法与职务犯罪行为的整体性防控、历史传统与域外经验的整体性借鉴等。整体性治理的视角有利于更加完整、准确地理解这场非同寻常的改革，始终把握改革的基本原则和发展方向。

一　国家权力结构的整体性优化：实质性提升监察权位阶与权能

国家权力结构对整个国家权力的廉洁高效运行具有重大影响。我国传统的权力结构将监察机关作为行政机关的一个职能部门，位阶较低，无法对整个公共权力部门及公职人员进行独立的、权威的监督。国家监察体制改革对原有的权力结构进行了重大调整。

第二章　权力监督的整体性治理：国家监察体制改革的逻辑演绎 ◇◆◇

（一）权力结构的设置与优化：经典作家的理论阐释

马克思主义认为，国家的产生是社会矛盾不可调和的产物。"国家是承认：这个社会陷入了不可解决的自我矛盾，分裂为不可调和的对立面而又无力摆脱这些对立面。而为了使这些对立面，这些经济利益互相冲突的阶级，不致在无谓的斗争中把自己和社会消灭，就需要有一种表面上凌驾于社会之上的力量，这种力量应当缓和冲突，把冲突保持在'秩序'的范围以内；这种从社会中产生但又自居于社会之上并且日益同社会相异化的力量，就是国家。"① 国家的基本职能是消解社会矛盾，维护社会秩序，保障和发展公共利益。但是，国家权力如果得不到规范和限制，国家又会异化为侵蚀社会利益、制造社会冲突的新的根源。正因为如此，经典作家对如何优化权力结构、确保国家权力的正常行使进行了广泛、深入的探讨和论争。

古希腊哲学家亚里士多德将国家的职能划分为议事职能、行政职能和审判（司法）职能，依此建立相应的国家机构。② 洛克将政府的权力划分为立法权和行政权（执行权和对外权），并且强调二者应该分开。这是因为，"如果同一批人同时拥有制定和执行法律的权力，就会给人们的弱点以绝大诱惑，使他们动辄要攫取权力，借以使他们自己免于服从他们所制定的法律，并且在制定和执行法律时，使法律适合于他们自己的私人利益"③。在洛克看来，国家权力不但要相互制约，而且它们还应接受人民的制约。

孟德斯鸠主张立法、行政、司法三权分立并相互制衡，认为"合二为一"甚或"合三为一"的权力必将产生可怕的后果。"当立法权和行政权集中在同一个人或同一个机关之手，自由便不复存在了；如果司法权不同立法权和行政权分立，自由也就不存在了"；如果同一

---

① 恩格斯：《家庭、私有制和国家的起源》，《马克思恩格斯选集》第4卷，人民出版社1972年版，第170页。
② ［古希腊］亚里士多德：《政治学》，吴寿彭译，商务印书馆1997年版，第309页。
③ ［英］洛克：《政府论》（下篇），叶启芳、翟菊农译，商务印书馆1964年版，第89页。

个人或同一个机关同时拥有三种权力,则"一切便都完了"。① 此外,他还主张"贵族团体和由选举产生的代表平民的团体应同时拥有立法权。二者有各自的议会、各自的考虑,也各有自己的见解和利益"②,从而实现立法过程中的进一步的相互制约。

杰斐逊将洛克和卢梭的人民主权思想同孟德斯鸠的分权制衡原则结合起来,论述了在民主共和国如何具体实践三权分立与制衡的思想。他主张人民通过监督或撤换自己的代表对政府权力实行有效的监督,否则,"民选的代表仍然可能蜕变成豺狼"③。

(二) 三权分立与制衡:西方国家的实践探讨

三权分立与制衡的理论在实践中的具体运用,便是建立立法权、行政权、司法权三者相互独立又相互制约的代议制政府。从形式和理论上讲,行政权同立法权、司法权一样,仅仅是国家权力的组成部分之一,并且行政机关仅仅是国家意志的执行机关。但事实上,行政权力从其诞生之日起,就开始不断地向其他领域发展、演变、扩张和渗透,成为国家权力体系中最强大、最活跃的组成部分。随着社会的发展,行政机关处理的社会公共事务日益增多,行政管理的专业化、技术化程度不断提高,立法机关繁杂的立法程序、对社会事务的迟缓反应以及专门知识的缺乏等,根本难以适应社会日益增长的立法需求。这样,委托立法成为大量存在而逐渐为人们所接受的现象。同时,政府时常通过各种手段摆脱立法机关的控制,实现自己对"行政效率"的追求,或满足政府官员充分驾驭权力的欲望。

行政权除了不断向立法和司法领域渗透,还不时向公民权利扩张。市场的自由竞争和自由市场的发展给社会带来了许多问题,而这

---

① [法] 孟德斯鸠:《论法的精神》(上册),张雁深译,商务印书馆1997年版,第156页。
② [法] 孟德斯鸠:《论法的精神》(上册),张雁深译,商务印书馆1997年版,第159页。
③ [美] 杰斐逊著,方纳编:《杰斐逊文选》,王华译,商务印书馆1963年版,第51页。

第二章 权力监督的整体性治理：国家监察体制改革的逻辑演绎

些问题又不能通过市场本身来解决。一方面，伴随工业化而来的人口急剧增加与城市化速度的加快，公众对公共管理和公共服务的需求大量增加，政府不得不出面协调和解决市场不能自发提供的诸多公共需求，如桥梁、道路等基础设施建设，污水处理、城市规划、教育投资、环境保护等。另一方面，对那些因为先天不足或其他原因在市场竞争中处于弱势和边缘地位的群体，政府不得不尽力予以扶持和帮助，以维持社会的和谐稳定和可持续发展。为了完成这些任务，政府必须利用税收这个工具参与对社会经济资源的再分配过程以及不断拓展自己的职责范围。而政府越是参与再分配过程和职能膨胀，私人领域遭到政府部门介入的可能性越大，行政权力对公民权利的渗透和扩张越是广泛和深刻。

正是由于以上原因，汉斯·彼德斯教授指出的"行政国家"在所难免。彼德斯认为，国家任务承担者由立法、司法转移至行政已经成为世界的潮流，我们没有必要隐瞒行政国家这个事实。[①] 面对行政国家的出现，一方面，我们必须进一步理顺政府、市场和社会的关系，创新公共产品的生产和供给机制，尽可能地将政府的职能限定在满足社会需求且各方面可以承受的范围之内，建设有限政府和责任政府；另一方面，必须通过体制改革和制度创新等加强对行政权的制约和监督，防止行政权蜕化成为少数人谋取不正当利益的手段和工具，成为凌驾于立法、司法和整个社会之上的特殊支配力量。

为了有效制约权力，西方国家不断强化和完善三权分立的政治制度，不断建构权责对等、分权制衡的权力结构体系。尽管西方国家将三权分立奉为政治生活的基本信条，将其作为民主政体的重要标准并积极地向世界其他国家鼓吹和推销，但实践表明，三权分立的政体并没有很好地解决权力的滥用和腐败问题，依靠三权分立同化其他国家政体的理想只不过是乌托邦式的幻想。各国必须根据自身的国情，因地制宜、因时制宜地选择符合自身特点的政体模式和政治发展道路。

---

① 陈新民：《公法学札记》，中国政法大学出版社2001年版，第24—25页。

（三）监察权的位阶提升：我国权力结构的重大调整

我国是人民民主专政的社会主义国家。与西方国家三权分立截然不同的是，我们实行议行合一的政治制度，强调人民代表大会在国家权力结构中的统领地位。宪法规定：中华人民共和国的一切权力属于人民。人民行使国家权力的机关是全国人民代表大会和地方各级人民代表大会。全国人民代表大会和地方各级人民代表大会都由民主选举产生，对人民负责，受人民监督。国家行政机关、监察机关、审判机关、检察机关都由人民代表大会产生，对它负责，受它监督。显然，我国的立法机关、行政机关和司法机关并非同级单位，作为立法机关的人民代表大会享有最高权力，行政机关和司法机关必须由其产生、受其监督并对其负责。这样的政治制度安排凸显了人民的主体地位，也有利于权力的统一行使和政治社会的稳定，减少权力的过度分立可能产生的各种摩擦、纷争和冲突，提高政权的运行效率。实践证明，议行合一的政治制度是基本符合中国国情的，并且产生了优于西方国家的制度绩效，得到了各方面的广泛认可和拥护。

毋庸讳言，人民代表大会的部分职能特别是权力监督的职能尚未得到充分发挥。和强大的行政权力相比，立法机关的监督权有时并未完全匹配。改革开放以来，随着市场经济的发展，我们不断理顺政府和市场、企业、社会的关系，逐步放权于企业、放权于市场、放权于社会。但是，正如许多国家的现代化、工业化进程一样，我们走的是政府主导的现代化道路，政府在推动经济发展和社会进步中起着十分重要的作用。企业发展必须具备的各种要素，如土地、资金等，都和政府有着直接或间接联系。政府在资源配置中仍然发挥着积极作用，影响企业的生存与发展。部分企业为了在市场竞争中获得有利地位，不惜通过不正当手段腐蚀政府官员，权力滥用和权力腐败成为政府治理中的一道难题。在监督乏力的情况下，少数地方政府基于政绩冲动和短期利益，盲目地投资融资，导致决策失误，或者不惜以牺牲生态环境为代价，片面地追求经济发展。

为了有效地监督制约政府权力，各级政府设立了专门的监察机

第二章　权力监督的整体性治理：国家监察体制改革的逻辑演绎

关。监察机关在执法监察、廉政监察和效能监察中曾经发挥重要作用，推动了法治政府、廉洁政府和效能政府的建设。但是，监察机关自身的设置也存在根本缺陷。各级监察机关仅仅是政府的内设机构，权威性、独立性严重不够，并不能对政府展开全面而有效的"体外监督"。监察机关的人事、财政受制于政府或政府部门，其职责的行使可能受到各种因素的束缚。监察机关拥有的权力十分有限，与违法犯罪行为的日益复杂化、隐蔽化难以相适应。长期以来，我们一直在探讨加强行政监察、改善监督效能的有效路径，但始终未能取得实质性突破。

以习近平同志为核心的党中央解放思想，实事求是，以巨大的政治勇气、杰出的政治智慧和少有的担当精神，对国家监察体制改革进行了开创性的探索。针对监察权长期附属于行政权的状况，此次改革一步到位，将其提升为一种独立的权力。在经典作家看来，国家权力不管如何划分，但主要还是立法权、行政权、司法权的"三足鼎立"，权力结构难以在此框架下取得突破。我们摆脱各种思想束缚，将监察权作为立法权、行政权、司法权之外的一种独立的权力，与行政权、司法权享有同等重要的地位，这在人类政治制度史上都是少见的。从行政权内部的"子权力"到独立完整的监察权力，权力位阶发生了实质性变化，预示着监察权将以崭新的面貌出现，依法对其他权力形成有效的监督制约，实现从"同体监督"到"异体监督"的革命性变革。这样，我国的国家权力结构中立法权、行政权、监察权与司法权四种权力共存。如果将司法权细分为检察权和审判权，那么，我国便形成了"立法、行政、检察、审判、监察五个一级权能组成的国家权能架构"[①]。监察机关与行政机关、司法机关享有同等的法律地位，由各级人民代表大会产生并对人民代表大会负责，相互分工而又相互协作。这样，我们坚持并发展了议行合一的政治制度，在解决权力监督和权力腐败这一世界性难题中积极探索中国方案。赋予

[①] 邱霈恩：《国家监察体制改革和体系建设的法理创新探略》，《中共中央党校学报》2018年第4期。

监察机关新的法定地位，提升其权威性和独立性，必将使其在权力监督和腐败防控中发挥新的更大作用，更加凸显中国特色的社会主义政治制度的优越性，增强道路自信、理论自信、制度自信和文化自信。

二　反腐资源的整体性重组：克服重复配置与效率低下

如何有效地制约权力，防止权力滥用和权力腐败，党和国家始终在进行艰难的探索。原有的反腐力量分布在纪检监察机关、检察机关、公安机关等。这种多主体参与、分工协作的格局是经过长期的历史演进形成的。国家监察体制就是要根据形势的发展变化，对反腐资源进行系统性重组。

（一）纪检监察机关的设立与变革：百年大党的艰辛探索

1931年11月，在江西瑞金召开的中华苏维埃第一次全国代表大会，选举成立了中华苏维埃共和国临时中央政府中央执行委员会，通过了《工农检查处问题的决议案》，规定工农检查处是中华苏维埃政府的一部分，代表工农和城市贫民的利益，有权对国家机关工作人员进行检查、监督。随后，临时中央政府中央执行委员会下设人民委员会为中央政府行政机关，人民委员会下设工农检察人民委员会，规定由中央执行委员会选任，主持中央工农检察（人民委员）部的工作。1932年底，中央工农检察部改称中央工农检察委员会。

在设置中央工农检察部（委员会）的同时，根据临时中央政府颁布的《工农检察部的组织条例》规定，省、县、区各级苏维埃政府均应设置工农检察部，城市设工农检察科，受各级政府执行委员会和上级工农检察机关的领导。其任务是监督同级苏维埃政府机关、企业正确执行上级政府颁布的政策法令，向各级政府执委会建议撤换或处罚机关与企业的工作人员包括对有犯罪行为的工作人员采取向法院报告以便依法制裁，并对机关或企业的工作措施有直接建议之权。

1933年底，中华苏维埃临时中央政府对地方各级工农检察机关

第二章 权力监督的整体性治理：国家监察体制改革的逻辑演绎

作了调整：一是将原省、县、区的工农检察部和城市工农检察科统一改称为工农检察委员会，设主席、副主席各1人，委员省和中央直属市13—21人，区和县直属区市5—7人，各级并设巡视员2—9人；二是在苏维埃中央和市区工农检察委员会增设贫农团、女工农妇代会等机构，履行检查监督职责；三是规定省、县、区、市各级工农检察委员会与各级党的监察委员会合在一个机关内办公，工农检察委员会成员名单由党的监察委员会提出并在苏维埃大会上通过，工农检察委员会主席为党的监察委员会的委员。①

这段时期纪检监察机关的特点体现在以下几个方面。（1）起步较早。在中华苏维埃共和国临时中央政府成立的同时，监察机构就已经作为政府重要组成部分而得到建立。这说明，中华苏维埃共和国临时中央政府充分意识到权力监督和制约的重要性。当行政机关正式建立并开始行使行政权力时，中央就已想到如何监督和规范权力，防止和避免权力滥用。权力的行使和监督必须同时设计、同位运行。监督的缺失或缺位，必将导致权力的失范或恣意，最终影响国家肌体的健康发展，甚至使权力存在的合法性基础丧失殆尽。中华苏维埃共和国在权力监督制约方面的远见卓识，值得后人学习与总结。（2）机构较全。苏维埃共和国临时中央政府不仅在中央一级设立了工农检察委员会，而且在省、县、区、市各级成立了工农检察委员会；不仅城市设立了检察委员会，而且在广大农村设立了检察委员会。各检察委员会的内设机构也比较健全。在当时的条件下，能够如此重视监察工作，并使监察机关的建设初具规模，已经是一件很不容易的事情。（3）已经开始探索党政合一的监察模式。行政监察机关与党的监察机关合署办公，即省、县、区、市各级工农检察委员会与各级党的监察委员会合在一个机关内办公；党的领导得到重视和加强，即工农检察委员会成员名单由党的监察委员会提出并在苏维埃大会上通过，工农检察委员会主席为党的监察委员会的委员。这种党政合一的监察模式，符合苏维埃时期的政权特点，也对我国后期的纪检监察工作产生了深远

---

① 石俊超、刘彦伟：《比较监察制度》，中州古籍出版社1991年版，第142—143页。

影响。(4) 具有较强的开放性。工农检察机关设有接受群众举报和控告的控告局，并在工农群众较为集中的地方设立控告箱；为了粉碎敌人的大举进攻，检举和清除阶级异己分子，各级工农检察部组织临时检举委员会，由工农检察部长任委员会主席；① 必要时组织群众审判会，审理不涉及犯法行为的案件。到会群众都有发言权和表决权，被审判人也可自行解释或请人辩护；各级检察机关在检察结束后，分别向被检查单位的全体工作人员报告结果和向该级的工农检察委员会作报告，并对被检查单位提出具体建议与落实要求，最后将整个处理结果在报纸上公布。

苏维埃时期的工农检察部（委员会）是我国纪检监察机关的雏形。虽然很不成熟，但它搭起了基本的制度架构，在许多方面进行了开创性探索。工农检察部（委员会）在我国纪检监察机关建设史上具有重要意义。

1949年9月中国人民政治协商会议第一届全体会议通过的《中国人民政治协商会议共同纲领》和《中华人民共和国中央人民政府组织法》规定：在县市以上的各级人民政府内，设立人民监察机关，以监察各级国家机关和各种公务人员是否履行其职责，并检举其中之违法失职的机关和人员。人民和人民团体有权向人民监察机关或者人民司法机关控告任何国家机关和任何公务人员的违法失职行为。根据该规定，1949年10月，新中国第一个监察机关——中央人民政府政务院人民监察委员会正式成立。之后，各大行政区、省（市、专署）和县人民政府监察委员会相继成立。②

1954年9月，中华人民共和国召开了第一届全国人民代表大会第一次会议，提出加强和改进监察工作。1955年3月，中国共产党也召开了全国代表会议，会议决定："成立党的中央的和地方各级的监察委员会，代替中央的和地方各级的党的纪律检查委员会，借以加强

---

① 《中央工农检察人民委员部训令第二号——关于检查苏维埃政府机关和地方武装中的阶级异己分子及贪污腐化动摇消极分子问题》（1932年12月1日），参见中央纪委纪检监察研究所编《中国共产党反腐倡廉文献选编》，中央文献出版社2002年版，第7页。

② 刘国栋：《纪检监察原理与方法精要》，中国方正出版社2010年版，第124页。

第二章　权力监督的整体性治理：国家监察体制改革的逻辑演绎

党的纪律，加强反对党员中各种违法乱纪现象的斗争。"① 根据这两个会议的精神，中央决定，在国务院设立监察部，地方各级政府设立监察厅、局，代替国家各级行政机关的人民监察委员会。从此，行政监察机关成为政府内部的名正言顺的机构，行政监察工作也进入了一个崭新的历史时期。

这段时期，纪检监察机关的特点体现在几个方面。（1）机构和人员初具规模。新中国成立初期，根据经济和社会形势的需要，党政机构逐步建立和健全。在计划经济时期，政府承担着大量的微观管理和直接控制职能，相应的政府管理部门数量和规模激增。与此相适应，各级纪检监察机关以及各个部门、行业、国有企业内部的监察机构纷纷建立。② 但是，由于经济和社会建设任务繁重，各地重视程度也不完全一致，纪检监察机关的干部配备并没有完全到位。③（2）相关的法规和制度逐步建立。制定了《中华人民共和国监察部组织简则》，对中央和地方监察机关的任务、职责、权限等进行了规定。根据规定，监察机关拥有检查权、审计权、控告和申诉的受理权、调查权、审议权、评议权、惩戒权、审查权、建议权、复查权等十种权力。同时，对国家公职人员的处分规定、监察机关行使权力的程序性规定等也相继出台。④（3）纪检监察机关的领导体制得到积极探索。纪检监察机关不同于一般的党政机构，它承担着特殊任务，工作的难度也高于一般部门。要使纪检监察机关高效运行，必须有相应的体制保障。新中国成立初期，党和国家已经对监察机关的领导体制进行了积极的

---

① 《中国共产党全国代表会议关于成立党的中央和地方监察委员会的决议》（1955年3月31日），参见中央纪委纪检监察研究所编《中国共产党反腐倡廉文献选编》，中央文献出版社2002年版，第57页。

② 《五年以来党的纪律检查工作的基本情况——钱瑛同志在中共中央纪律检查委员会最后一次会议和中共中央监察委员会第一次会议上的报告提纲》（1955年5月），参见中共中央纪律检查委员会办公厅编《中国共产党党风廉政建设文献选编》（第4卷），中国方正出版社2001年版，第73页。

③ 《中共中央监委关于第一次全国党的监察工作会议的报告》（1956年2月21日），参见中共中央纪律检查委员会办公厅编《中国共产党党风廉政建设文献选编》（第4卷），中国方正出版社2001年版，第81页。

④ 石俊超、刘彦伟：《比较监察制度》，中州古籍出版社1991年版，第156页。

探讨和尝试。根据不同机关的实际,当时主要探讨了三种体制:一是领导与指导相结合的体制;二是垂直领导体制;三是双重领导体制。①

新中国成立初期的纪检监察机关建设已经全面展开,特别是在制度建设、体制完善等方面进行了非常有益的探索,也积累了宝贵的经验。这段时期纪检监察机关建设取得的成就,为我国纪检监察机关的进一步发展和完善奠定了基础。

1959年4月,国务院提请第二届全国人大第一次会议撤销监察部。撤销的理由为:监察部自设立以来,在维护国家纪律、监督国家行政工作人员方面做了许多工作;根据几年来经验,这项工作必须在党委领导下,由国家机关负责,并且依靠人民群众,才能做好;因此,监察部亦无单独设置之必要。监察部的撤销固然与当时特定的政治气候有关,但与监察部的履职情况也有很大关系。蔡定剑认为,监察部当时没有发挥应有作用,与它的地位和职权规定有关。如当时规定监察部可对政府执行国民经济和国家预算中存在的重大问题实施监督,这项职权现在由全国人民代表大会实施起来都有难度,而让国务院的一个部来担当此任显然是无法完成的。还有,当时监察部实际上承担了对国家审计监督任务,监察部不是专业审计机关,没有适应任务需要的较大的专业审计队伍,实行审计监督效果也就不会太佳。②

监察部以及地方各级行政监察机关撤销以后,行政监察的职能由党的监察机构承担。行政监察没有了,但党的监察曾一度得到加强。1962年9月,党的八届十中全会通过《关于加强党的监察机关的决定》,从四个方面加强党的监察机关。(1)扩大中央和地方各级监察委员会委员的名额;中央和地方各级监察委员会的委员和候补委员,多数实行专职;同时加强中央和地方各级监察委员会的办事机构。(2)各级党的委员会加强对同级监察委员会的领导;中央监察委员会委员和候补委员,列席中央委员会全体会议;地方各级监察委员会委员和候补委员,列席同级地方党委员会全体会议。(3)党的各级

---

① 刘国栋:《纪检监察原理与方法精要》,中国方正出版社2010年版,第9页。
② 蔡定剑:《国家监督制度》,中国法制出版社1991年版,第205页。

第二章　权力监督的整体性治理：国家监察体制改革的逻辑演绎

监察委员会加强对同级国家机关党员的监督；中央监察委员会向国务院所属各部门派出监察组常驻，监察组由中央监察委员会直接领导；各省、市、自治区党的监察委员会，在必要时，可以派出监察组或监察员驻省、市、自治区人民委员会所属各部门进行工作。（4）在职权上扩大了上诉权限。该决定规定，地方各级监察委员会有权不通过同级党委，向上级党委、上级监察委员会直到党中央，直接反映情况，检举党员的违法乱纪行为。党的八届十中全会后不久，中共中央监察委员会于同年11月召开全会暨全国监察工作会议。中监委全会对《中央监察委员会工作细则》进行了修改，对中监委的任务、办事机构、审理案件程序、工作方法等作出具体规定。会议结束后，邓小平同志接见与会人员，强调监察工作主要是监察干部，要把管理和监督干部的经常工作好好地建立起来，把干部的鉴定制度恢复起来。[①]

"文化大革命"时期，党的各级监察委员会相继被撤销，监察工作处于全面瘫痪状态。这段时期纪检监察机关建设的特点体现在以下几个方面。（1）行政监察机关和党的监察机关非均衡发展。1959年行政监察机关被撤销，监察工作由党的监察机关承担。在党政合一的条件下，党的监察具有权威性强、权力集中、执行有力等优势，加强党的监察工作，本身也是形势发展的需要。但是，行政监察机关作为政府内部的监察机构，具有专业性强、情况熟悉等优点，完全由党的监察机关取代行政监察机构，显然削弱了行政机关内部的权力制约和监督。以党代政在短时期内或许会有一定效果，但从长远来看，政府机构残缺不全，权力运行的链条脱节，必然导致权力的失序与失范。（2）纪检监察机关的运行受到"左"倾思想的严重干扰。"文化大革命"前后，"左"倾思想一浪高过一浪，在"左"倾思潮的影响下，纪检监察机关的许多工作出现偏差，纪检监察机关的建设也受到严重影响。（3）纪检监察机关的全面撤销给党和国家造成重大损失。纪检监察机关全面撤销以后，无论是国家层面、集体层面还是个人层面

---

① 徐家林、邓纯余等：《中国共产党反腐倡廉建设史论》，中国方正出版社2009年版，第221页。

都遭受了前所未有的损失。从党和国家层面来讲，由于监察部和中央监察委员会全面撤销，"四人帮"才能肆无忌惮地篡党夺权，领袖个人的错误也无法得到及时有效的控制和纠正；从集体层面来讲，各级党委、各级行政机关缺乏纪检监察机关，权力的监督和制约一片空白，也助长了"左"倾思潮的泛滥和各种冤假错案的发生；从个人层面来讲，权利受到侵犯却无法通过纪检监察机构申诉，个人的生命、自由与事业均遭到严重摧残。

"文化大革命"以惨痛的教训深刻地警示我们，必须将权力关进"制度的笼子"。纪检监察机关缺失，权力游离于"制度的笼子"之外，必将给国家和个人造成难以挽回的损失。重视和加强纪检监察机关的建设，是国家长治久安的基本保障和必然要求。

1977年8月，党的十一大在修改后的党章中正式提出恢复党的纪律检查机关。新的党章第十三条规定："党的中央委员会，地方县和县以上、军队团和团以上各级党的委员会，都设立纪律检查委员会。各级纪律检查委员会由同级党的委员会选举产生，并在同级党委的领导下，加强对党员的纪律教育，负责检查党员和党员干部执行纪律的情况，同各种违反党的纪律的行为作斗争。"1978年12月，党的十一届三中全会选举产生了中央纪律检查委员会。1979年3月9日，中央纪律检查委员会和中央组织部联合发出通知，要求省和县各级党的委员会，都设立纪律检查委员会。各级纪律检查委员会由同级党的委员会选举产生并报上级党委批准。①

1986年11月27日，第六届全国人大常务委员会作出了《关于设立中华人民共和国监察部的决定》。1987年，国务院先后发布了《国务院关于监察部机构设置和人员编制的通知》和《国务院关于在县以上地方各级人民政府设立行政监察机关的通知》。根据这些通知，恢复建立的国家各级行政监察机关主要指监察部及其派出机构和地方各级行政监察机构。②

---

① 李雪勤：《中国共产党纪律检查工作60年》，中国方正出版社2009年版，第84页。
② 杨五湖、刘明波：《世界行政监督大辞典》，法律出版社1990年版，第53—55页。

第二章　权力监督的整体性治理：国家监察体制改革的逻辑演绎

1993年初，根据党中央的指示精神，党的纪律检查机关和行政监察机关开始实行合署办公。合署办公的指导原则是：要有利于在党中央和各级党委的统一领导下，进一步加强党的纪律检查和行政监察两项职能；要有利于国务院和各级政府继续加强对行政监察工作的领导，便于各级监察机关领导班子在工作上向政府负责；要有利于避免纪检监察工作上不必要的重复交叉以及精简机构和人员。按照这一指导原则，中央纪委、监察部1月份正式合署办公，实行一套工作机构、两个机关名称的体制，机关内部设立23个厅（室、局）。合署后的中央纪委履行党的纪律检查和行政监察两项职能，对党中央全面负责。监察部按照宪法规定仍属国务院序列，接受国务院的领导。中央纪委常委，包括未担任监察部领导职务的常委，有权处理分管部门的行政监察工作。监察部部长、副部长一般进入中纪委常委。重大问题由中央纪委常委会集体讨论决定，监察部保留部长办公会制度。随后，各省、地（市）、县和中央国家机关纪检、监察机构的合署办公，自上而下逐步展开。① 合署办公的体制成为我国监督体制的重要特色。

这段时期纪检监察机关建设的特点体现在以下几方面。（1）纪检监察机关的地位有所提升。党的十二大通过的党章明确规定，中央和各级地方纪委均由相应的党的代表大会选举产生。选举产生机关由党委或者全会升格为党代会，使各级纪委的政治地位得以大大提高，使纪委在维护党纪方面更具有权威性。十二大党章还规定，党的中央纪律检查委员会的第一书记必须从中央政治局常务委员会委员中产生。在纪检监察机关合署办公的体制下，纪委地位的提升也意味着整个纪检监察机关地位的提升。（2）双重领导体制基本确立。1980年中纪委第二次全体会议建议党中央将地方各级纪委的领导关系由受同级党委领导改为受同级党委和上级纪委双重领导，以同级党委领导为主。中央国家机关的纪委监察机关也采用这种双重领导体制。党的十二大对双重领导体制又有新的规定，明确指出双

---

① 李雪勤：《中国共产党纪律检查工作60年》，中国方正出版社2009年版，第221页。

重领导体制不再以同级党委领导为主,而是同级党委领导和上级纪委领导各有侧重。至此,双重领导体制在实践中进一步巩固和发展。(3)纪检监察机关合署办公的体制基本定型。从1993年开始,纪委监察机关实行合署办公的体制。合署办公有利于提高纪检监察工作的权威性,更好地加大对违法乱纪行为的打击力度,也有利于节省行政成本,减少重复投入和资源浪费。合署办公的体制成为有中国特色的权力监督体制之一。(4)纪检监察机关法治化建设有序推进。在纪检工作方面,党中央及时修改和完善党章中关于党员干部纪律的规定以及党内重大事项议事程序的规定等,中纪委不断出台党员纪律和违纪处罚的规定,从而保证党的纪检工作有章可循。在行政监察方面,国家不断健全和完善行政监察相关的法律、法规和规章,保障行政监察工作以及行政监察机关建设沿着规范化、法治化的轨道前进。可见,改革开放以后,我国的纪检监察机关建设进入了一个崭新的历史时期。

(二)过度分散的反腐体制:格局生成与运行弊端

2007年,根据新的反腐形势和履行《联合国反腐败公约》的需要,国家预防腐败局正式成立。这一机构的成立,标志着反腐关口前移,国家在严厉查处腐败案件的同时,将十分关注腐败的预防,建立惩防结合的腐败治理体系。与纪检监察机关的演进一样,检察院的反腐职能也经历了一个曲折的发展历程。

1949年,《中华人民共和国中央人民政府组织法》《中央人民政府最高人民检察署试行组织条例》确立了新中国的检察制度,中央人民政府最高人民检察署被确定为全国人民最高检察机关,并且其对政府机关、公务人员和全国国民之严格遵守法律,负最高的检察责任。1954年9月,在首部《中华人民共和国宪法》《中华人民共和国人民检察院组织法》中,人民检察署改称为人民检察院,形成了全国人民代表大会及其常务委员会之下的国务院、最高人民法院、最高人民检察院的"三院"体制,突出了检察机关在国家机构中的地位。1978年以后检察系统开始恢复重建。1979年《中华人民共和国人民检察

第二章 权力监督的整体性治理：国家监察体制改革的逻辑演绎

院组织法》中明确规定，中华人民共和国人民检察院是国家的法律监督机关，并于1982年将这一规定写入宪法。1982年宪法和《中华人民共和国人民检察院组织法》，根据我国实际和国家整体制度的建构，将检察机关对国家机关和国家工作人员法律监督的范围和重点放在了对国家工作人员职务犯罪行为的监督上。1995年11月，最高人民检察院反贪污贿赂总局正式成立，标志着检察机关对贪污贿赂犯罪行为的打击活动迈向了常态化和制度化。①

除了纪检、监察、检察机关这三大反腐主体，审计机关在法理上也承担一定的反腐职能。我国《审计法》第一条明确规定："为了加强国家的审计监督，维护国家财政经济秩序，提高财政资金使用效益，促进廉政建设，保障国民经济和社会健康发展，根据宪法，制定本法。"事实上，审计机关依法进行审计时也能发现腐败案件的线索。腐败预防职能，则分别由隶属政府机关的预防腐败局和隶属检察机关的腐败预防部门承担。此外，海关、公安机关在侦查经济犯罪过程中也行使了部分反腐反贪职能。

过度分散的反腐败体制产生的后果包括以下几方面。（1）监督监察对象的碎片化与不周延。纪委只能对党员领导干部进行监督，对于非党员领导干部，纪委无法行使监督职能。行政监察机关的监察对象为政府内部的工作人员，对于人大、政协机关的工作人员，监察机关没有监察权，更不用说对民主党派、社会团体、基层自治组织等行使监督权力。检察院是专门的法律监督机关，监察对象主要是贪污受贿、失职渎职的犯罪嫌疑人。对于没有达到刑法意义上的犯罪标准，仅仅是一般的违法违纪人员，检察机关也没有法定的监察权力。这样"各管一段"、各自为政的后果是，要么监察对象出现重复，要么部分监察对象因为职能分工的原因游离于监督监察之外。反腐机关的合力难以生成，覆盖全体监督对象的反腐权威也始终难以形成。（2）重复劳动与资源浪费。党的纪律检查部门与行政监察机关合署办公的体制，使得纪律调查与行政监察同步进行、纪律处分与行政处分证据

---

① 江国华：《国家监察体制改革的逻辑与取向》，《学术论坛》2017年第3期。

共享,在一定程度上解决了重复劳动与资源浪费的问题。但是,纪检监察机关与检察机关之间存在更多的障碍,导致信息不畅与劳动重复。纪检监察机关调查所获得的证据,无法直接作为检察机关的法定证据。案件移送检察院以后,检察机关必须重新进行案件调查与侦查,重新获得符合诉讼要求的证据。同样,检察院查处的案件,纪检监察机关也要部分地进行重复调查,然后作为纪律处分和行政处分的依据。面对腐败案件多发高发的态势,反腐机构的资源是十分有限的,必须得到最充分、最合理的利用。然而,纪检监察机关和检察机关之间的分工壁垒和调查重复,在很大程度上造成反腐资源的浪费,影响反腐工作的整体成效。(3)体制不顺与效率低下。各个反腐主体遵循各自的法律或规章,接受不同主管部门的领导和管理,势必造成机构分立、体制不顺。为了解决多头管理、效率低下的问题,有关部门很早就已经作出了努力,强调各方面的协调与合作。《建立健全惩治和预防腐败体系2008—2012年工作规划》中指出:由纪委书记担任同级党委反腐败协调小组组长,加强对重大案件的协调、指导和督办。加强纪检、审判、检察、公安、监察、审计等执纪执法机关的协作配合,完善跨区域协作办案及防逃、追逃、追赃机制,进一步形成惩治腐败的整体合力。① 这种协作机制在一定程度上解决了体制不顺问题,但并非治本之策。由于体制不顺产生效率低下和行动迟缓,部分腐败分子闻风而动,伺机出逃,长期逍遥法外,严重挑衅法律的权威和反腐机构的权威,给党和国家造成重大损失。还有少数腐败分子钻体制、机制、法律的漏洞,肆意伪装,潜伏期长达几年甚至十几年之久,在广大公职人员和人民群众中造成恶劣影响。

(三)反腐资源的重组与优化:监察体制改革的目标导向

企业的任何生产活动,都必须注重成本效益分析。没有成本和产出的比较,没有明显的效益,企业就无法生存。为了提高生产效率和

---

① 参见国务院法制办公室编《中华人民共和国纪检监察法典》(第二版),中国法制出版社2011年版,第82页。

效益，各种先进的管理理念、管理制度、管理技术和方法不断被运用到企业的生产活动中，尽可能地实现生产和管理活动的效益最大化。

由于企业有强烈的营利动机，并在盈利的激励下不断进行创新，企业的整体管理水平曾经比公共部门高出很多，公共管理也在不断吸收企业管理中的先进技术和方法。但是，公共管理和企业管理有着本质的不同。公共管理追求的是公共利益，它不能以营利为导向，尤其不能追求个人和组织的私利。政府和其他公共组织提供的是公共物品，有些公共物品可以进行成本—效益分析，但大多数公共物品无法准确地进行计算，甚至在短时期内无法判断。这就给公共管理者带来很大难题，公共管理者的成本效益意识也因此淡化。

无疑，反腐败斗争和党风廉政建设需要投入很多资源。此方面的投入和产出虽然更加难以衡量，但总是可以根据纵向和横向的比较得出初步的结论。过于分散的反腐体制，将有限的反腐资源分散在各个领域，协调起来也很困难，很多工作甚至相互掣肘、无法顺利地完成。因此，必须尽快改变过于分散的反腐体制，优化资源配置，提高运转效率。国家监察体制改革，正是顺应当前反腐形势和国家长治久安的需要，建立党的集中统一领导下的权威、高效的反腐机构，实现反腐资源的整体性重组。

三 党内监督与国家监察的整体性实施：建构有中国特色的权力监督格局

中国共产党是世界上规模最大、组织最严密、纪律最为严格的执政党。切实加强党内监督，是完善我国权力监督的基础和关键。对于党员领导干部而言，纪在法先、纪严于法，这是根本的行为遵循。将党内监督与国家监察有机融合、整体实施，既有逻辑合理性，也有现实必要性。

（一）切实加强党内监督：我国权力监督的关键

作为与封建专制相对立的产物，政党在现代国家中发挥着愈来愈重要的作用。与小国寡民时代不同，现代国家的治理离不开以代议制为基础的政治架构和以政党为组织形式的政治生活方式。政党维持了政治制度的基本稳定，避免了无数利益集团你死我活的权力斗争；政党将各种民意和各阶层的利益诉求尽可能集中起来，并以施政纲领或融入法律法规、公共政策等方式得到体现与贯彻；政党尽可能弥合社会分歧，减少社会冲突，促进社会融合。中国现代国家的成长表明，没有一个强大的政党，就无法领导人民抵御外敌的侵略，无法达成各民族的团结和国家的统一，无法保障经济社会的飞速发展和国家的繁荣昌盛。正是在波澜壮阔的历史进程中，中国共产党成为国家的领导核心，带领人民取得了革命、建设、改革中的一个又一个伟大胜利。实践证明，什么时候党的领导坚强有力，国家的发展、人民的生活便会蒸蒸日上；什么时候党的领导遭到削弱，国家的发展就会停滞不前甚至危机四伏。今天，我们正在朝着"第二个百年"的奋斗目标和建设社会主义强国的中国梦奋勇前进，坚持和完善党的领导尤为重要。

然而，作为长期执政、有着9600多万党员和490多万个基层党组织的世界大党，中国共产党的自身建设也面临前所未有的挑战。党面临执政考验、改革开放考验、市场经济考验、外部环境考验等"四大考验"，也面临精神懈怠的危险、能力不足的危险、脱离群众的危险、消极腐败的危险等"四大危险"。特别是消极腐败的危险，成为党的肌体上的"毒瘤"，如果不以壮士断腕、刮骨疗毒的勇气和意志加以防控，党就会失去人民的拥护和爱戴，甚至失去执政党的地位。正如习近平总书记所言："如果管党不力、治党不严，人民群众反映强烈的党内突出问题得不到解决，那我们党迟早会失去执政资格，不可避免被历史淘汰。这决不是危言耸听。"①

党的十八大以来，以习近平同志为核心的新的领导集体全面加强党的建设，铁腕治腐、"打虎拍蝇"，取得了举世瞩目的成就，深受人民群众的拥护和社会各界的好评。为了有效地治理腐败，必须加强

---

① 《习近平总书记系列重要讲话读本》，学习出版社、人民出版社2014年版，第157页。

第二章 权力监督的整体性治理：国家监察体制改革的逻辑演绎

权力的制约和监督。人大监督、民主党派监督、社会团体和新闻舆论监督等外在监督固然重要，但在反腐形势依然严峻、政治生态短时期内难以根本好转的情况下，党内监督尤其重要。抓好党内监督，加强党的自身建设，增强自我净化、自我完善、自我革新、自我提高能力，永葆党的先进性和纯洁性，这是管党治党的根本。

（二）党的纪律与国家法律：关系及其互动

党内监督以党的纪律为根本尺度和行为准则。中国共产党自从诞生之日起，就把严明的纪律作为党的生命线，自始至终加以贯彻。党的第二次全国代表大会通过的党章，对党的纪律作出了明确具体的要求。1949年11月，中共中央作出《关于成立中央及各级党的纪律检查委员会的决定》，在全国范围内建立了党的纪律检查机构和制度。它对党的各级纪律检查委员会的职能作了规定：检查党的中央和地方各级组织、党的干部、党员违反党纪的行为；受理、审查并决定党的中央和地方各级组织及党员违反纪律的处分，或取消其处分；加强党的纪律教育，使党的干部、党员能够严格遵守党的纪律、决议及国家的法令法规，以实现全党的统一与集中。①

中国有句古话：不依规矩，不成方圆。对于共产党员而言，"规矩"就是党的纪律，包括政治纪律、组织纪律、廉洁纪律、群众纪律、工作纪律、生活纪律等方方面面。"纪律既是党组织和党员干部的行为底线，又是拒腐防变的有力武器，既是党内监督的内容，又是党内监督的尺子。"② 党的纪律检查机构以党章为蓝本，对全体党员是否遵守党的纪律进行监督，对违反党的纪律的行为进行查处、惩罚与问责。对于全体行使公权力的公职人员而言，必须遵守的"规矩"是国家的法律法规。严格按照法律法规的要求办事，把法律法规作为自己的行为准则，这是对公职人员的起码要求。国家监察机关作为专

---

① 中央纪律检查委员会办公厅：《中国共产党党风廉政建设文献选编》（第8卷），中国方正出版社2001年版，第45页。
② 赵洪祝：《党内监督必须把纪律挺在前面》，《中国纪检监察》2016年第22期。

责机关,对全体公职人员是否遵守法律法规进行监察,对违法犯罪行为进行调查与处置。

(三)党内监督与国家监察的融合:内在逻辑与实现路径

"在我们党长期执政的条件下,国家治理体系实际上包括两个方面:一是依规治党,依据党章党规党纪管党治党建设党;二是依法治国,依据宪法法律法规治国理政,推进国家治理体系和治理能力现代化就要依靠这两者同时、同向发力,双轮驱动。"① 然而在实践中,我们并没有很好地处理二者之间的关系,曾经产生两种错误倾向。一是重纪律,轻法律。片面强调纪律的重要性,甚至用丧失法律基本精神的纪律替代法律。导致动辄上纲上线,剥夺当事人起码的权利和自由,引起恐慌或逆反。二是重法律,轻纪律。认为党员领导干部遵守法律就行了,没有必要另外执行一套,"小题大做";认为太多的纪律就是"条条框框",束缚了人的自由,影响了人的积极性和创造性。

显然,这两种倾向与当代中国的实际完全不相符。我们必须探索出党内监督与国家监察相结合、依规治党与依法治国相统一的具有中国特色的治党治国途径。原因有以下几个方面。

其一,党员领导干部在我国权力体系中占据重要位置。中国共产党是中国各项事业的领导者,各级党委在公共权力结构中占据核心地位和领导地位,掌握和管理大量的公共资源。党员领导干部在行使公权力的人群中占有相当高的比例。如果各级党组织、全体党员干部都能按照党章的要求模范遵守纪律,严格要求自己,权力监督和制约的压力就会大大减轻。

其二,纪律和法律具有内在的一致性。党章是党的纪律的集中体现,党章就是"党内法规"。"早在1938年,毛泽东在党的六届六中全会上所作的《中国共产党在民族战争中的地位》报告中首提'党

---

① 吕品:《党内监督与国家监察有机统一彰显中国特色的治理之道》,《中国纪检监察》2018年第6期。

第二章 权力监督的整体性治理：国家监察体制改革的逻辑演绎

内法规'，把党的纪律比作法规，强调纪律的严肃性、严格性，确立了党的建设的法治原则。2016年1月，习近平在十八届中央纪委六次全会上发表重要讲话，强调要'坚持全面从严治党依规治党，创新体制机制强化党内监督'。从严治党、依规治党，体现了党内监督的法治精神。"① 从本质上讲，纪律和法律都是一种行为准则，是体现了集体意志、经过表决程序产生的共同体规则。不管是党员还是公职人员，生活在共同体中，必须遵守共同体的规则，履行共同体的义务，以维持共同体秩序，保障共同体的延续和发展。把党内监督和国家监察统一起来，就是将规则的权威树立起来，培养所有成员的规则意识，督促他们敬畏规则、遵守规则。

其三，依规治党和依法治国是相辅相成、相互促进的。一个纪律严明的党，本身是依法治国的典范，在法治国家建设中起着引领和示范作用。同样，良好的法治国家的基础，也为党的纪律的执行奠定了基础，营造了氛围。就个体而言，遵纪守法是高度统一的，纪律意识、法律意识在个体身上往往得到同等体现。相应地，"破法必先破纪，这是近年来许多党员干部违纪违法案件的深刻启示。加强党内监督，确保党组织坚强有力和党员干部清正廉洁，必须从纪律抓起。纪律规定了监督的实质和重点，明确了监督的依据和标准，严明纪律是从严监督的重要体现和保证"②。

其四，法纪衔接体现了底线思维和先锋意识的统一。遵守法律是对党员领导干部最起码的要求。全体社会成员要守法，公职人员更要守法，党员领导干部绝对不能违法，这是底线。党员特别是党的领导干部除了要模范遵守法律，还应充分体现先锋队的要求，用更高的纪律标准严格要求自己。在监督方面，要认真贯彻纪在法先、党纪严于国法的要求，把规矩和纪律挺在前面，用守纪意识带动守法意识，用守法义务带动守纪自觉。"把纪律挺在前面意味着，作为共产党员，必须主动放弃一部分公民法定的权利和自由，在国家法律制度底线之

---

① 许耀桐：《党内监督论》，《中共天津市委党校学报》2016年第3期。
② 赵洪祝：《党内监督必须把纪律挺在前面》，《中国纪检监察》2016年第22期。

上,接受更高一个层次也更加严格的党的纪律制度的约束。"①

可见,将行政监察升格为国家监察,并将党内监督和国家监察在机构上合署、在内容上融合、在程序上衔接,完全符合我国的党政结构、权力运行的实际,体现了党风廉政建设领域的整体性治理和系统性重构,体现了全面从严治党和全面依法治国在组织层面、制度安排上的认真落实。

四 职务违法与职务犯罪行为的整体性防控：遵循廉政建设规律的行动自觉

整体性防控主要包括三个方面：预防与惩处结合、职务违法与职务犯罪行为的整体性查处、监察对象的整体性覆盖。从目标来看,必须坚持预防与惩处相结合,标本兼治,以达到干部清正、政府清廉、政治清明的目的。从行为来看,既要查处职务违法行为,又要查处职务犯罪行为,防微杜渐,是非分明。从对象来看,既要监察党政机关等权力中心的领导干部,又要监察企业事业单位、基层社会组织中行使公权力的其他人员,实现监察对象全覆盖,不留死角和盲区。

(一) 一体化整体性防控：廉政建设的客观规律

腐败是政治肌体上的"毒瘤"。哪里有权力,哪里就可能存在腐败。正因为如此,人类始终在与权力腐败作斗争,最大限度地减少权力滥用和权力腐败对公共利益的腐蚀和公民权利的侵害。为了惩处腐败,各种严厉的手段都曾尝试。譬如,将腐败分子投进监狱,没收其违法所得,严重者剥夺其生命。更有甚者,在历史上的个别朝代,采取各种令人毛骨悚然的酷刑警示众人。但是,腐败始终如荒原上的野草,"野火烧不尽,春风吹又生"。

人类的反腐实践表明,仅仅依靠严厉的惩罚手段是不够的,必须

---

① 曹雪松：《党的十八大以来党内监督理念与实践的新发展》,《社会主义研究》2016年第4期。

第二章 权力监督的整体性治理：国家监察体制改革的逻辑演绎

坚持打击和预防相结合、惩处和教育相统一。一个人从受过多年的教育再到成长为党政领导干部，个人、家庭、国家的投入是很大的。一旦成为腐败分子，不仅葬送了自己的前途，而且也给国家、社会、家庭造成损失。与其这样，不如扎扎实实地抓好腐败预防，堵塞各种可能的漏洞，将各种腐败风险化解在萌芽状态。

党的十八大以来，我们既以铁腕手段打击腐败，又在总结反腐经验的基础上，强调廉政建设的"四种形态"：经常开展批评和自我批评、约谈函询，让"红红脸、出出汗"成为常态；党纪轻处分、组织调整成为违纪处理的大多数；党纪重处分、重大职务调整的成为违纪处理的少数；严重违纪涉嫌违法立案审查的成为违纪处理的极少数。"四种形态"蕴含着腐败治理的深刻哲理，再次彰显提前预防在反腐实践中的极端重要性。

在国家监察体制改革中，监察委员会依法履行监督、调查、处置三种职责。监督职责包含对公职人员进行廉政教育，对其依法履职、秉公用权、廉洁从政从业以及道德操守情况进行监督检查。廉政教育旨在对公职人员进行廉政道德的培养、廉政意识的强化和廉政行为的引导，帮助其树立正确的世界观、人生观、价值观和权力观，牢记职责使命，心存敬畏，警钟长鸣。调查职责包括列席或者召开会议、查阅相关的文件资料、进行个别谈话或者进行问卷调查、受理信访举报信件等。监督、调查的过程，也就是及早发现苗头性、倾向性问题，及时采取补救措施，防止腐败行为发生的过程。事前监督、事中监督愈严格，愈能降低案件发生概率，最大限度地减少腐败造成的损失。处置职责既包括对违法的公职人员依法作出政务处分决定、对履行职责不力、失职失责的领导人员进行问责、对涉嫌职务犯罪的人员移送人民检察院提起公诉，也包括对监察对象所在单位提出监察建议。监察建议是监察委员会在案件调查过程中，发现监察对象所在单位存在明显的制度或管理漏洞，廉政风险较高，本着惩防结合、预防为主的原则，对该单位提出的整改建议。"监察建议不同于一般的工作建议，它具有法律效力，被提出建议的有关单位无正当理由必须履行监察建议要求其履行的义务，否则，就要承担相应的法律责任。"① 可见，监察委员会履职过程中，始终遵循腐败治理的客观规律，将腐败案件查处和腐败行为预防相结合，惩前毖后、治病救人，正本清源、标本兼治，维护政治肌体的健康和政权的合法性基础。

（二）职务违法与职务犯罪一体查处：减少制度交易成本的理性抉择

国家监察体制改革以前，职务违法行为由监察机关查处，职务犯罪行为由检察机关查处。国家监察体制改革改变了这种格局，职务违法和职务犯罪行为不再分别查处，而是整体性查处。

这样做的优势在于以下几个方面。其一，标准统一。由国家监察机关统一查处职务违法和职务犯罪行为，衡量的标准是统一的。哪些行为属于职务违法行为，哪些行为属于职务犯罪行为，由同一机关依法作出裁决，确保评判标准的公平和公正。其二，提高效率。以往职务违法行为先由监察机关查处，监察机关发现犯罪线索，再移交检察机关立案。很多时候出现重复劳动，二者的衔接也不够紧密，在很大程度上影响效率。国家监察体制改革破解了这道难题，职务违法和职务犯罪行为同时查处，确保资源配置合理和办案效率提高。其三，抓早抓小。"行政违法与犯罪虽分属不同的法律部门，但二者的关系极为密切，二者的共同点在于均为违法行为，区分的标准在于违法的社会危害程度不同。行政违法是一般的违法行为，犯罪是严重的违法行为，行政违法行为达到一定的量、超过一定的度就可以升格为犯罪。"② 事物的发展总有从量变到质变的演进过程。很多职务犯罪行为不是突然发生的，而是经历了长期的、由小到大的变化过程。"一个人腐败堕落，往往是从贪占'小便宜'开始的。分析近年来查处的典型腐败案件，都有一个量变到质

---

① 中共中央纪律检查委员会、中华人民共和国国家监察委员会法规室：《中华人民共和国监察法释义》，中国方正出版社2018年版，第94页。
② 崔冬：《行政违法与犯罪衔接问题研究》，《行政论坛》2011年第1期。

变、小节到大错的过程。"① 如果轻微的职务违法行为得不到及时而严肃的查处，当事人侥幸心理势必会增强，最终走上不可挽回的犯罪道路。其四，发现线索。职务违法和职务犯罪两类行为有时相互包含、相互重叠。领导干部违纪违法可能同时构成贪污贿赂类的刑事犯罪，一般的违法行为后面可能同时隐藏着渎职侵权类的刑事犯罪。② 职务犯罪特别是腐败行为越来越具有复杂性、隐秘性，两类行为一起查处，挖掘每起案件背后的因素，恰恰可以顺藤摸瓜、刨根问底，获取违法犯罪行为的蛛丝马迹，维护法律法规的尊严，对潜在的违法犯罪分子形成威慑。事实证明，线索发现率越高，对犯罪分子的震慑力越强。如果线索发现率很低，哪怕是处罚措施十分严厉，很多人还是会铤而走险。

（三）监察对象类别化与全覆盖：整体性防控的必然要求

职务违法与职务犯罪行为的整体性防控，还包括监察对象的整体性覆盖。以往，纪委和监察机关对监督监察对象的认定标准为"身份论"，只有具备党员身份或者行政机关公务员的身份才是纪检监察机关的监察对象；检察院对国家工作人员的认定标准为"公务论"，在司法实务中不考虑犯罪主体的身份问题，仅对其承担的工作是否属于公务进行评判。③ 在特定的历史时期，"身份论"和"公务论"具有一定的合理性，也比较容易操作。但是，随着社会的发展，两者的局限性愈来愈明显，其合法性、合理性等受到诸多质疑。国家监察体制改革突破了碎片化的划分，将监察对象统一确定为"所有行使公权力的公职人员"，并具体列举为六大类。

这一做法的积极效应在于以下几点。其一，彰显"零容忍"的决

---

① 中共中央纪律检查委员会、中共中央文献研究室：《习近平关于党风廉政建设和反腐败斗争论述摘编》，中央文献出版社、中国方正出版社2015年版，第83页。
② 张逸雪：《浅析如何完善职务犯罪初查与纪检监察工作的衔接》，《法制与社会》2017年第11期。
③ 裴树祥、黄一宸：《国家监察对象认定标准研究》，《中国刑警学院学报》2018年第3期。

心。对腐败"零容忍",是国际社会清廉国家(地区)廉政建设的重要经验之一,也是党的十八大以来党中央的坚决态度和鲜明政治主张。腐败不仅可能发生在高层,而且可能发生在最基层;不仅发生在党政要害部门和权力中心,而且可能发生在相对边缘部门或领域。对所有行使公权力的人员全覆盖,不留任何死角和盲区,这是对腐败分子的"全面宣战",让腐败分子丝毫没有藏身之地,丝毫不能存在侥幸心理。无禁区、零容忍、全覆盖,既是国家监察体制改革的制度安排,也是执政党坚定不移的反腐意志。其二,有效治理群众身边的"微腐败"。人民群众不但关心高层的腐败问题,更关心发生在身边的腐败问题。形形色色的"微腐败",人民群众接触最广、感受最深、清除的愿望最迫切。近年来,尽管党中央采取了非常严厉的措施,侵害群众切身利益的腐败案件仍然屡屡发生,有些甚至还比较严重,引起社会的强烈不满。把所有行使公权力的人员纳入监察范围,包括基层自治组织和各种社会团体的负责人,正是出于有效治理"微腐败"、切实维护人民群众根本利益的需要。其三,营造风清气正的社会环境和政治生态。党风政风、社会风气等往往相互影响,相互作用。良好的党风政风带动社会风气的好转,良好的社会风气也孕育优良的党风政风。实现监察对象全覆盖,严格要求各行各业的管理人员特别是公办机构行使公权力的人员廉洁奉公、秉公办事,可以净化政治生态赖以生成的土壤,孕育全社会正直无私、光明磊落的价值观念和行为准则。

五 历史传统与域外经验的整体性借鉴：中国反腐道路的理性选择

面对严峻而复杂的反腐形势,新的中央领导集体审时度势,对中国历史上的经验教训、世界上先进的制度文明成果进行系统整合,创造性地对我国的反腐体制、反腐机构、反腐战略进行整体性重组,构建集中统一、权威高效、覆盖全体的监察委员会,推动国家廉政治理体系和治理能力的现代化,开创有中国特色的政治文明建设道路和中华民族伟大复兴的历史新纪元。

（一）丰富的监察制度与文化：中国历史文化传统的重要元素

习近平总书记十分重视历史文化传统，主张从历史文化传统中汲取智慧和力量。"不忘历史才能开辟未来，善于继承才能善于创新……要坚持古为今用、以古鉴今，坚持有鉴别的对待、有扬弃的继承，而不能搞厚古薄今、以古非今，努力实现传统文化的创造性转换、创新性发展。"① 国家监察体制改革，也是对中国历史上权力监督制约传统和经验的系统性借鉴。

"监"在古代汉语中既是一种活动，又是一种职位。《史记·五帝本纪》载："置左右大监，监于万国。"《商君书·禁使》载："今恃多官众吏，官立丞、监。夫置丞立监者，且以禁人为利也。"后来，监察成为一种专门的国家行为，并有了专门负责监察职能的御史大夫，"监察"一词正式出现，如《后汉书·陈忠传》载："故三公称冢宰……入则参对而议政事，出则监察而董是非。"② 在《辞源》中，"监察"被解释为"监督，即察视，督促之意"。在政治实践中，监察是有专门目标和一定范围的监管、察视、调查活动。

约公元前2100年至公元前475年，是我国历史上的奴隶社会时期，它经历了夏、商、西周和春秋四个时期。在夏、商奴隶制政体中，国家政权的组织形式，基本上是以君主为中心，君主通过其重要的辅佐——相、卿士组成行政系统，利用巫、史等组成谋议系统，并由谋议系统承担监察职能。西周王朝取代殷商政权后，国家政权组织有了较大的发展，国家职能的分工进一步细致与明晰。神祇官系统的监察职能逐渐弱化，取而代之的是专司监察的官吏小宰、太宰、史官和司士。小宰和太宰主持官吏的考核，史官和司士则具体监察百官的过失。春秋时期是我国奴隶社会向封建社会的过渡时期，政权分裂而社会动荡，周王朝中央政权的监察机构有名无实，各诸侯国建立起各自的监察机构。

---

① 《习近平谈治国理政》（第2卷），外文出版社2017年版，第313页。
② 左连璧：《中国监察制度研究》，人民出版社2004年版，第2—3页。

战国、秦汉、魏晋南北朝，是我国封建社会的早期。随着早期封建社会的发展，国家组织的日渐成熟，我国监察制度与监察机构也得到较快的发展。从战国时期开始，专门的监察机构在各国逐渐产生并发展起来，其中引人注目的是对中国古代产生深远影响的御史监察制度。秦国在商鞅变法后，也在一些国家行政部门设置了具有监察职能的官职——监，还有一些国家甚至存在秘密监察制度，在县令周围安插耳目。秦统一六国后，建立起中央集权的官僚制度，同时全面建立御史监察制度——中央政府里设置了主持全国监察工作的御史大夫，军队设置军监，地方政府设置郡监御史，简称郡监。汉代建立后承袭秦制，建立起御史监察制度，同时逐步建立起刺史制度，初步确立了我国古代监察制度的范型。刺史即出刺郡国的丞相史，刺史制度将郡、国皆划入刺史部州，改变了汉初监御史只能察郡、不察诸侯的局面，加强了对地方的监察。魏晋南北朝时期，监察制度有了新的发展，突出的是御史台地位的提高和御史组织的加强，典签制度①的设立以及中正介入吏部选用官吏制度，加强了对吏部的人事监察。

隋唐至宋元是我国封建社会发展的中期阶段，也是我国封建社会的繁荣期。隋朝行政组织内部监察系统仍由尚书省负责，尚书左仆射是监察主官，他不仅掌管监察尚书省官员的权力，还肩负纠正御史监察错误的责任。唐代谏官组织得到发展，尚书省属国家行政组织，中书与门下则属于国家政治的谏议机构。一般而言，中书省有出令权，门下有封驳权。讽谏政治、驳正违失是门下省的重要职责。宋代在中央政府中设有察院，主要监察中央行政机关，对地方的监察则将巡察与常驻监察结合起来，设立了监司制与通判制等意义深远的制度。元

---

① 典签一职，初创于南朝，在宋代以前不过是掌管府州（将军府与州）内部管理文件的小吏，相当于州府内部的机要秘书。在宋代加强皇权的过程中，典签受到重视，地位得以提高。宋代为排斥世族在地方州镇中的势力，大量任命宗王出镇，但由于宋代得国日浅，诸王大多年幼，不能理政，就选择亲信以"行府州事"的身份主持州府事务。而皇帝对行府州事又心存戒虑，于是就提高典签地位，由典签对州府实施监察。后来这项制度普遍推行，不管都督、刺史是否宗王，其年长还是年幼，都一概配以典签。典签经常往来于京师、地方州镇之间，拥有对刺史、行事的广泛的监察权力。参阅关文发、于波《中国监察制度研究》，中国社会科学出版社1998年版，第22页。

第二章 权力监督的整体性治理：国家监察体制改革的逻辑演绎 ◇◆◇

代监察机构的设置，与宋代相比，要更加完备、规范。

自明代开始，我国封建社会进入了晚期发展阶段。这个阶段政治体制的重大变化是，自秦始皇统一六国、建立皇权制以来，奉行了1600年的丞相制度被打破，皇帝抛开辅佐，直接统率国家行政机关，建立了君主对国家机器的绝对直接领导，国家机器也日益庞大和复杂。为了对国家机器进行有效监察，明代统治者在完善监察机构方面进行了新的改革：一是废除御史台，将唐宋御史台下属之台院与察院的职能合并，建立都察院，行使中央监察机构之职能；二是进一步将谏官转化为监察官，分别对六部行使专职监察；三是吸收唐、元两朝的地方分道监察制度，建立十三道监察区，设十三道监察御史。清代在吸收历代经验教训的基础上，建立了更为完备的监察机构与监察体系。①

（二）优秀传统文化的现代转换：国家监察体制改革的现实考量

纵观中国历史，权力监督制约的经验和启示主要包括以下几个方面。

其一，必须注重监察机构的独立性和权威性。中国历代的监察机构均从其他政权机构独立出来，成为履行监督监察职责的专门化机构。监察机构的地位明显高于其他机构，在整个政权体系中具有不可替代的影响力。秦代掌管监察的御使大夫与丞相、太尉并列，地位仅次于丞相。后来的监察机构尽管名称和职责有些变化，但都是直接在皇权控制下的独立而权威的机构。为了凸显监察官员的权威，其在仪仗方面甚至也享受特殊待遇。南朝御史中丞享有与尚书令相同的仪仗待遇，出巡时有10人组成的仪仗，专道而行，官僚相遇时都要回避。②

其二，监察官员的选拔必须十分严格。作为监督官员的官员，品

---

① 对我国古代监察制度的论述，主要参阅关文发、于波《中国监察制度研究》，中国社会科学出版社1998年版，第2—38页；以及左连璧《中国监察制度研究》，人民出版社2004年版，第4页。

② 关文发、于波：《中国监察制度研究》，中国社会科学出版社1998年版，第19页。

行、能力必须高于一般官员，而且能够经受住各种诱惑和考验。为此，中国历史上选拔监察官员的标准和要求十分严格。监察官员必须德才兼备，以德为首。监察官员的德行讲究的是忠、廉、刚。忠即尽忠皇帝，忠诚社稷，忠于职守。忠是底线，也是最根本的品质。欺上瞒下、大逆不道必须受到严惩。监察官员的廉洁、廉正关系到整个官僚体系的廉洁与廉正，对其廉洁正直的要求要明显高于一般官员。刚即刚直不阿，不畏强权，执法如山。① 此外，监察官员的才能、经验等也会特别受到重视。隋唐时期，多选用科举士子中的佼佼者担任州县监察官员，再从地方监察官员中选拔优秀者充任中央监察御史。②

其三，必须赋予监察官员充分的权力。任何朝代，贪赃枉法、徇私舞弊者总是极力抵制有关方面的调查，企图瞒天过海、逍遥法外，甚至结成强大的利益集团，订立攻守同盟。要想让监察官员冲破重重障碍揭露真相，必须赋予监察机构充分的权力。作为受朝廷派遣、直接对朝廷负责的官员，历史上的监察官员拥有十分广泛的权力。他们拥有"尚方宝剑"，可以对任何人、任何事展开调查，所有官员都不能阻碍他们正当行使权力。在调查的基础上，监察官员可以对违法乱纪者进行弹劾。特别重大的案件则呈报皇帝，由皇帝定夺。大多数案件转交相关职能部门作出处理。监察官员也可根据需要，在自己权限内对某个案件中的当事人进行处分。此外，监察官员还拥有规谏权，对大臣乃至皇帝的不合礼法、有违公良的行为进行规劝、进谏，履行监察官员特殊的权力和义务。

其四，必须认真解决"谁来监督监督者"的问题。监察官员的权力越大，越需要受到监督和制约。这种监督制约主要来自皇权制约、内部制约和外部监督等。监察官员行使权力，都由皇帝直接授权，最后的处理方案也必须呈报皇帝，由皇帝最终决定。皇帝还可以通过人事调整达到限制制约监察机构和监察官员的目的。有些朝代中央监察机构采取多元制，设立多个系统，系统之间相互牵制。监察机构内

---

① 左连璧：《中国监察制度研究》，人民出版社2004年版，第314页。
② 焕力：《中国历史廉政监察研究》，武汉大学出版社2015年版，第47页。

部，也有一套相对成熟的制衡机制，防止少数人专权乱权。监察官员在调查处理案件过程中的任何贪赃枉法、包庇陷害行为，都可能遭到地方官员的举报甚至百姓的申冤请愿。当然，中国历史上并不是每个朝代都较好地解决了监察官员的权力监督问题。有些时候监督失控，监察机构和监察官员肆意妄为，甚至取代地方官员行使职权，导致分工不明，政权混乱，最终引发监察机构和监察权力的衰退。

当今国家监察体制改革，正是从中国几千年的历史中汲取正、反两方面的经验和教训，从深厚的中国传统监察文化中汲取养分。同时，也尽可能融合世界上权力监督监察的先进制度文明成果，博采众长，取长补短。习近平总书记指出："必须坚持和完善中国特色社会主义制度，不断推进国家治理体系和治理能力现代化，坚决破除一切不合时宜的思想观念和体制机制弊端，突破利益固化的藩篱，吸收人类文明有益成果，构建系统完备、科学规范、运行有效的制度体系，充分发挥我国社会主义制度优越性。"[①]

（三）域外制度成果的合理借鉴：完善国家监察制度的路径选择[②]

世界主要国家（地区）政治制度不同，权力监督监察与反腐机构设置的模式也不同。目前，世界上主要存在三种模式。一是以美国、日本为代表的分散模式。根据美国的法律规定，有权调查贪污贿赂案件的机构主要包括：国会、监察长办事处、政府道德署和总审计署。上述机构对于贪污案件的调查，一般仅限于违纪的案件。如果发现案件较严重，构成犯罪，则移交给联邦检察机关，通常由联邦调查局负责调查。[③] 在日本，国家公务员伦理审查会、地方公共团体的监察委

[①] 习近平：《决胜全面建成小康社会　夺取新时代中国特色社会主义伟大胜利——在中国共产党第十九次全国代表大会上的报告》，人民出版社2017年版，第17页。

[②] 此处以及全文其他地方的"域外"是法域概念。所谓法域，又称法区或法律区域，系指享有相对独立的立法权、司法权和行政权，并拥有自己独立或独特法律制度体系的特定地域或区域。所谓域外，即我国大陆法域以外，也包括香港、澳门、台湾这些地区性法域。参阅李晓明《控制腐败法律机制研究》，法律出版社2010年版，第178页。

[③] 宋振国、刘长敏等：《各国廉政建设比较研究》，知识产权出版社2013年版，第214页。

员会、行政监察局、东京地方检察厅特别搜查部等都可以对贪污腐败案件展开调查。① 分散模式的优势在于权力相互制衡，可以有效地防止反腐机构本身的腐败。二是以新加坡、中国香港为代表的集中模式。新加坡的贪污行为调查局、中国香港的廉政公署早已成为闻名遐迩的集中反腐机构。三是介于二者之间的模式。

从反腐机构的运行来看，集中模式权威性更高、产生的影响更大。集中模式往往是在特定的历史条件下产生的，主要包括以下方面。其一，当时政治腐败已经一发不可收拾。殖民时代的新加坡贪腐之风盛行，无孔不入，几乎渗透到社会生活的各个层面，腐败成为当时新加坡政治和社会领域的常态。② 与此类似，20世纪60年代末期的中国香港，腐败已经成为一种生活方式。警察在办理驾驶执照、出入境护照等证照时公开索贿，甚至在发生火灾时，不向警察行贿就无法得到救助。不仅在警察机构内部，在其他政府部门系统内部，都有从上到下、有计划、有组织地进行贪污受贿活动的集团。③ 大案要案频发，影响政治和社会稳定。其二，原有的反腐机构根本无力惩治腐败。新加坡当时的反腐机构是隶属警署的一个二级机构反贪处，权威性差，权力和人手有限，很多案件没法查处。即使查处了案件，腐败分子得到的处罚也很轻，根本无法起到威慑作用。同样，中国香港当时的反腐机构也隶属警署。不仅无法查处腐败案件，而且警署本身就是腐败的重灾区。警署反腐的动力根本不足，甚至成为查处腐败的重大障碍。其三，上下都希望出现廉洁拐点。新加坡李光耀总理上台以后，充分意识到只有彻底消除腐败，才能国富民强、长治久安。而英国殖民政府留下的渐进式反腐模式根本无法发挥作用，只有推出一套全新的政策措施才能彻底扭转局面。在中国香港，几起大案发生以后，腐败分子逍遥法外，民怨沸腾，终于使当局痛下决心根治腐败。

---

① 申险峰、周洁等：《日本廉政制度与文化研究》，中国法制出版社2016年版，第30页。

② 武光军、顾国平：《新加坡反腐的历史进程及廉政建设机制研究》，中国法制出版社2016年版，第55页。

③ 胡锦光：《香港行政法》，河南人民出版社1997年版，第154页。

第二章 权力监督的整体性治理：国家监察体制改革的逻辑演绎

同样，两地的民众对腐败早已恨之入骨。清除腐败，激浊扬清，成为民众的强烈呼声。

再来看我国之前一个阶段的情况。习近平总书记指出："从已经查处的案件和掌握的问题线索来看，一些腐败分子贪腐胃口之大、数额之巨、时间之长、情节之恶劣，令人触目惊心！有些地方甚至出现了'塌方式腐败'！"[①] 塌方式、系统性、家族式腐败层出不穷，"小官巨贪"屡见不鲜，严重动摇党的执政基础，影响经济社会的发展和国家的公平正义。但是，我国的反腐机构缺乏应有的独立性和权威性、面临"双规""双指"等重要反腐措施的合法性质疑、反腐资源过于分散，与严峻的反腐形势极不相适应。党的十八大以后，以习近平同志为核心的中央领导集体从"亡党亡国"的高度充分认识到反腐的极端重要性和紧迫性。"腐败是社会毒瘤。如果任凭腐败问题愈演愈烈，最终必然亡党亡国。中国历史上因为统治集团严重腐败导致人亡政息的例子比比皆是，当今世界上由于执政党腐化堕落、严重脱离群众导致失去政权的例子也不胜枚举啊！"[②] 与此同时，"人民群众最痛恨各种消极腐败现象，最痛恨各种特权现象，这些现象对党同人民群众的血肉联系最具杀伤力"[③]。因此，这场壮士断腕、刮骨疗毒的反腐败斗争，从一开始就得到人民群众的坚决拥护和支持。

---

① 《习近平关于党风廉政建设和反腐败斗争论述摘编》，中央文献出版社、中国方正出版社2015年版，第25页。
② 《习近平关于党风廉政建设和反腐败斗争论述摘编》，中央文献出版社、中国方正出版社2015年版，第5页。
③ 《习近平关于党风廉政建设和反腐败斗争论述摘编》，中央文献出版社、中国方正出版社2015年版，第6页。

第三章　机构与职能的整体性配置：监察委员会高效运行的制度基础

按照整体性治理的思路，国家监察体制改革之后，有关部门对内部机构设置进行了大幅度调整，减少行政机构，增加业务机构。派驻机构覆盖到各个党政机关以及高校和企业等，并将监察机关的触角向乡镇、村级延伸，从而建立起横向到边、纵向到底的监察机构组织体系。在职能配置上，遵循整体性、系统性治理的原则，赋予监察机关监督、调查、处置的完整职能，切实做到"三不"一体推进。从实践来看，为了更好地推进整体性治理，还必须建立组织职能的动态调整机制，实现纵向组织关系从单向吸纳向双向赋能转变，更好地统筹组织之间的职能配置等。

一　组织机构的系统调整：健全新型反腐机构的组织载体

在组织目标已经设定的情况下，必须建立相应的组织机构、配备相应的组织资源，才能完成预定目标。国家监察体制改革的目标是十分明确的，达到这一目标，必须对组织机构进行改革与创新，并通过横向拓展和纵向延伸，建立与目标任务完全相适应的组织体系。

（一）调整内设机构：建立规范高效的组织

2016年11月，中办印发《关于在北京市、山西省、浙江省开展

第三章　机构与职能的整体性配置：监察委员会高效运行的制度基础

国家监察体制改革试点方案》，拉开了国家监察体制改革的序幕，相关工作迅速启动。国家监察体制改革将分散在各个领域的腐败预防、调查、惩处等职能集中起来。原来政府序列设有监察部门和腐败预防部门，和纪委合署办公，整合的问题不大。改革的主要任务是将检察机关的查处贪污贿赂、失职渎职及预防职务犯罪等职能转移过来，同时推进相关人员转隶工作。

经过近半年的努力，截至 2017 年 4 月，三省市全部完成省、市、县三级的转隶工作。这次转隶并不是将检察院的原班人马原原本本地转移过来，而是坚持高标准、严要求，逐一审核转隶人员档案，政治过关、业务过关的人员才能转隶。一般来讲，跨界整合检察院的机构、职能和人员，难度是非常大的。检察院在长期的反贪斗争中积累了丰富经验，具有足够的组织权威，有些地方的检察院在工作中树立的威信甚至和纪委旗鼓相当。在中央的统一部署下，各级检察院以大局为重，服从中央安排和国家监察体制改革的工作需要，顺利完成工作和人员交接。北京市共划转编制 971 名，实际转隶 768 人；山西省共划转编制 2224 名，实际转隶 1884 人；浙江省共划转编制 1889 名，实际转隶 1645 人。[①] 具体情况见表 3-1。

表 3-1　　　　　　　　　三省市转隶人员情况

省市	划转编制（名）	实际转隶（人）
北京市	971	768
山西省	2224	1884
浙江省	1889	1645

纪委原来的机构设置是在特定历史条件下形成的。总体上讲，这一设置是与纪检监察的工作相适应的。但是从国家监察体制改革后的工作需要来看，原有的机构设置又具有一定的不适应性。主要体现在，主业、主责还不够突出，有些职能需要随着发展形势的变化进行

---

① 本书编写组：《国家监察体制改革试点工作学习参考》，中国方正出版社 2017 年版，第 32 页。

调整，该强化的要强化，该弱化的要弱化；一线办案力量不够充分，难以完成繁重的反腐任务；还要考虑与检察院转移职能的有机整合，转隶人员的顺利融合；等等。按照这一思路，地方纪检监察机关对内设机构进行了大刀阔斧的调整。改革之后，北京市纪委监委设立29个内设机构，监督执纪部门的机构数、编制数占总数的79%和74%；山西省纪委监委设立21个内设机构，监督执纪部门的机构数、编制数占总数的76.2%和74.6%；浙江省纪委、监委设立25个内设机构，监督执纪部门的机构数、编制数占总数的76%和77.6%。具体见表3-2。

表3-2　　　　　　　三省市纪委监委内设机构

省市	内设机构（个）	业务机构占比（%）	业务编制占比（%）
北京市	29	79.0	74.0
山西省	21	76.2	74.6
浙江省	25	76.0	77.6

一线业务部门主要是指纪检监察室，包括执纪监督部门和执纪审查部门。执纪监督部门负责日常监督工作，执纪审查部门负责案件调查工作。地市级以上纪检监察机关执纪监督和执纪审查职能分立、部门分设。北京市纪委监委设立17个纪检监察室，其中8个为执纪监督部门，8个为执纪审查部门，第17纪检监察室专门负责追逃追赃和防逃工作；山西省纪委监委共设10个纪检监察室，其中1室至8室为执纪监督部门，9室和10室为执纪审查部门；浙江省纪委监委共设立13个纪检监察室，其中7个为执纪监督部门，6个为执纪审查部门。① 国家监察体制改革以前，执纪监督部门和执纪审查部门均有相对固定的管辖部门或地区，由此造成的后果是，少数执纪监察人员与被监察对象结成了"利益联盟"，"灯下黑"问题随之产生。为了防范此种现象，执纪监督部门相对固定管辖区域或部门，主要是为了

---

① 《国家监察体制改革试点取得实效——国家监察体制改革试点工作综述》，《人民日报》2017年11月6日第1版。

第三章　机构与职能的整体性配置：监察委员会高效运行的制度基础 ◇◆◇

更好地熟悉被监督单位的情况，而执纪审查部门不再固定联系单位或地区。

浙江省监委设立8个监督检查室、4个审查调查室，增设1个信息技术保障室，其内设职能部门具体为：办公厅、组织部、宣传部、研究室、法规室、党风政风监督室、信访室、省委巡视工作领导小组办公室、案件监督管理室、第一至第八监督检查室、第九至第十二审查调查室、信息技术保障室、案件审理室、追逃和申复室、纪检监察干部监督室、机关党委、杭培中心、网络中心、廉政教育中心。具体组织架构见图3-1。①

为了促进人员的融合，检察院转隶人员和纪委原有人员实行混合使用、交叉任职。如果某个处室的主要负责人由纪委原有人员担任，副职肯定会有检察院转隶人员。同样，如果某个处室的主要负责人由转隶人员担任，副职肯定会有纪委原来人员。处室一般工作人员在考虑到专业、年龄结构的情况下，也充分考虑到两者的比例搭配。纪委原来的工作人员对党纪党规比较熟悉，擅长执纪，而检察院转隶人员对法律法规比较熟悉，擅长执法。新组建的纪委监委同时履行执纪执法两种职能，两部分人员的合理搭配和相互融合，有利于新的国家监察机关顺利开展执纪执法工作。

（二）横向覆盖到边：派驻机构的增设与整合

1962年9月，党的八届十中全会作出了《关于加强党的监察机关的决定》，第一次提出建立纪检监察机关的派驻机构。该决定规定，中央监察委员会在各中央局设常驻监察组，监察组受中央监察委员会和各中央局的双重领导，以中央局领导为主；中央监察委员会根据工作需要派出监察组常驻国务院所属各部门，监察组受中央监察委员会直接领导，对有关业务方面重大问题的检查处理受所在部门党组的领导；各省、市、自治区党委的监察委员会，在必要时亦可以派监察组

---

① 陆思冰：《权力制衡视域下地方监察委内部权力制约研究》，中共浙江省委党校，MPA学位论文，2019年。

```
                          ┌─ 办公厅              ┌─ 第一监督检查室
                          ├─ 组织部              ├─ 第二监督检查室
                          ├─ 宣传部              ├─ 第三监督检查室
                          ├─ 研究室              ├─ 第四监督检查室
              ┌─ 内设职能部门 ─┤ 法规室              ├─ 第五监督检查室
              │           ├─ 党风政风监督室        ├─ 第六监督检查室
              │           ├─ 信访室              ├─ 第七监督检查室
              │           ├─ 省委巡视工作领导      ├─ 第八监督检查室
              │           │  小组办公室          ├─ 第九审查调查室
浙江省纪委监委 ─┤           ├─ 案件监督管理室        ├─ 第十审查调查室
              │           ├─ 信息技术保障室        ├─ 第十一审查调查室
              │           ├─ 案件审理室           └─ 第十二审查调查室
              │           ├─ 追逃和申复室
              │           ├─ 纪检监察干部监督室
              │           └─ 机关党委
              │           ┌─ 杭培中心
              ├─ 直属单位 ──┤ 网络中心
              │           ├─ 廉政教育中心
              │           └─ 信息中心
              └─ 派驻纪检监察机构
```

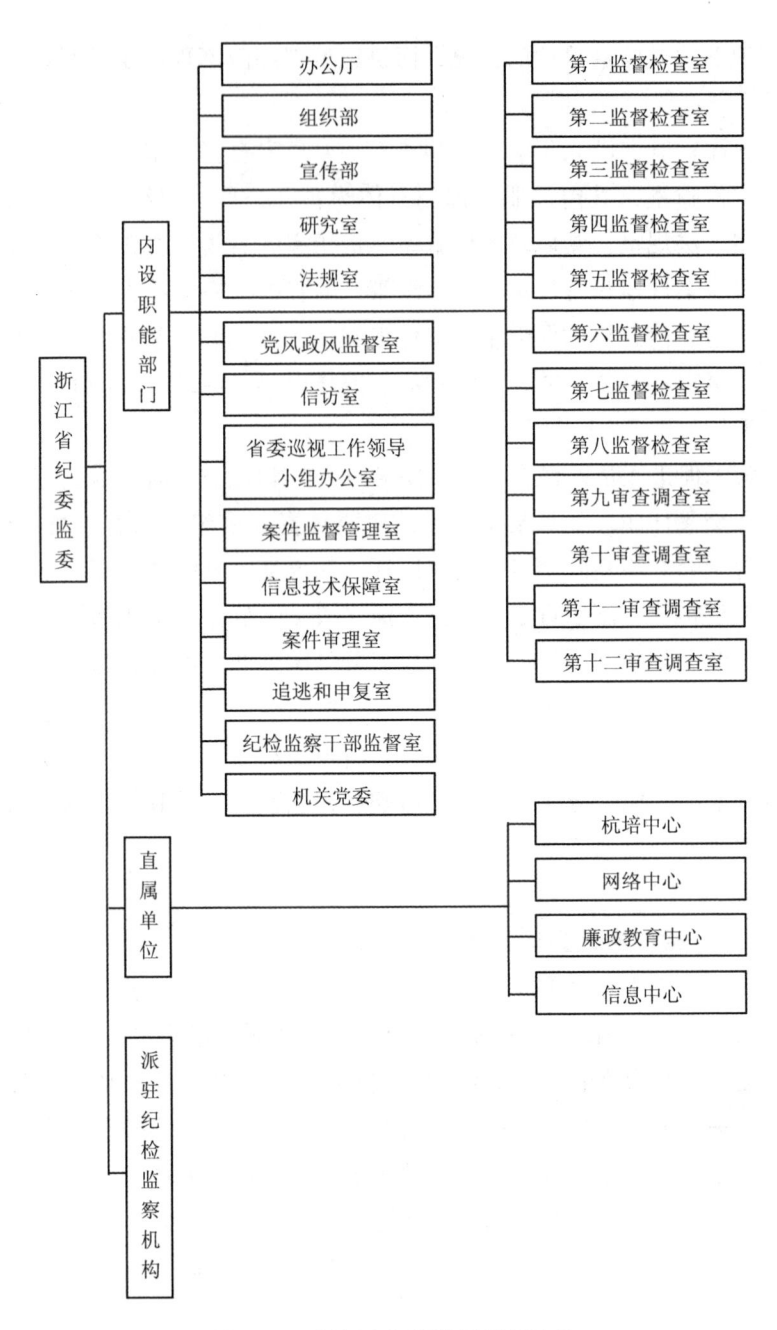

图 3-1 浙江省纪委监委组织结构

第三章　机构与职能的整体性配置：监察委员会高效运行的制度基础

或监察员驻省、自治区、直辖市人民委员会所属的各部门进行工作。派驻机构的建立在我国纪检监察史上具有重要意义。

1983年3月，中央纪委印发《关于健全党的纪律检查系统加强纪检队伍建设的暂行规定》，指出："中央纪委派驻各部门的纪律检查组和纪律检查员，在中央纪委直接领导和驻在部门党组指导下进行工作。"这是党中央最早提出对派驻机构实行"领导+指导"的双重管理模式。1993年5月，中央纪委、监察部下发《关于中央直属机关和中央国家机关纪检监察机构设置的意见》，明确了"派驻纪检监察机构实行中央纪委、监察部和所在部门党组、行政领导的双重领导，纪检监察业务以中央纪委、监察部领导为主"的领导体制。这是继1962年派驻机构建立之初实行这种管理模式以后，党中央再次提出对派驻机构实行"双重领导、一个为主"的管理模式。2001年8月，中央纪委印发了《中央纪委、监察部关于中央纪委、监察部派驻纪检监察干部管理暂行办法》，进一步明确"派驻纪检监察机构的干部由中央纪委、监察部和驻在部门实行双重管理，以中央纪委、监察部管理为主"。这是"双重管理、一个为主"的正式提出。① 为了贯彻党的十五届六中全会关于"纪律检查机关对派驻机构实行统一管理"的精神，2001年10月，中央纪委、监察部成立了派出机构统一管理领导小组及办公室，专门负责派驻机构体制改革的政策制定和试点工作。

2010年6月25日，十一届全国人大常委会第十五次会议通过了关于修改《行政监察法》的决定。修改后的《行政监察法》规定："监察机关派出的监察机构或监察人员对监察机构负责并报告工作，由监察机关对派出的机构和人员实行统一管理。"这条规定是基于历史和现实的理性选择，对于完善行政监察体制、健全权力监督机制等具有重要意义。②

---

① 钟稳：《纪检监察派驻机构管理改革：演化、困境、展望——写在派驻机构统一管理制度走过10年之际》，《求实》2014年第8期。
② 陈宏彩：《地方纪检监察派驻机构制度创新研究》，中国社会科学出版社2016年版，第52页。

派驻机构管理体制改革大力推动了纪检监察工作的开展。国家监察体制改革以后，在中央的统一部署下，各级纪检监察机关扩大派驻机构覆盖面，向原来没有派驻的党政机关、政协机关、直属高校、国有企业等纷纷派驻纪检监察组，实现派驻纪检监察机构的"全覆盖"。改革后，北京市、山西省、浙江省纪委监委派驻纪检监察机构分别为40个、35个、35个。① 派驻机构全覆盖以后，是否就会高效地运转起来呢？未必如此。虽然相关法律法规已经明确派驻机构实行上级领导为主的领导体制，但是，在双重领导体制的惯性下，同级领导为主成为事实上的运行状态。派驻机构人员的工资、福利、培训、工作场所保障、生活设施保障等全部由派驻单位负责，导致"利益共同体"广泛存在，派驻机构"不敢监督、不想监督、不能监督"的情况不在少数。此外，在"全覆盖"背景下，派驻机构以点派驻为主，机构和人员过度分散，难以形成合力。提高派驻机构的治理效能，必须从体制、机制等方面进行更为根本的改革。

2018年12月，浙江省纪委、省监委对深化派驻机构改革进行了新的部署，将省一级派驻机构由35家减少到25家，减少单独派驻，增加综合派驻的数量。例如，省纪委、省监委驻省委组织部纪检监察组分管省委组织部、省老干局、省人社厅、省委党校等六家单位。改革后的派驻机构平均编制数为9.8名，编制最少的也由4名增加到8名。人员、机构整合之后，每个派驻机构的力量增强，更有利于开展工作。在此基础上，推进"六个一体化"改革：一体推进派驻机构与委机关干部队伍建设，实现选调录用、选拔任用、轮岗交流、教育培训、经费保障和党建工作"六个一体化"目标。② 派驻机构工作人员的工资及退休等事项实行统一保障，彻底切断监督者与被监督者之间的利益链条，将过去的"准同体监督"变成实实在在的"异体监督"。派驻机构定期向省纪委、省监委汇报工作，接受省纪委、省监

---

① 本书编写组：《国家监察体制改革试点工作学习参考》，中国方正出版社2017年版，第33页。
② 颜新文、黄也倩：《从"有形覆盖"迈向"有效覆盖"——来自浙江深化派驻机构改革的生动实践》，《反腐败导刊》2019年第4期。

第三章　机构与职能的整体性配置：监察委员会高效运行的制度基础

委的严格考核与监督。市、县（区）纪委监委在参照省纪委、省监委改革方案的基础上，也对派驻机构进行了整体性、系统性改革。

（三）纵向延伸到底：从监委到监察联络站

国家监察体制改革不仅仅是国家层面的监察体制改革，而是自上而下的监督监察权力的结构性调整。上至国家监察委员会，下至乡镇监察办公室，监察机构的组织体系在短时期得以在全国层面建立。在此基础上，浙江省纪委、省监委将组织体系延伸到最末端，建立监察机构的"神经末梢"。2020年初，浙江省纪委、省监委部署在全省开展"强化清廉村居建设，有力推动基层治理"专项工作，推动村（社）全部建立监察工作联络站。

我国的行政层级分为中央、省、市、县、乡镇五个层级。一般来说，行政权力延伸到乡镇即可，村一级属于群众自治组织。为什么将监察权"嵌入"村（社）自治组织中呢？经过改革开放四十多年的探索和实践，村级治理中的权力结构是相对完善的。村"两委"分别承担着党务、村务的领导组织职能，村民代表大会、党员代表大会分别代表村民和党员行使村级决策权力，村民监督委员会行使监督权，全体村民依法参与村级事务，享有对村级事务的参与权、管理权和监督权。村级自我管理、自我服务总体上运行良好，推动了乡村各项事业的开展。但是，村级治理中也存在一些结构性矛盾。

村级治理中的家族、宗族势力在许多地方仍然存在。我国传统社会政权只建到县一级，"王权不下县"，县级以下只能靠基层自治组织进行治理。家族、宗族是基层社会治理的重要主体，也是几千年以来形成的基本社会结构。家族、宗族通过家长制、族长制的权威，制定基本社会单元的行为规则，维护传统的社会秩序。同时，以亲情、血缘为纽带，扶贫纾困、相互接济，也起到了国家政权和其他社会组织难以发挥的作用。但是，家族、宗族式治理往往建立在"私法"基础之上，建立在家族、宗族基础上的宗法权威与现代社会的法理权威格格不入。新中国成立以后，我们瓦解了传统社会的宗法结构，推动传统宗族社会、农业社会向现代法理型社会、工业社会转型。经过几十年的发展,快速发展的工业化、城镇化对传统社会进行了摧枯拉朽式变革。现代社会适应了工业化大生产的需要,满足了人们的物质需求,也陷入许多的治理困境。强大的国家政权可以应对现代社会纷繁复杂的公共事务,但并不能对乡村进行"全能式"治理,传统的乡村社会秩序的建构在许多方面有其不可磨灭的合理性。于是,我们倡导弘扬优秀的传统文化,也逐步发掘家族、宗族中的积极因素,改善乡村治理,促进乡村振兴。经过现代化洗礼的人们期望回到乡村寻根问祖和寻求心灵依归,重修族谱、建宗祠、集体祭祖等活动逐渐活跃,家族、宗族意识得到强化。一方面,传统元素的回归弥补了国家权力的不足,填补了现代社会的成长造成的治理裂痕。另一方面,传统元素的回归又冲击了乡村社会法理型权威的生长和现代政治社会秩序的建构。偏远乡村、经济欠发达地区家族、宗族势力得到增强,有的以各种方式操纵村级选举,有的影响农村为数不多的资源的分配,破坏公平、公正的社会秩序,威胁农村社会的稳定。特别是当村"两委"负责人或成员是某个家族、宗族的代表时,亲情、人情因素在权力运行中时有体现,权力的监督成为难题。

为了加强对村"两委"的监督,浙江省武义县率先探讨建立了村务监督委员会。由于这一制度进一步完善了村级权力结构,填补了村务监督的制度空缺,有关方面修改《村民委员会组织法》,要求在全国农村设立村务监督委员会,行使对村"两委"的监督权力。从制度安排上来看,这种设计是科学的,能够有效地改善村务监督不足的状况。但是,各地实际情况不一样,运行的结果也不一样。有些村由善于监督、敢于监督的人担任村务监督委员会主任,这一职位就发挥了重要作用。由于岗位特殊,甚至出现了没有选上村委会主任的候选人竞选村务监督委员会主任的情况。另外有的地方,村"两委"负责人很强势,村务监督委员会由自己的人担任,村务监督委员会形同虚设。其实,村务监督的结构性矛盾,和早些时候纪委书记与党委书记的关系极其相似,作为班子成员和下级,纪委书记是无法真正有效对党委书记进行监督的。后来,制度安排进行重大调整,纪委书记以上级任命为主、纪委办案以上级纪委领导为主,情况有所改观。在村

第三章　机构与职能的整体性配置：监察委员会高效运行的制度基础

一级，如何参照党委纪委的制度创新进行改革，也是亟待解决的重大课题。

近年来，国家对农村的投入日益增加。扶贫资金、美丽乡村建设资金、农田改造资金等通过各种渠道拨付农村。一定的集体资产是农村正常运行的基础，也是乡村振兴的前提和保障。为了消灭集体资产薄弱村，有关方面通过结对帮扶、企业投资等形式，使每个村都有最低额度的集体资产。条件好的村，集体资产日益增加，有些甚至达到几千万元。然而，集体资产的运营、管理和监督始终困扰着相关部门。在各项投资和基础设施建设中，少数村干部变相参与招投标、变相由亲友承担建设工程，在村级基础设施日常维修、维护，村级公共事务处理中虚报工程或工作量。而在各种救助金的发放、补贴的认领方面，时常出现优亲厚友、虚报代领的情况。尽管有关方面不断加大防控处罚力度，村干部腐败仍然居高不下，部分县每年查处的腐败案件中村干部的占比达到百分之六七十，超过半数的农村信访涉及村干部腐败问题。随着社会的发展进步，广大农民的权利意识日益增强。对于涉及切身利益的集体资产管理、各种资源分配，如果发生了不公平、不公正现象，或者出现了村干部贪污腐败行为，他们就会表达愤怒和不满，坚决捍卫自身利益。因此，完善村级权力监督体系，推进基层治理现代化，是维护农村政治社会稳定、促进乡村振兴的现实需要，绝不可等闲视之。

国家监察体制改革是完善我国权力监督体系、推动国家治理现代化的重要举措。既然村级权力结构并不完善、监督体系并不完整，就可以将监察机关的触角直接向基层延伸，"嵌入"原有的村级权力结构和治理体系。这一重大战略举措由省级监察机关统一部署、乡镇监察办公室具体执行。村级监察联络站是基层监察机关的直接代表，在乡镇监察办的领导下开展监督监察工作。监察联络站站长大多数由村务监督委员会主任担任，各村民小组还设有监察联络员。这样，村监会主任并非村委会成员这一单一身份，在履行监督职能时，既是代表村监会主任进行监督，又是代表监察办进行监督，不敢监督、不能监督的状况不再存在。监察联络站一旦嵌入监督体系，就可以将所有监

· 97 ·

督主体、监督力量激活。监察联络站站长定期组织村务监督委员会、村民代表大会等开展监督活动，将过去部分"沉睡"的职能激活。各地纷纷出台监察联络站、联络员的履职清单，明确监督权限和监督内容，规范监督程序，压实监督责任。在监察联络站的指导督促下，村级权力监督真正运转起来，"小微权力"的任性空间不断压缩，国家监察体制改革在基层的治理效能初步凸显。

（四）纪委监委合署：坚持反腐组织的中国特色

1993年初，根据党中央的指示精神，党的纪律检查机关和行政监察机关开始实行合署办公。合署办公的指导原则是：要有利于在党中央和各级党委的统一领导下，进一步加强党的纪律检查和行政监察两项职能；要有利于国务院和各级政府继续加强对行政监察工作的领导，使各级监察机关领导班子便于继续向政府负责；要有利于避免纪检监察工作的重复交叉以及精简机构和人员。按照这一指导原则，中央纪委、监察部1月份正式合署办公，实行一套工作机构、两个机关名称的体制，机关内部设立23个厅（室、局）。合署后的中央纪委履行党的纪律检查和行政监察两项职能，对党中央全面负责。监察部按照宪法规定仍属国务院序列，接受国务院的领导。中央纪委常委，包括未担任监察部领导职务的常委，有权处理分管部门的行政监察工作。监察部部长、副部长一般进入中纪委常委。重大问题由中央纪委常委会集体讨论决定，监察部保留部长办公会制度。随后，各省、地（市）、县和中央国家机关纪检、监察机构的合署办公，自上而下逐步展开。[①] 合署办公的体制成为我国监察体制的重要特色。

党的领导是中国特色社会主义制度的本质特征，是中国各项事业取得成功的政治保障。无论是革命战争年代、社会主义建设时期、改革开放时期还是现在，坚持和加强党的领导，中国革命就会从胜利走向胜利，社会主义建设事业就会蒸蒸日上；否则，否定和弱化党的领导，缺少主心骨和方向盘，中国革命和社会主义建设事业就会遭受重

---

① 李雪勤：《中国共产党纪律检查工作60年》，中国方正出版社2009年版，第221页。

第三章 机构与职能的整体性配置：监察委员会高效运行的制度基础

创。现在，国际形势发生了很大的变化，敌视中国共产党的领导、否定中国特色社会主义建设的伟大成就、扼杀中国伟大复兴机遇的国外势力时常兴风作浪、甚嚣尘上。逆全球化浪潮、民粹主义浪潮一浪高过一浪，给中国发展的外部环境带来很大的不确定性。类似新冠疫情这样的全球性重大公共卫生事件、国际经济疲软和重大金融危机等，给国内经济社会的发展带来新的挑战。面对纷繁复杂的发展环境，我们更加要重视党的核心领导地位，更加需要通过强大的党的领导凝聚民心、振奋精神、化危为机、劈浪前行。

坚持纪委和监委合署办公，就是始终坚持党对反腐败工作的统一领导。反腐工作具有复杂性、艰巨性和长期性，必须加强党的思想领导和组织领导。强大的反腐斗争必须具备强大的思想动员能力和理论武装能力，在公共权力部门、社会各个层面形成广泛的思想共识，只有依靠党的思想动员和理论建构才能统一认识、凝聚人心。反腐败斗争是对腐败势力、腐败分子的坚决打击，腐败和反腐败从来就是一场拉锯战。没有强大的组织力量，没有各个部门、各个层级的协同作战，反腐败很少能够取得成功。中国共产党是我国的领导核心，依靠党的崇高权威和坚不可摧的政治优势、组织优势，可以和一切腐败分子展开针锋相对的斗争。反腐败不仅是要严惩腐败分子，更重要的是要筑牢思想防线、法律防线、纪律防线和道德防线。在党的坚强领导下，一手抓思想建设和理想信念教育，一手抓法治建设和制度变革，建立"不敢腐""不能腐""不想腐"一体推进的有效机制，正本清源、固本培元，有计划、有步骤地推进清廉国家建设。

纪委监委合署办公，有利于将党的纪律检查和国家监察有机统一起来。党员干部的违反党纪党规的问题，按照党内法规的要求进行调查处理，给予党纪处分。如果当事人涉及违法犯罪，按照法律法规规定的权力和程序进行调查处置，维护法律法规的尊严。纪委监委的人员既娴熟掌握党内法规，按照党内法规调查处理违纪问题；又具备法律方面的专业知识和经验，按照法律法规的要求调查处理违法犯罪问题。两项调查并行不悖，两项处理各有依据。同时，案件调查的全过程都要接受党的领导，确保始终依法依规、合法合理，确保腐败案件调查和处理的政治效果、法律效果和社会效果相统一。

二 职能的科学配置：打造整体性治理的反腐模式

在建立横向到边、纵向到底的组织载体的基础上，监察机关必须依法科学配置职能，确保组织目标的实现。我国纪检监察机关的职能配置经历了历史的演进过程，必须在充分吸收发达国家（地区）反腐防腐经验的基础上不断调整和完善。

（一）域外反腐机构的职能配置：基于发达国家（地区）的考察

香港廉政公署是国际社会公认的成效卓著的反腐机构。廉政公署的成功不仅在于在惩处腐败方面雷厉风行、坚决彻底，而且在于其以整体性、系统性治理的思维，构筑了惩处、预防、教育"三位一体"的反腐模式。廉政公署设有执行处、防止贪污处和社区关系处三个核心部门。执行处主要根据法律法规侦查和调查腐败行为，让腐败分子得到起诉和应有的惩处。防止贪污处主要职能是审查各政府部门及公共机构的工作常规、程序等，看是否存在产生腐败的制度性漏洞；应任何人的要求，就如何防止贪污腐败行为的发生提供指导、咨询和必要的帮助；向政府各部门或公共机构的首长提供腐败防控的建议，帮助其完善管理制度和规定，减少腐败发生的可能性。对于公共机构的管理漏洞，防止贪污处有权督促其修正完善相关规定，而对于私人机构，则给予必要的协助和指导。之所以将私人机构的腐败防控也纳入职责范围，主要是因为公共机构和私人机构存在千丝万缕的联系，私人机构的腐败很可能牵涉到公共机构；私人机构的贪腐行为会影响整个社会风气，助长各个领域的腐败发生；作为一个致力于清廉政府、清廉社会建设的地区，决不容许任何领域包括私人机构存在贪腐行为。因此，支持和帮助私人机构铲除、防止腐败，是香港廉政公署的职能特色之一。

香港廉政公署在廉政教育方面的做法和成效也备受关注，这一职

第三章 机构与职能的整体性配置：监察委员会高效运行的制度基础

能主要由社区关系处承担。具体包括以下几方面。一是宣传廉政公署的性质与职能。在廉政公署成立以前，原来的反贪机构设置在警署内部，缺少独立性，警署又是腐败的重灾区，民众对反腐机构缺乏信心。廉政公署建立以后，要让民众知道新成立的公署是完全独立的反腐机构，直接对行政首长负责，可以大胆地、独立地开展工作，取得民众的信任和支持。廉政公署通过制作电视剧、电话访谈节目、海报、公告等广泛进行宣传，工作人员深入学校、企业、社区、家庭等社会各个层面广泛接触和交流，增加公众对廉政公署的了解。二是增强社会的反腐知识与鉴别力。人们的行为往往与思想认识有关，如果大家都认为请客送礼、收取佣金等做法并无不妥，并没有意识到廉洁与腐败的边界，人们不可能改变自己的行为。廉政公署充分认识到这一点，以各种方式告诉公众哪些行为是合法的、哪些行为是违法的。即使是政府官员，有些也未必能充分意识到起始受贿额度或具备完全的腐败行为鉴别力。对官员和民众进行类似教育，提高全社会的识别腐败、防范腐败的能力，将会为廉政公署的工作开展创造有利的条件。三是增强全社会的反腐参与意识。如果公共权力身陷腐败泥沼之中，人们却已经习以为常，很可能就没有人出来阻止和反对，即使心中有怨气。但是，如果有人号召、支持他们和腐败行为进行坚决斗争，并采取必要的激励措施，人们的参与意识就会增强。廉政公署通过宣传和动员，让民众意识到腐败对自己权益的损害和对全社会的危害，鼓励大家积极举报贪污腐败行为，共同抵制公共权力的变异。四是将廉政教育纳入学校教育体系。建设廉洁社会，必须让所有公民具有廉洁公正意识，养成严格自律的行为习惯。廉政公署开发了从小学、中学到大学的完整的廉政教育课程，让每个阶段的学生乐于学习并从中受益。针对学生的教育不仅有利于培养廉洁奉公的现代公民，而且有利于通过学生影响家长和家庭，带动全社会的廉洁自律。同时，全社会的廉政教育也会增加腐败分子的心理成本，让他们以廉洁为荣、以贪腐为耻。廉政教育的影响是潜移默化的，也是难以估量的。香港廉政公署深谙廉政教育的功效，在此方面不惜代价。2010年前后，廉政公署每年用于廉政教育的宣传费用都高达1000万港元，其决心和力度可见一斑。①

新加坡是世界上廉洁程度比较高的国家。和中国香港地区一样，新加坡坚持惩处、预防和教育"三位一体"的反腐模式。在惩处方面，新加坡的严厉程度甚至让许多国家觉得不可思议。它的严厉体现在：不作最低金额限制，一元钱也可能坐牢；不管是否实施，一句话也可能坐牢；与养老金挂钩，一次贪腐一笔勾销；让腐败者身败名裂、倾家荡产。②在预防方面，新加坡制定了详细、严密的公职人员廉政义务规范，划出红线和底线，任何人都不能触碰；实行严格的公务员选拔和录用制度、财产申报制度、公职人员社会交往登记备案制度、高薪养廉制度等；开展卓有成效的国际反腐合作。在教育方面，新加坡十分重视学生的德育教育和全社会的道德教育。贪污调查局定期组织专题讲座，通过正、反两方面的素材对政府和执法关键部门的公务员进行反腐教育，增强其防腐拒变能力。③无论是政府高层还是公务员系统，都把廉政作为政治的生命线，廉洁奉公的意识十分强烈，廉政教育成为公务员培训的重要内容和职业生涯中不可或缺的部分。

美国、德国、瑞典等国家也都坚持惩处、预防和教育整体部署、系统推进。美国建立了预防公职人员腐败的比较完备的法律体系，包括《情报自由法》《政府道德法》《文官制度改革法》《预算和会计法》《监察法案》等。美国的法律比较全面具体，哪怕是关于办公耗材的采购，都有十分具体的程序性的规定。通过严格的实体和程序的规定，确保公共权力腐败漏洞最小化。和其他国家建立集中统一的反腐机构不同，美国的反腐机构比较分散。直接负责侦查贪污犯罪案件的是检察机关。美国的检察机关与司法行政机关不分，联邦司法部行使最高检察机关职权，各州司法部行使各州的最高检察机关职权。20

---

① 关于香港廉政公署职能的论述，主要参阅段龙飞、任建明《香港反腐败制度体系研究》，中国方正出版社2010年版，第197—205页。

② 吕元礼：《新加坡治贪为什么能?》，广东省出版集团、广东人民出版社2011年版，第89页。

③ 武光军、顾国平：《新加坡反腐的历史进程及廉政建设机制研究》，中国法制出版社2016年版，第91页。

第三章　机构与职能的整体性配置：监察委员会高效运行的制度基础

世纪 70 年代以来，联邦调查局在侦查各种公职人员，包括贪污犯罪方面，发挥越来越重要的作用。[①] 此外，国会两院的道德委员会以及隶属于国会的总审计署行使部分反腐职能。美国联邦政府的各个行政部门都建立了监察长办事处，确保公共资金的有效利用，防止贪污、贿赂、盗窃等违法犯罪活动。通过各个反腐机构的协同共治，美国建立了有自身特色的惩处、预防和教育有机融合的反腐体系。

德国反腐机构比较健全，且分工明确、合作紧密。联邦司法部是主要的反腐机构，负责制定惩治腐败的法律法规、监督相关法律的执行与实施，从立法层面预防腐败问题的产生；联邦议院对行政部门的廉洁行政进行监督，一旦发现腐败问题或相关线索，有权设立调查委员会进行调查取证；联邦法院则对腐败案件进行依法审判；新闻媒体负责对政府行为进行监督，揭露各种违法犯罪行为。德国腐败预防的重要方式之一是，新闻媒体在对政府的监督中发挥非常重要的作用。德国是世界上的出版大国和期刊大国，大众传媒产业十分发达。为保证新闻媒体正常发挥舆论监督作用，德国专门立法对其行为予以保护。只要媒体登载的腐败新闻属实且不泄露国家机密，任何个人或组织不得调查信息来源，更不得对相关人员进行威胁、攻击和报复。德国新闻总署充当连接政府与舆论媒体的桥梁和纽带，它雇有 500 名员工收集媒体对政府及其相关政策的报道和评价，对相关问题作出及时回应。[②] 强大的舆论监督使任何公职人员心存敬畏，最大限度地减少了权力任性和贪腐空间。

北欧是世界上清廉程度较高的地区。瑞典、丹麦、挪威、芬兰、冰岛等国政治透明度高，在透明国际举行的世界主要国家清廉指数排名中一直处于领先地位，得分在 9.0 分至 9.5 分之间，是其他国家十分羡慕的理想分数。早在 1766 年，瑞典在世界上率先颁布《出版与自由法》，开创了用法律制度保障政府信息公开的先例。1809 年，瑞

---

① 宋振国、刘长敏：《各国廉政建设比较研究》，知识产权出版社 2013 年版，第 215 页。
② 马进甫、王天星等：《德国廉政制度与文化研究》，中国法制出版社 2017 年版，第 129 页。

典在世界上最先建立议会行政监察专员制度,对政府的不良行政行为进行独立监督,确保政府行为在合法的基础上而且合理。这两项制度在世界上产生了很大影响,也推动了瑞典政治的清正廉明。瑞典的反腐败机构由检控机关的国家反腐败部、警方的国家反腐败工作组、国家经济犯罪调查局、国家预防犯罪委员会、国家审计署、议会监察专员、隶属总检察长的国家反腐败局组成。检控机关的国家反腐败部处理公共部门和私人部门的腐败问题。该部门与国外的相关组织和机构通力合作,共同致力于腐败预防,提升国民意识。该部门还为公共部门提供反腐败培训,协助政府有效防控腐败。[①] 瑞典所有反腐机构职能明晰、运转协调,共同构筑起腐败惩处、预防和教育的强大的组织体系与行动网络,为瑞典的清廉国家建设提供坚强保障。

(二) 监督、调查与处置:国家监察机关的职能定位

根据《中华人民共和国监察法》的规定,监察机关主要履行监督、调查和处置三项职责。监督是监察机关的主要职能和首要职责。权力监督是廉政建设的第一道关口,第一道关口守牢了,权力腐败的概率就会大大降低。从根本上讲,调查处置都不是目的,如何有效预防腐败、维护党和国家政权的健康发展才是根本目的。因此,国家监察体制改革后,监察机关一方面以前所未有的力度清除腐败、减少存量,另一方面全面加强权力监督、减少增量。因调查和处置在后面章节另有论述,本节主要阐述监督机关的监督职能。

监察机关监督的重点是公共权力是否依法依规运行,严格防范各种滥用权力特别是权力腐败现象。具体包括四个方面。一是政策法规执行监督。监察机关监督的依据是国家的政策法规。单位或者个人如果没有严格认真执行国家的政策法规,要么有自身的实际情况或者理解执行不到位因素,要么有公共利益、国家利益之外的利益考量。从实际情况来看,采取变通、变相措施谋取个人、部门或者集团利益的可能性较大。监察机关要对这些情况进行具体分析,坚决维护国家法

---

① 韩阳:《北欧廉政制度与文化研究》,中国法制出版社2016年版,第189页。

第三章　机构与职能的整体性配置：监察委员会高效运行的制度基础

律法规的严肃性和权威性，坚决保障国家重大政策的全面真实执行。2021年底，中央纪委国家监委宣传部和中央广播电视总台联合播出《零容忍》反腐警示片，其中某国家政策银行行长对中央金融调控政策置若罔闻，擅自违规大规模地贷款给房地产企业。调查表明，与房地产企业的利益交换、放贷寻租设租行为是违抗中央决策的最根本原因。二是重大决策审议监督。重大决策、重要人事安排、重大事项、大额资金的使用等"三重一大"事项是单位权力运行的主要方面，腐败问题很多就是发生在这些重点领域。"三重一大"事项是否严格按照民主集中制运行，是否存在违规违纪的可能，监察机关必须全面精准地进行监督。从近年来查处的腐败案件来看，少数领导干部无视民主集中制和相关纪律规定，独断专行、恣意妄为，甚至为了达到个人目的欺上瞒下、弄虚作假，最终跌入腐败深渊。监察机关必须对关键事、关键人、关键环节进行监督，关口前移、防患于未然，减少权力腐败给党和国家造成的重大损失。三是廉政风险防控。全面摸清廉政风险点底数，建立健全廉政风险防控机制，督促被监督对象编织起严密的廉政风险防控网。从理论上讲，如果廉政风险防控网全面建立而且牢不可破，腐败案件是难以发生的。但是，再严格的防控可能也会存在漏洞，会给腐败分子以可乘之机，这就要求我们根据形势的变化不断调整和完善。监察机关查处了腐败案件，如果发现廉政风险防控存在问题，也会及时督促相关单位查漏补缺，亡羊补牢。四是廉政教育。廉政教育是纪检监察机关履行监督职能的很重要的方面。如果按照教育、预防和惩处"三分法"，廉政教育可以作为一项单独职能；如果按照监督、调查和处置"三分法"，廉政教育则归为"监督"之列。香港廉政公署的成功经验之一是，将廉政教育作为重要职能并由专门的部门进行承担。国家监察体制改革后，监察机关充分认识到廉政教育的重要性，全方位、多层次开展形式多样的廉政教育，取得了比较好的效果。课题组也对浙江省的廉政教育进行了跟踪研究和绩效评估。

2019年5月中旬至6月，浙江全省开展了为期一个月的"警示教育月"活动。此次活动主题集中、内容丰富、成效显著，在广大干部群众中产生强烈反响。课题组通过全省党校系统向全省领导干部发放调查问卷2165份，回收有效问卷2154份。其中，省直机关、地市机关、县区机关、乡镇机关、村/社区、其他领域干部的比重分别为4.6%、12.3%、43.7%、20.8%、13.2%、5.4%，较为全面、准确地反映了领导干部对此次活动的认识以及完善建议。

在省委、省政府、省纪委和省监委领导的亲自领导、部署和参与下，此次警示教育活动得到全省各级领导干部的高度重视，取得了明显成效。主要体现在三个方面。一是震慑效应明显。和日常警示教育相比，集中警示教育会在全省范围内形成"排山倒海、势不可当"的高压态势，对腐败分子产生强大的威慑力。据统计，"警示教育月"活动期间，先后有40多名腐败分子投案自首，充分彰显集中教育的"爆发"效应和"警醒"作用。而且，"警示教育月"活动的潜移默化的影响会一直持续。二是干部认同度高。此次"警示教育月"活动得到全省广大党员干部的高度认同。统计表明，认为"警示教育月"活动"很有意义"的高达80.2%，这在普通的教育活动中是极其少见的。而认为"意义一般"的仅占2.3%、认为"没意义"的仅为0.20%。认为此次教育活动"很受教育"和"受教育"的高达96.6%，大大超出很多人的预期。此外，全省领导干部对"警示教育月"活动的政治意义认识深刻，78.9%的人认为"是对全省领导干部的一次深刻教育"，75.3%的人认为"是清廉浙江建设的再动员、再部署、再出发"，68.4%的人认为"是高压反腐的政治宣誓"。三是社会反响强烈。浙江省的"警示教育月"活动受到全国的广泛关注。《中国纪检监察报》、人民网、新华网、中央纪委国家监委网站等全国性权威媒体以及许多省级媒体纷纷进行了报道，前来培训考察的外省许多纪检监察干部也知晓浙江省声势浩大的廉政教育活动。由于持续时间较长，在社会上也产生了较大反响，人民群众关注、关心此次活动，期望始终加强对领导干部的廉洁教育，始终保持反腐的高压态势，营造风清气正的政治社会环境。

在看到成绩的同时，我们也发现警示教育存在一些问题和不足，主要体现在以下方面。一是素材深度有待进一步挖掘。此次"警示教

第三章　机构与职能的整体性配置：监察委员会高效运行的制度基础　◇◆

育月"活动内容丰富，收到的效果不完全一样。认为"以案为鉴 警钟长鸣"警示教育片对自己"触动很大"的占71.7%。该片的优点是涉及的案例数量较多、类别较多，比较具有典型意义，但素材挖掘的深度并不十分到位，认为"挖掘深度不够"的占64%。参观警示教育基地，认为"很受教育"的占68.8%，说明基地的内容深度、教育效果也有较大的提升空间。二是教育方式有待进一步丰富。此次"警示教育月"活动采取了观看警示教育片、参观警示教育基地、听警示教育专题课等形式。和以往的警示教育相比，教育方式更加丰富。但是，认为当前警示教育活动形式"很丰富"的仅占37%，还有15.7%的人认为"较单调"。如何进一步丰富教育方式和手段，如何将领导干部喜闻乐见、应用广泛的微信等方式也较好地融合进来，值得深入探讨。三是日常教育有待进一步跟进。廉政教育必须将日常教育和集中教育相结合。认为每年集中开展一次"警示教育月"活动"很有必要"和"较有必要"的占83.3%，说明可以将这一好的做法坚持下来。浙江省将每年5月确定为"警示教育月"，认同度、支持度较高。认为本单位平常开展的警示教育活动"很到位"的占55.7%，说明要不断加强日常教育。日常教育重要的载体是廉政教育基地，认为所在地区警示教育基地建设"很好"和"较好"的分别为52.2%、37.2%，说明各地可以结合当地实际，充分挖掘本地传统和现代资源，将廉政教育基地打造成干部群众都受教育的重要场所。四是教育范围有待进一步拓展。此次"警示教育月"活动让全省各级领导干部都行动起来，提高了大家的思想认识，敲响了廉洁自律的警钟。但是，腐败案件的发生很多都是多种因素相互作用的结果，甚至涉及多个参与主体。教育活动如何进一步向企业、家庭、学校、社区延伸，仍然值得探讨。领导干部对此也有同感，认为这种做法"很有必要"和"较有必要"的达到85%。

惩处、预防和教育是廉政建设的"三驾马车"，三者同等重要、不可偏废。世界反腐实践表明，必须把廉洁教育作为一项十分重要的基础工程来抓。根据浙江省的实际，必须进一步做好以下工作。一是提炼经典教育素材。好的教育素材，可以起到"触及灵魂"的效果。

这就要求我们平时注重案例的系统开发，准确把握案例的典型意义和威慑效应，以理服人、以情动人。特别要注重分领域、分地区的案例开发，用身边的人、身边的事教育身边的人。要加强对全省纪检监察系统相关部门的业务培训，不断提高警示教育素材的制作水平，开发一批教育效果好、反响强烈的警示教育经典案例。二是打造过硬宣讲队伍。目前，浙江全省许多纪检监察机关已经建立廉政教育宣讲队伍，在廉政教育中发挥着重要作用。全省领导干部认为各级纪检监察机关建立廉政教育宣讲团"很有必要"和"有必要"的高达87.9%，说明需求强烈。宣讲团要避免"散兵游勇"状态，要定期进行系统培训学习。要本着"教育者先受教育"的原则，让宣讲团成员更深入地了解案情和相关实践，不断提高业务水平，成为纪检监察相关部门的左膀右臂和全省廉政教育的专业力量。三是开发精品教育平台。实地参观、电视宣传片、微信推送案例、网络报道、报纸书本案例阅读、其他平台分别占最受领导干部欢迎、效果最好的教育平台的78.1%、72.3%、66.7%、46.5%、19.4%、5.5%。因此，在平台开发中，我们必须坚持实体平台和网络平台并重。在实体平台方面，主要是打造精品警示教育基地和庭审观摩基地。在网络平台方面，主要是更好地开发"清廉浙江"微信平台。该平台定期发送的案情通报，每次都是一次"警钟"；省纪委、省监委与浙江教育科技频道联合开发的系列"警钟长鸣"宣传片，反响也很好。建议对全省党员干部关注"清廉浙江"微信公众号提出要求，让党员干部常态化、制度化接受警示教育。四是拓展潜在教育对象。本着系统性、整体性思维原则，适当拓展教育对象和教育范围。部分教育活动，可以让领导干部家属参加，着力培养"廉内助"。警示教育宣传片可以邀请家属观看，警示教育案例集可以发至家属，"清廉浙江"微信公众号可以请家属同时关注。要通过廉洁承诺、流动宣传栏等方式创新针对民营企业的廉洁从业教育方式，为亲清政商关系营造氛围。条件成熟时，可以组织编写适合在校学生使用的廉政教育读本、廉政教育宣传片，举办有针对性的专题讲座、组织参观教育基地活动等，提高在校学生和全体民众的认识水平。五是压实各方教育责任。廉政教育是一项基础性、隐形性工作,极易被弱化、虚化、边缘化。因此,必须厘清各方职责、强化责任担当。建议各级纪委、监委科学拟订廉政教育中长期规划和年度计划,对各地廉政教育的基本任务、内容方式、基地建设、人才保障等作出统一部署和合理安排。要强化、细化对各级党委廉政教育主体责任的考核监督,强化、细化执纪监督部门和派驻机构的监督责任,确保廉政教育抓好、抓实、抓出成效,为党风廉政建设奠定更为坚实的基础。

(三)"三不"一体推进与相互促进:职能配置的系统合力

监督、调查、处置"三位一体"的职能配置,是根据腐败治理客观规律作出的科学决策。腐败的发生是由多种因素决定的,有些是因为监督乏力、防控不严,有些是因为反腐力度不大没有形成应有的威慑,还有些是因为个人思想腐化堕落,或者是几种因素共同作用的结果。赋予监察机关三项职能,可以让监察机关更好地进行源头治理、系统治理,提升治理效能。三项职能的全面落实,最终要让领导干部以及所有行使公共权力的人"不敢腐""不能腐""不想腐"。

2004年8月,时任浙江省委书记习近平同志提出了"三不"的反腐理念,强调要不断强化"不能为"的制度建设、"不敢为"的惩戒警示和"不想为"的素质教育,不断把反腐败工作抓实抓细。[①] 2013年1月,在十八届中央纪委二次全会上,习近平总书记强调,反腐工作必须"形成不敢腐的惩戒机制、不能腐的防范机制、不易腐的保障机制"[②]。2014年1月,在十八届中央纪委三次全会上,习近平总书记进一步发展"三不"思想,首次明确提出"形成不想腐、不能腐、不敢腐的有效机制"[③]。此后,习近平总书记多次强调"三不"一体推进,全面加强党风廉政建设。"三不"一体推进是习近平反腐思想的重要组成部分,是中国共产党人对反腐规律的深刻把握与

---

① 习近平:《之江新语》,浙江出版联合集团、浙江人民出版社2007年版,第70页。
② 《十八大以来重要文献选编》(上),中央文献出版社2014年版,第136页。
③ 王希鹏、李雪勤:《一体推进"三不"的理论贡献与实践路径》,《新视野》2021年第2期。

整体认识,是巩固和拓展反腐败斗争成果、建设社会主义清廉国家的重要思想武器。

建立"不敢腐"的惩戒机制,就是要不断加大反腐力度,让所有腐败分子、所有腐败行为都得到应有的惩处。马克思指出:"一有适当的利润,资本就会非常胆壮起来。只要有10%的利润,它就会到处被人使用;有20%,就会活泼起来;有50%,就会引起积极的冒险;有100%,就会使人不顾一切法律;有300%,就会使人不怕犯罪,甚至不怕绞首的危险。"① 资本的驱动是如此,腐败的"收益率"也是如此。如果腐败被发现、被查处的概率很低,收益很高,很多人就会跃跃欲试;如果被发现、被查处的概率很高,收益很低,甚至一腐必败,铤而走险的人就会少之又少。反腐败斗争,就是要让腐败分子付出高昂的代价,因为代价惨重使很多人不敢前行半步。这就要对腐败行为"零容忍",查处腐败要坚决做到"无禁区""无死角""无盲区"。

党的十八大以来,以习近平同志为核心的党中央铁腕治腐,彻底改变了人们对腐败查处的认知。一是对已退休的腐败分子照样严查。以往很多人认为,只要退休了,就可以"既往不咎"了,有些甚至在退休之前趁机贪腐敛财。这些年的反腐实践表明,退休不是"护身符"和"避风港",不管退休多少年,只要触及腐败,任何人都必须受到查处,有些腐败分子是退休多年之后仍然被查出来的。在强大的反腐声势下,已退休的腐败分子惶惶不可终日,有些最终选择投案自首。二是追逃追赃力度越来越大,腐败分子无处藏身。曾几何时,腐败分子纷纷逃往境外,把某些国家(地区)作为逃避罪责的"天堂"。由于我国和部分国家尚未签订引渡条约,国际司法执法的难度非同寻常,追逃追赃一度陷入困境,导致很多腐败分子逍遥法外、逍遥境外,造成十分恶劣的影响。党的十八大以后,党中央充分认识到,追逃追赃不取得重大突破,不打击腐败分子的嚣张气焰,就不可能形成威慑,国内的反腐就不可能取得压倒性胜利。通过几年的艰苦

---

① 《资本论》(第1卷),人民出版社1958年版,第839页。

第三章　机构与职能的整体性配置：监察委员会高效运行的制度基础

卓绝的努力，许多腐败分子被羁押归案。根据国家监察委员会的统计，"2014年至2020年6月，共从120多个国家和地区追回外逃人员7831人，包括党员和国家工作人员2075人、'红通人员'348人、'百名红通人员'60人，追回赃款196.54亿元，有效削减了外逃人员存量；其中，国家监委成立以来，共追回外逃人员3848人，包括党员和国家工作人员1306人、'红通人员'116人、'百名红通人员'8人，追回赃款99.11亿元，追回人数、追赃金额同比均大幅增长，改革形成的制度优势进一步转化成为追逃追赃领域治理效能；新增外逃党员和国家工作人员明显减少，从2014年的101人降至2015年31人、2016年19人、2017年4人、2018年9人、2019年4人，有力遏制住外逃蔓延势头。我国积极参与联合国、二十国集团、亚太经合组织、金砖国家等多边框架下的反腐败合作，与28个国家新缔结引渡条约、司法协助条约、资产返还与分享协定等43项，国家监委与10个国家反腐败执法机构和国际组织签订合作协议11项，初步构建起覆盖各大洲和重点国家的反腐败执法合作网络"①。三是反腐面前人人平等，惩处腐败没有例外。如果反腐有例外，某些人可以反、某些人不能反，势必造成"选择性反腐"以及反腐上的形式主义，最终丧失民心，动摇党和国家的政治根基。习近平总书记指出："坚定不移惩治腐败，是我们党有力量的表现，也是全党同志和广大群众的共同愿望。我们党严肃查处一些党员干部包括高级干部严重违纪问题的坚强决心和鲜明态度，向全党全社会表明，我们所说的不论什么人，不论其职务多高，只要触犯了党纪国法，都要受到严肃追究和严厉惩处，决不是一句空话。"②党的十八大以来，我们坚持"老虎""苍蝇"一起打，许多位高权重甚至曾经为党和国家作出贡献的人得到严厉惩处，许多危害人民群众切身利益、胡作非为的人受到法律制裁，赢得了党心民心，形成了全面从严治党、全面依法治国的良好

---

① 杨晓渡：《国家监察委员会关于开展反腐败国际追逃追赃工作情况的报告》，《中华人民共和国全国人民代表大会常务委员会公报》2020年第4期。
② 《十八大以来重要文献选编》（上），中央文献出版社2014年版，第135页。

氛围。

建立"不能腐"的防范机制,就是要完善权力监督制约的体制机制,将权力关进"制度的笼子"。权力的特性注定权力难以被有效监督,而掌权者的特性使我们不得不对权力制约的难度抱有更为清醒的认识。自从古代社会以来,思想家对人"性本善"还是"性本恶"进行了激烈的交锋和争论。其实,人之初,性本善还是性本恶,本身难以得到令人信服的证明。马克思认为,人的本质是一切社会关系的总和。只有在社会实践中,人的本性才能通过一定的社会关系体现出来。实践证明,人并不绝对的善,也不会绝对的恶,任何人都具有两面性,也即既有善的一面也有恶的一面,只不过善恶的成分有所差异而已。而且,在不同的社会情境和社会制度下,善恶的表现成分和表现程度是会有差异的。公共选择理论认为,公共部门的人员并不是传统认为的具有完全献身精神的"公共人"或"公益人",他(她)们和其他人一样,也是理性的"经济人",在政治活动中追求个人效用的最大化。虽然这一理论无法解释那些真正投身政治理想的政治人物的行为,但它为我们理解和把握政治人的特点提供了新的视角。结合古今中外思想家们的观点,我们可以认为,政治人既有为大众谋福利的公益之心,也有难以避免的一己之利之心,或者说利他利己之心并存。正如每个人体内都潜伏着一定数量的细菌一样,政治人体内也潜伏着一定程度的利己之心。利己之心如同存在体内的细菌,当制度出现漏洞、制度的免疫力下降时,"细菌"就会滋生和蔓延,不断腐蚀肌体的健康。公共事务日益复杂和繁重,制度设计本身又具有相对滞后的特点,这就为"细菌"的生长创造了得天独厚的条件,使"疾病"的预防和控制变得日益艰难。① 由于权力本身的易腐蚀性和权力制约的复杂性,腐败确实已经成为政治的毒瘤。尽管人类做出了很大的努力,尽管西方民主制度号称最先进的制度,但在腐败控制方面也显得力不从心。如果把选举民主和廉洁政治画上等号,简直是一种奢望。正如米歇尔·约顿(Michael Johnston)所言:"指望公民用选票

---

① 陈宏彩:《通过完善权力监督机制增强制度自信》,《中州学刊》2014年第6期。

第三章 机构与职能的整体性配置：监察委员会高效运行的制度基础 ◇◆◇

控制权力滥用可能是不切实际的指望（expecting citizens to check the abuse of power with their votes is likely to be a futile hope）。"① 米歇尔·T. 洛克（Michael T. Rock）则通过经验研究认为，民主与廉洁并不存在直线关系，而是存在某种"U"形联系，新型民主制度建立之后10—12年才是廉洁政治的拐点。② 正因为历代执政者和任何政治制度都没有完全彻底地解决腐败，腐败治理与权力监督或许是人类政治生活的永恒主题。一部政治文明史，就是一部权力监督制约史。权力监督制约程度，彰显政治文明的程度和国家治理现代化的程度。中国特色社会主义制度秉承与西方国家"三权分立"完全不同的理念，我们绝对不走西方国家政治、行政、司法相互分立相互制衡的道路。根据中国的实际，我们可以在各种权力内部建立"功能性分权"③，通过权力之间的相互制约达到防控腐败的目的。党的十七大报告明确提出要建立健全决策权、执行权、监督权既相互制约又相互协调的权力结构和运行机制，这是我国对权力制约机制的新的认识。此后，党的文献也不断出现类似提法。这表明，权力制约机制的完善是防止权力滥用的重要途径和方式，也是廉政建设的必然趋势。建立"不能腐"的防范机制，就是要通过权力的监督制约构筑一道坚实的"防火墙"，不给腐败分子以任何可乘之机。

建立"不想腐"的教育机制，就是要让公职人员坚定理想信念和职业操守，筑牢防腐拒变的思想防线。思想是行为的先导。任何人的行为，总是在一定的思想支配下进行的。领导干部理想信念坚定，不断地朝着理想信念而奋斗，自己的"小算盘"就不会占据头脑；反之，理想信念动摇，拜金主义、享乐主义占了上风，就会把权力作为谋取私利的工具。习近平总书记强调："在我们党员、干部队伍中，

---

① Michael Johnston, "More than Necessary, Less than Sufficient: Democratization and the Control of Corruption", *Social Research*, Vol. 80, No. 4, December 2013, pp. 12 – 38.
② Michael T. Rock, "Corruption and Democracy", *Journal of Development Studies*, Vol. 45, No. 1, January 2009, p. 55.
③ 陈国权、皇甫鑫等：《功能性分权：中国的探索》，中国社会科学出版社2021年版，第2页。

信仰缺失是一个需要引起高度重视的问题。在一些人那里，有的以批评和嘲讽马克思主义为'时尚'、为噱头；有的精神空虚，认为共产主义是虚无缥缈的幻想，'不问苍生问鬼神'，热衷于算命看相、求神拜佛，迷信'气功大师'；有的信念动摇，把配偶子女移民到国外、钱存在国外，给自己'留后路'，随时准备'跳船'；有的心为物役，信奉金钱至上、名利至上、享乐至上，心里没有任何敬畏，行为没有任何底线。"①

除了理想信念，一个人的道德修养也会对行为方式产生重要影响。中国传统文化注重个人道德的修炼，要求从政者遵守修身、齐家、治国、平天下的行为逻辑。确实，一个人只有道德修养达到相当的水平，时时处处以身作则，家庭才能建设好，才有可能治国平天下；反之，如果道德修养不够，即使在某个特殊的时期、通过特殊的手段窃取了权力，最终也会暴露本性、害人害己。道德的修炼不是阶段性的教育能够完成的，需要贯穿人的一生；道德也不是一成不变的，需要经受住各种社会环境的考验，需要经常性地"荡涤尘埃"、去伪存真。这就对干部教育提出了新的课题：如何根据领导干部的实际适时开展卓有成效的道德教育，如何不断提高领导干部的道德修养水平，如何根据成人特点改进教育的方式方法。近年来，有关方面开展了丰富多彩的从政道德教育，取得了较好的效果。我们要积极弘扬优秀的传统文化，激发领导干部的为民情怀、奋斗精神和律己自觉性；要不断创新道德教育的内容和方式，让广大公职人员经常性地受到灵魂的洗礼。

当然，"不想腐"也不是教育单方面能够实现的，还需要考虑到保障因素，让领导干部在权衡得失中作出理性的行为选择。有些国家倡导高薪养廉，从人的行为模式分析，是存在一定道理的。如果公职人员工薪福利明显低于社会平均水平，无法养家糊口，以权谋私的想

---

① 习近平：《在全国宣传思想工作会议上的讲话》（2013年8月19日），载《习近平关于党风廉政建设和反腐败斗争论述摘编》，中央文献出版社、中国方正出版社2015年版，第17页。

法可能会更多；相反，如果公职人员的待遇较高，很多人就没必要、没冲动去搞腐败。当然，高薪养廉也存在内在的困境：人的欲望是无止境的，究竟要多高的待遇才能满足公职人员的欲望呢？如果过高地提高公职人员的待遇，拉大行业之间的差距，是否有利于激发大多数人去从事财富生产和知识创造的热情呢？公职人员要有奉献意识、牺牲精神，时时处处通过待遇来激励和鞭策，是否有悖于行政价值的倡导和培育呢？我国是发展中的社会主义国家，又是一个人口大国，很多一线的劳动者工资待遇并不太高，一味地追求高薪养廉，既不现实也不合理，也许还会激化社会矛盾、影响社会稳定。因此，不宜照搬照抄高薪养廉制度。当然，我们可以通过一定的制度安排，让廉洁的人收益越来越高，让不廉洁的人承受更大的损失。有些地方探讨的廉政保证金制度，就是一种比较好的尝试。只要保持廉洁本分，退休时可以得到一笔比较丰厚的廉政保证金；相反，只要触犯党纪国法，就会失去一笔数目不小的资金。通过权衡，很多人可能会打消贪腐念头。

"不敢腐""不能腐""不想腐"是相辅相成、相互促进的，不能割裂开来片面对待。三者之间存在着许多相互交织的地带，有时甚至难以完全分清。例如，让公职人员"不想腐"，既需要保持高压反腐态势，造成心理威慑，又需要筑牢"制度的笼子"，遏制权力滥用的邪念。"三不"一体推进并相互促进，正是腐败治理的客观规律所在，是系统性、整体性、协同性推进清廉国家建设的需要。国家监察体制改革赋予监察机关完整的职能，全面、系统、深入地推进反腐败斗争，必将使我国的廉政建设迈入标本兼治、强本固基的崭新阶段。

三 机构重组后的运行机制：基于反腐实践的审视

国家监察体制改革之后，监察机关的机构设置和职能配置发生了很大的变化。在此基础上，一些新的机制逐渐得以建立，为监察机关稳定高效运行奠定了基础。

(一) 权责清单：明晰行动主体的履职责任

清单式管理在我国行政改革史上具有标志性意义。改革开放以来，我们一直在探讨如何厘清政府和市场、政府和社会的关系，如何在治理现代化进程中真正厘清政府的权责边界，确保行政权力廉洁、规范、透明、依法、高效运行。实现治理体系和治理能力现代化，首先必须实现政府治理的法治化。行政法治的最基本的原则是"法无授权即禁止"，也就是说，任何权力必须有合法的来源，任何权力的行使必须按照法定的条件和程序进行。为了实现这个目标，我们在简政放权的基础上，将政府的权力用清单列举出来并向社会公示。2013年，浙江审计了42个省级部门的行政职权1.23万项，最终保留4236项，并上网公布，成为全国率先公布省级部门权力清单的省份。[①] 全省市、县政府部门的权力清单也于2014年10月31日上网公布。有了权力清单，政府摸清了自己的"家底"，哪些权力可以行使、哪些权力不能行使，清单上一清二楚。每项权力行使的条件和程序如何，也都有清单加以说明，行政机关的规范化、法治化程度明显提升。有了权力清单，行政相对人的权利更加明晰。就行政相对人而言，"法无禁止即自由"，凡是法律没有禁止的事项，行政相对人都有行动的自由。同时，依照权力清单，行政相对人可以依法行使自己的监督权，防止权力的任性和滥用，防止行政权力侵犯公民的权利和自由。行政机关除了要遵循"法无授权不能为"的原则，还要遵守"法定职责必须为"的准则。在权力清单的基础上，有关方面紧接着推出第二张清单，即政府责任清单。2014年10月31日，全国第一张省级政府责任清单——浙江省部门责任清单上网发布，包括43个省级部门主要职责543项，具体工作事项3941项，部门边界划分事项165项，案例165个，事中事后监管制度555项，公共服务事项405项。[②]

[①] 程永高：《浙江政务服务网上线 公布省级42个部门权力清单》，浙江在线（https://zjnews.zjol.com.cn/system/2014/06/25/020103686.shtml），2014年6月25日。

[②] 袁亚平：《浙江公布省级部门责任清单 避免各部门"踢皮球"》，人民网（http://politics.people.com.cn/n/2014/1101/c70731-25950783.html），2014年11月1日。

第三章 机构与职能的整体性配置：监察委员会高效运行的制度基础

2014年底，全省市、县政府部门责任清单全部上网发布。①

权力清单和责任清单在实践中取得了显著成效。在积累前期改革经验的基础上，有关方面很快推出第三张清单，即企业投资项目负面清单。浙江省级部门列出禁止和限制企业进入的投资领域项目目录清单，分国家核准、省级核准、市县核准以及相关禁止类、限制类、淘汰类等7个类别。凡是国家未明确要求由省及省以上核准的投资事项，除跨区域、跨流域项目外，一律下放市县核准。2014年底，全省市、县也完成了本级政府的投资项目负面清单。显然，企业投资项目负面清单是为了进一步扩大企业的投资自主权，增强经济和社会活力。同时，权力清单逐步向其他领域以及基层治理中延伸。很多地方相继推出村级"小微权力清单"，有效地规范和制约了基层组织的权力，推动了基层政权的透明化、法治化建设，减少了因基层权力不当行使、暗箱操作造成的矛盾和冲突，维护了基层社会的和谐与稳定。可见，权力清单和责任清单建设是特定历史时期中国特色政府管理方式的重要体现，是法治政府建设、廉洁政府建设的中国经验之一，也是走向地方治理现代化的重要路径。对于这样具有时代特征、中国特色的治理方式，有关方面肯定会进一步总结和推广。

在我国，廉政建设的责任主体并非单一的，但责任的明晰经历了一段特殊的历程。改革开放初期，经济社会发展任务十分繁重，各级党委、政府坚持以经济建设为中心，把经济发展作为头等大事来抓。而廉政建设的责任，往往由纪检监察部门承担，甚至出了问题主要也是纪检监察部门的责任。随着反腐败工作的深入推进，各方面深刻地认识到，廉政建设的责任并不能由纪检监察机关独立承担，各个主体都应承担相关责任。党委承担主体责任，纪检监察机关承担监督责任，党委书记承担第一责任，班子成员承担分管责任。从逻辑上讲，责任主体之间的权责界分是明晰的；但从操作上来看，责任主体之间的责任并没有具体化、明晰化，缺乏一定的可操作性。为了将责任落到实处，在中央的统

---

① 瞿芃、颜新文：《浙江发布省级部门责任清单》，《中国纪检监察报》2014年11月2日。

一部署下，各级党委、监委都根据自身实际，用清单的方式将责任规范化制度化，推动廉政建设各项工作落到实处。2010年11月，中共中央、国务院颁布了修订的《关于实行党风廉政建设责任制的规定》，明确指出：领导班子对职责范围内的党风廉政建设负全面领导责任；领导班子主要负责人是职责范围内的党风廉政建设第一责任人，应当重要工作亲自部署、重大问题亲自过问、重点环节亲自协调、重要案件亲自督办；领导班子其他成员根据工作分工，对职责范围内的党风廉政建设负主要领导责任。2014年，十八届中央纪委三次全会强调："要落实党委的主体责任和纪委的监督责任；党委、纪委和其他相关职能部门都要对承担的党风廉政建设责任做到守土有责。"[①]

根据多年的实践，各级党委、政府已经形成党风廉政建设的责任清单体系。其中，党委的主体责任包括：深入贯彻党中央的规定和国家法律法规，全面部署党风廉政建设和反腐败工作；支持同级纪委开展工作，定期听取纪委的工作汇报；严格遵守选人用人制度，坚决杜绝干部选拔和任用中的违纪违规与腐败现象；建立完善廉政风险防控机制、民主集中制和内部权力制约机制，完善各项管理制度；经常开展廉政教育，对苗头性、倾向性问题及时采取措施；认真落实上级党委、纪委交办的党风廉政建设责任范围内的事项；等等。党委主要负责人的责任包括：定期研究部署党风廉政建设和反腐败工作，定期听取纪委工作汇报，采取措施推动重大问题的解决；认真落实上级党委、纪委交办的党风廉政建设事项；加强对领导班子成员的管理和监督，对苗头性、倾向性问题及时采取廉政谈话等措施加以纠正；及时阅批重要信访案件，对重要案件进行指导和督办；按时、如实向上级党委、纪委汇报贯彻民主集中制情况和个人重大事项报告、廉洁从政情况等；当好廉洁从政的表率，教育、管理和监督好身边工作人员；认真落实民主集中制，对"三重一大"事项按照规定程序进行科学

---

① 王岐山：《聚焦中心任务　创新体制机制　深入推进党风廉政建设和反腐败斗争——在中国共产党第十八届中央纪律检查委员会第三次全体会议上的报告》，《人民日报》2014年1月28日第2版。

第三章　机构与职能的整体性配置：监察委员会高效运行的制度基础 ◇◆◇

民主决策和集体决策；及时向上级党委、纪委报告领导班子成员的违纪违法问题或者线索；等等。党委领导班子成员的主要责任包括：根据工作分工落实"一岗双责"，对重点领域和关键环节制定防控措施，防止分管领域出现不正之风和腐败现象；认真落实、办理上级领导交办的党风廉政建设责任范围内的事项；加强对分管部门和人员的监督管理，对苗头性、倾向性问题及时采取措施督促纠正；认真落实分管部门作风建设工作制度，驰而不息地整治工作作风问题；按时、如实向党委主要负责人报告落实党风廉政建设责任制情况和个人廉洁从政情况，自觉接受各方面的监督；及时报告分管范围内发生的违纪问题或线索，积极配合相关部门的调查和处理。纪委的监督责任包括：对党章和其他党内法规、党的各项纪律以及党中央的重大决策部署贯彻执行情况进行监督检查；认真贯彻落实党中央、上级纪委和同级党委加强党风廉政建设和反腐败工作的统一部署，确保不发生区域性、系统性腐败案件；健全完善对领导干部行使权力的经常性、制度化监督机制，防止发生各种腐败现象；坚决查处腐败案件，线索处置和案件查办在向同级党委报告的同时须向上级纪委报告；认真落实"一案双查"，严肃追究相关方面的责任；对苗头性、倾向性问题及时采取措施，督促有关方面建立健全各项制度；强化对下级纪委的领导、指导和监督；等等。① 派驻机构实现"全覆盖"以后，有关方面制定了派驻纪检监察组的权力清单和责任清单。这样，党委的主体责任、主要负责人的第一责任、班子成员的分管责任、纪委的监督责任、派驻机构的日常监管责任等分工明晰而又相互补充，共同构成党风廉政建设和反腐败工作的责任体系。

（二）巡视巡察：发挥自我净化的组织功能

巡视制度在我国古代就已经存在。根据史书记载和学者研究，"尧舜禹时期就有了自上而下的巡察。夏商周循此制，西周设立'方

---

① 《关于实行党风廉政建设责任制的规定》，《中国监察》2011年第1期。

伯'对各诸侯进行监察"①。秦设御使大夫巡察百官,汉武帝设立刺史制度定期对地方进行巡视和监察。唐朝设立"一台三院"制,分别对中央和地方进行制度化巡察,是我国历史上巡视巡察制度比较完备的时期。古代的巡察官直接对皇帝负责,享有极高的权威,即使比巡察官级别还高的地方要员也要对其毕恭毕敬。巡视官要从德才兼备、具有良好声誉的官员中选拔,要与执行任务的特殊要求相匹配。这种制度设计,对我国古代的政治制度产生了重要影响,也对建立和完善党内巡视监督制度具有重要的启示意义。

当然,对传统的继承仅仅只是一个方面。"马克思、恩格斯针对党内监督问题提出一系列具有指导意义的观点,以及继承者列宁对党内监督、权力制约等基本理论问题的精辟论述,为中国共产党巡视制度的百年发展奠定了重要的理论基石。"② 1922年7月,党的二大指出:"中央执行委员会得随时派员到各处召集各种形式的临时会议,此项会议应以中央特派员为主席。"③ 这是党的历史上第一次以党内法规的形式提出建立特派员制度。不过,当时的这一制度主要是出于开展党的工作的需要。1927年11月,中共中央形成决议,提出建立各级党部的巡视指导制度。1928年10月,中共中央颁布《巡视条例》,党内有了首部专门规范巡视工作的法规。在此基础上,1931年5月,中共中央通过了《中央巡视条例》,具体规定了中央巡视员的资格条件、主要职权、基本任务和工作方法等。1985年11月,中共中央整党工作指导委员会重申了巡视员制度。1996年3月,《中共中央纪委关于建立巡视制度的实行办法》发布,党的巡视工作开始全面启动。2002年11月,党的十六大报告强调建立和完善巡视制度。2009年7月,《中国共产党巡视工作条例(试行)》正式颁布实施,巡视工作逐步规范化、制度化。同年12月,原中央纪委、中央组织

---

① 付振河:《我国古代巡视制度及当代启示》,《领导科学》2018年第5期。
② 文丰安、段光鹏:《中国共产党巡视制度的百年历程、经验与启示》,《东南学术》2021年第3期。
③ 《建党以来重要文献选编(1921—1949)》(第1册),中央文献出版社2011年版,第166页。

第三章　机构与职能的整体性配置：监察委员会高效运行的制度基础

部巡视组正式更名为中央巡视组，巡视组的地位和权威得到进一步提升。①

党的十八大以后，巡视成为反腐败斗争中的一把"利剑"。正是通过巡视巡察，一大批腐败分子特别是位高权重的"老虎"被发现并得到应有的惩处，许多腐败分子谈"巡"色变或主动投案自首。近年来，巡视在我国权力监督体系中发挥着独特作用，在维护权力的廉洁健康运行中功不可没。为什么这一早已存在的制度形态，在党的十八大之后能够产生如此威慑力和战斗力呢？我们认为，主要是以下几方面原因。

其一，思想认识和理论自觉的升华。党的十八大以后，以习近平同志为核心的新的党中央把反腐败工作摆在十分突出的位置，习近平总书记对党的巡视工作非常重视，亲自部署、亲自听取巡视工作汇报，并作出了一系列的重要指示。习近平总书记从政治的高度、全局的高度和历史的高度看待巡视工作，希望其成为"国之利器、党之利器"，② 巡视工作不是零敲碎打，不是走过场、搞形式。习近平总书记指出，巡视工作要做到"横向全覆盖、纵向全链接、全国一盘棋"③。在方法上，习近平总书记强调要以"一把手"和领导班子成员为巡视重点，以查找问题为重点。要注重方法创新，要抓好专项巡视、回头巡视等，要使"专项巡视更专、更活、更准"④。习近平总书记关于巡视工作的深刻论述和系统阐释，为巡视巡察工作的深入开展和绩效提升提供了重要的思想武器和行动指南。

其二，制度创新与集成。党的十八大以后，根据中央的统一部署，巡视工作实现"三个不固定"，这就是：巡视组组长不固定、巡视对象不固定、巡视组与巡视对象的关系不固定。以前的巡视之所以成效不够明显，一个重要原因是制度设计存在瑕疵，监督者和被监督

---

① 党的巡视工作发展历程，主要参阅文丰安、段光鹏《中国共产党巡视制度的百年历程、经验与启示》，《东南学术》2021年第3期。
② 《习近平谈治国理政》（第2卷），外文出版社2017年版，第170页。
③ 《习近平关于党风廉政建设和反腐败斗争论述摘编》，中央文献出版社、中国方正出版社2015年版，第116页。
④ 《习近平谈治国理政》（第2卷），外文出版社2017年版，第171页。

者相对固定，容易结成关系网甚至利益共同体。为了破除藩篱，中央对巡视组进行大刀阔斧的改革，通过"三个不固定"，切断了可能存在的人际网络和利益关联，保障巡视工作公平、公正进行，保障重要人物、重要事项得到有力督察。有了"三个不固定"，被巡视对象回旋余地小了，对巡视工作的重视程度大大提高；巡视组的压力和顾虑小了，可以大胆地开展工作、查找问题。在对实践经验进行充分总结的基础上，2017年7月，新修订的《中国共产党巡视工作条例》正式颁布，成为全党全面推动巡视工作的专门法规。

其三，高压反腐态势为巡视工作的顺利开展营造了良好的氛围。巡视制度是反腐制度体系的组成部分，巡视工作是整个反腐工作的组成部分。巡视制度能否发挥效能、巡视工作是否有力，在很大程度上取决于反腐决心、反腐政策和反腐力度。党的十八大以来，党中央把反腐工作作为维护国家长治久安、巩固党的执政地位、切实增强制度自信和道路自信的重大战略来抓。习近平总书记强调："党面临的最大风险和挑战是来自党内的腐败和不正之风。权力寻租，体制内和体制外挂钩，形成利益集团，挑战党的领导。我们惩治腐败的决心丝毫不能动摇，惩治这一手始终不能软。"[①]"深入推进反腐败斗争，持续保持高压态势，做到零容忍的态度不变、猛药去疴的决心不减、刮骨疗毒的勇气不泄、严厉惩处的尺度不松，发现一起查处一起，发现多少查处多少，不定指标、上不封顶，凡腐必反，除恶务尽。"[②] 正是在反腐高压态势和反腐败斗争日益深入的情况下，巡视作为"反腐利器"，单刀直入、势如破竹，让腐败分子闻风丧胆。

当然，巡视制度也有需要进一步完善的地方，例如：巡视人员的结构如何进一步优化，巡视手段和方法如何进一步丰富，巡视制度如何与其他监督制度更好地衔接，对巡视人员的监督如何进一步完善，巡视巡察如何更好地联动，巡视工作的透明度如何进一步提升等。在新的历史

[①] 《习近平关于党风廉政建设和反腐败斗争论述摘编》，中央文献出版社、中国方正出版社2015年版，第102页。

[②] 《习近平关于党风廉政建设和反腐败斗争论述摘编》，中央文献出版社、中国方正出版社2015年版，第103页。

第三章　机构与职能的整体性配置：监察委员会高效运行的制度基础　◇◆

条件下，巡视工作必须在实践中发展、在发展中创新。我们既要坚持巡视工作是政治巡视这一基本原则，又要坚持巡视是"反腐利器"的基本方针。从整体性治理的视角来看，既要始终保持反腐高压态势、为巡视工作创造良好的环境和条件，又要把巡视作为反腐败斗争的着力点，重点突破，系统推进，全面推进党风廉政建设和政治生态的根本好转。

（三）专项治理：从个案处理到倾向防治

专项治理，也称专项整治，或者说是反腐领域的"运动式治理"。运动式治理在我国具有深厚的文化基础和历史传统。"实际上，作为国家治理的一项重要工具，专项治理具有悠久的历史。无论是在苏区时期，还是在延安时期，专项治理都成为中国共产党治理社会的重要工具。"① 运动式治理也与单一制行政体制、高度集中的权力结构相一致。我国是单一制国家，中央对地方具有直接的领导权，中央发布的重要指示，地方政府必须执行。即使在地方党政机构中，下级必须服从上级的指挥，权力高度集中。此外，层层加码的压力型体制也为政府追求显性绩效、集中优势资源攻坚提供了条件。"自内向外的国家统合社会逻辑以及自上而下的政府集体行动逻辑共同组成了运动式治理的生成逻辑。"② 当然，运动式治理除了需要制度条件、满足绩效需求，可能还与某个领域治理资源的贫乏有一定的关系。"运动式治理的产生首先是由于国家强烈的绩效需求与贫乏的治理资源之间的紧张关系，这种紧张关系使国家形成了开展运动式治理的内生动力；同时，我国也存在着开展运动式治理的有利制度条件，内生动力与制度条件的结合最终使运动式治理变为现实。"③

对于运动式治理，国内学者的评价不一。"已有对运动式治理成

---

① 殷冬水、邢轶凡：《从专项治理到制度治理——当代中国国家治理变革的实践逻辑与战略选择》，《社会主义研究》2019年第3期。
② 方熠威：《变化与争鸣中的运动式治理——一个研究综述》，《中共青岛市委党校青岛行政学院学报》2020年第3期。
③ 柏必成：《我国运动式治理的发生机制：一个宏观层面的分析框架》，《学习论坛》2016年第7期。

因的研究,或者概括为中国国家和社会治理中的内在缺陷所致,或者表述为'被动选择''无奈之举''权宜之计''不得已而为之',以较中立或正面立场阐述其成因的文献较少。"① 但从反腐的客观规律和现阶段的实际情况来看,运动式治理还是有必要的,主要是因为以下几方面。

其一,它可以在短时期内取得显著成效,提高反腐威慑力和公众满意度。"专项治理作为一种简单易操作的治理工具,是在国家基础性权力不足,治理资源有限和分散,政策目标无法有效实现的前提下的理性选择,其具有打击力度大、见效快、社会反响大的作用,从而有助于增进政治合法性,维护政治、经济和社会秩序,创造良好的社会风气,短期内可以避免中央与地方关系权责界限不清和部门间职能交叉而导致的治理不到位,加强了各个部门之间的有效合作,迎合了公共治理的现实需求,提高了政府的工作效率和社会的满意度。"② 纪检监察机构通过对一段时期查处的腐败案件的总结和反思,发现某种腐败行为正在逐步蔓延,影响愈来愈大。如果不采取紧急措施,很可能会进一步恶化。运动式治理可以调动系统内外的各种资源,对已经识别的腐败行为进行精准打击,抑制腐败分子的嚣张气焰,使其"不敢腐"。

其二,可以弥补科层制运作下日常反腐败工作的不足,进一步筑牢反腐防线。"运动式治理是针对科层治理的常规机制失败而产生的(暂时)替代机制或纠正机制。"③ 科层制是一种相对稳定的组织结构,层级之间、部门之间分工明晰,每天都按照既定程序、既定职责按部就班地开展工作。这种制度化、超稳定的运作模式,可以维系整个纪检监察系统的稳定性,不会产生大规模、致命性、系统性问题。但是,碎片化治理造成的空隙、协同性不足产生的推诿、惯常性思维

---

① 李辉:《运动式治理缘何长期存在?——一个本源性分析》,《行政论坛》2017年第5期。
② 殷冬水、邢轶凡:《从专项治理到制度治理——当代中国国家治理变革的实践逻辑与战略选择》,《社会主义研究》2019年第3期。
③ 倪星、黄佳圳:《工作打断、运动式治理与科层组织的应对策略》,《江汉论坛》2016年第5期。

第三章　机构与职能的整体性配置：监察委员会高效运行的制度基础

带来的麻木，很可能使个别问题逐渐滋生，到一定时候完全暴露。运动式治理一方面及时遏制腐败行为增长态势，另一方面查找制度漏洞，补齐防控体系的短板和不足。运动式治理虽然是一种非常态的治理方式，但它是在解决问题、控制态势的前提下，将常规化、制度化治理提升到新的水平。"它一般被视作弥补常规治理不足的非常规治理方式，换言之，则是打破科层制治理的模式和体系，以一种新的工具补充对公共事务治理的制度供给。"①

其三，运动式治理是根据新型腐败行为发生、发展的特点而采取的必要措施。随着社会的发展，腐败行为越来越具有隐蔽性，腐败手段和方式越来越新颖。很多腐败行为最初是难以完全识别和辨别的，只有发展到一定程度，才能够准确辨别并采取合适的打击控制措施。运动式治理既是集中打击行动，又是对全社会的思想行为动员和警示教育，具有"一石二鸟"的功效。以浙江省的"烟票腐败"为例，当初只有少部分人秘密地送给领导干部烟票，量很小，不易察觉，甚至也没有达到立案标准。通过案件侦办获悉，烟票正在逐步扩大，无论是接收人群还是烟票金额都在大幅度上升，甚至成为一种风气和新的腐败现象。于是，纪检监察机关开展了专项整治，防止事态蔓延，并且查找制度漏洞，完善相关的廉洁规定。近年来，浙江省纪委省监委陆续开展多次专项治理行动（如表3－3）。

表3－3　　　　　　　浙江省纪委省监委专项治理行动

行动及缘由	措施与成效	制度完善
领导干部违规房产交易专项治理（省纪委、省监委5年来查办的省管干部违纪违法案件中，涉及房产交易违纪违法的占案件总数20.56%）	认真梳理全省各地上报的近18万名领导干部违规房产交易专项治理自查自纠报告；查处了何加顺、钱巨炎、苏利冕等大案要案	针对"模糊地带"建章立制，出台《浙江省防止领导干部房产交易违纪违法行为规定》，明确领导干部房产交易行为的正面清单和负面清单

---

① 方熠威：《变化与争鸣中的运动式治理——一个研究综述》，《中共青岛市委党校青岛行政学院学报》2020年第3期。

续表

行动及缘由	措施与成效	制度完善
国企领域突出问题专项治理（是贯彻落实习近平总书记重要指示批示精神和中央重大决策部署的根本要求，是推进清廉国企建设的重要抓手，是落实中央巡视反馈问题整改的重要任务）	开展国有资产重大损失存量问题专项清理、金融企业不良资产"回头看"专项行动、国企领导人员亲属违规与企业发生业务往来问题专项整治、国有企业"同股不同权"问题专项整治、国有企业违规公款消费问题专项整治、国有企业违规出租出借房产问题专项整治等八个方面专项治理	将解决突出问题与严密制度、严格要求、严肃教育有机结合，将正风肃纪反腐与深化改革、完善制度、促进治理贯通融合
专项整治"烟票"问题（"烟票"问题已成为"亲""清"政商交往的"绊脚石"，严重影响一方政治生态和社会风气）	省纪委、省监委下发了《关于开展"烟票"背后"四风"问题专项整治工作的通知》，强调要结合领导干部利用名贵特产类特殊资源谋取私利整治，对"烟票"背后的"四风"问题进行专项整治。查处了一批典型案件	浙江省各级纪检监察机关健全监管机制，将"烟票""天价烟"及其背后的作风和腐败问题列入日常监督检查范围，督促相关部门形成"烟票"治理工作长效机制，彻底斩断"烟票"贪腐利益链条
领导干部违规借贷专项治理（通过民间借贷获取大额回报的行为绝非某些党员干部自认为的"小事情"，而是轻则违纪重则违法犯罪的"大问题"）	主要查处领导干部利用职权或职务上的影响，无息、低息向他人借款或高息出借资金等六类行为；查处一批隐形腐败案件	2019年12月31日，中共浙江省委办公厅印发的《浙江省防止领导干部违规参与民间借贷行为规定（试行）》开始施行，旨在进一步规范领导干部违规参与民间借贷行为，防止引发廉政风险，促进领导干部廉洁从政
人防系统腐败问题专项治理（习近平总书记关于治理人防系统腐败问题作出重要批示、中央纪委国家监委统一部署）	全省共计处置人防系统腐败问题线索125件，立案查处人防系统腐败问题20起，处理44人，给予党纪政务处分11人，移送司法机关多人，主动投案干部多名	做好查办案件的"后半篇文章"，不断完善规章制度，建立长效机制，全面净化人防系统政治生态

资料来源：根据《浙江日报》《反腐败导刊》《中国纪检监察报》等整理。

第三章　机构与职能的整体性配置：监察委员会高效运行的制度基础

运动式治理在反腐败中发挥了重要作用，作为一种非常态化治理手段，它的局限性或者弊端也是存在的，主要体现在以下几方面。其一，它打破了科层制组织原有的组织结构和运行机制，可能对常态化治理造成一定程度的冲击，甚至本身产生路径依赖和内卷化现象。"运动式治理在结构层面呈现出周期性的态势，这种治理手段也最终未能转化为理想中的'常态治理'，而是在实践中逐渐形成了一种畸形的'常态化'运作，使得运动式治理的模式被不断再生产，难以实现治理机制的转型。"[1] 其二，超常规地消耗组织资源，难以进行科学合理的成本效益分析。科层制组织的投入产出相对稳定，也相对科学。对某项活动需要投入多少人力、物力、财力，科层制组织在日常管理中都会作出大家比较公认的、一致的安排。但是，运动式治理一定是以超常规手段、超常规投入为特征的，虽然会取得显著成效，但投入产出关系难以科学衡量。如果经常以这种方式开展工作，行政成本无疑会大大增加。其三，运动式治理有时要突破既有的法律法规框架，可能对法治化反腐带来挑战。"运动式治理采用大张旗鼓的政治动员形式，越过或叫停常规的行政官僚制，因此具有随意性和非制度化的特点。它的组织基础是自下而上的服从和效忠，削弱了宪法和法律应有的权威和威信，与法治化进程背道而驰。"[2] 对于反腐过程中的运动式治理，我们要尽可能地扬长避短，最大程度地发挥其积极效应，尽可能地减少运行成本和负面效应。运动式治理不是目的，只是手段，是走向常态化、制度化治理的迫不得已的选择，最终是为了发现体制和制度的漏洞，建构稳定的、规则化运作的机制。因此，每次运动式治理，我们既要思考是否必要，又要思考如何完善和巩固常态化治理。

---

[1] 潘泽泉、任杰：《从运动式治理到常态治理：基层社会治理转型的中国实践》，《湖南大学学报》（社会科学版）2020年第3期。

[2] 孙培军、丁远朋：《国家治理机制转型研究——基于运动式治理的视角》，《江西师范大学学报》（哲学社会科学版）2015年第2期。

(四) 从严问责：建立健全闭环管理模式

问责是现代民主政治的必然要求和重要标志。问责制产生的理论逻辑主要有社会契约论、人民主权论、委托代理理论、政治系统论等。马克思主义政党政治的本质特征也是责任制，以马克思主义为指导的无产阶级政权推翻了不负责任的资产阶级政权，"彻底清除了国家等级制，以真正的责任制来代替虚伪的责任制，因为这些勤务员总是在公众监督之下进行工作的"①。从系统论的角度讲，政治系统是由决策系统、执行系统、评价系统、问责系统组成的有机整体，任何子系统的缺失，都会导致整个政治系统的失衡与失灵。"从政治系统理论的视域审视国家廉政建设，体现的是国家廉政责任建构在国家廉政建设整体布局中的动态性和系统性，廉政问责作为政策工具则在推进国家廉政责任体系的正常运转中发挥了至关重要的推进作用。"②

问责的做法实际上贯穿中国共产党创立、发展和壮大的全过程。毛泽东从权力的人民性角度强调问责的重要性，他指出："我们的责任，是向人民负责。"③ 改革开放以后，基于党和国家的任务十分繁重，没有强有力的责任机制难以从根本上推进，邓小平再次把责任制建设摆在十分突出的位置。他指出："失职者要追究责任。"④ 党的十八大以来，习近平总书记从全面从严治党的高度指出责任制在党和国家治理体系中的极端重要性，强调"层层传导压力，层层落实责任"⑤，"有权必有责，用权受监督，失职要问责，违法要追究，保证人民赋予的权力始终用来为人民谋利益"⑥。

---

① 《马克思恩格斯选集》（第3卷），人民出版社2012年版，第98页。
② 胡洪彬：《廉政问责：一个多维理论场域的证明》，《福建行政学院学报》2016年第2期。
③ 《毛泽东选集》（第4卷），人民出版社1991年版，第1128页。
④ 《邓小平文选》（第2卷），人民出版社1994年版，第341页。
⑤ 《习近平关于党风廉政建设和反腐败斗争论述摘编》，中央文献出版社、中国方正出版社2015年版，第116页。
⑥ 《习近平关于党风廉政建设和反腐败斗争论述摘编》，中央文献出版社、中国方正出版社2015年版，第121页。

第三章　机构与职能的整体性配置：监察委员会高效运行的制度基础

2004年9月，党的十六届四中全会在《关于加强党的执政能力建设的决定》中提出强化各级党组织和各级领导干部的责任，"依法实行问责制"，"问责制"概念首次在党的重要文件中得以明确。① 2009年6月，中共中央办公厅、国务院办公厅印发了《关于实行党政领导干部问责的暂行规定》，这是国家层面首部正式使用"问责"用语的党内法规。② 2016年7月，中共中央印发了《中国共产党问责条例》，为党内问责提供了统一而权威的法规依据。这部法规以问题为导向，强调对管党治党中的不作为行为严厉问责；瞄准"关键少数"，强调对"一把手"和班子成员进行问责；遵循纪法分开原则，强调法律问责和纪律问责有序衔接；坚持终身问责，对重大失职失责行为实行终身追究责任。③

问责制落实到党风廉政建设中，最重要的制度是"一案双查"。纪检监察系统首次提出"一案双查"，是在中央纪委十八届三次全会工作报告中，其明确指出："要分清党委（党组）、有关部门和纪委（纪检组）的责任，制定切实可行的责任追究办法，加大问责工作力度，健全责任分解、检查监督、倒查追究的完整链条，有错必究，有责必问。对发生重大腐败案件和不正之风长期滋生蔓延的地方、部门和单位，实行'一案双查'，既要追究当事人责任，又要追究相关领导责任。"④ 过去发生腐败案件，一般只追究当事人的法律责任和行政责任，其他人的责任虽有提及，但很少得到实质性的追究。"一案双查"从腐败案件发生的客观规律出发，除了直接追究当事人的责任，还要对负有领导责任、监督责任的部门和个人予以追究。这样，

---

① 邱曼丽：《建党百年来党内问责制的历史沿革、主要特点及基本经验》，《理论导刊》2021年第5期。
② 邱曼丽：《建党百年来党内问责制的历史沿革、主要特点及基本经验》，《理论导刊》2021年第5期。
③ 邱曼丽：《建党百年来党内问责制的历史沿革、主要特点及基本经验》，《理论导刊》2021年第5期。
④ 王岐山：《聚焦中心任务　创新体制机制　深入推进党风廉政建设和反腐败斗争——在中国共产党第十八届中央纪律检查委员会第三次全体会议上的工作报告》，《人民日报》2014年1月28日。

廉政建设的主体责任和监督责任将会更好地落实，问责更具有科学性、系统性和严格性。党的十八大以来，许多腐败案件贯彻了"一案双查"的原则，在各级领导干部和全社会中产生了广泛的威慑和警示效应。

随着中国共产党的发展壮大，党内问责制度也不断地走向完善，逐步形成有自身特色的制度体系。"党内问责制经过三十多年的发展，随着《问责条例》的颁布逐渐走向成熟，已经形成了以问责主体、对象、内容、范围、方式、程序为基本要素的完整制度架构。"① 当然，在党风廉政建设问责中，"一案双查"也存在一些难以执行的问题。例如，"在追责过程中，由于干部管理权限的特殊规定性，对于上级管理权限的干部，下级纪检监察机关无法实施责任追究；对于已经跨地域或提拔到上级任职的干部，管理权限不在本地本级，案发地无法实施责任追究；有的案件时间跨度长，调查取证难，追责对象不易确定"②。这表明，相关的规定要在实践中不断调整和完善，让"一案双查"达到预期的制度绩效，成为推动党风廉政建设和反腐败斗争的另一把"利剑"。

四　深化机构改革与职能调整：面向未来的顶层设计

国家监察体制改革后，纪检监察机关的机构设置、职能配置等已经进行整体性的重组和重塑。但是，从实际运行来看，有必要对组织机构进行动态调整，进一步突出组织的核心职能，强调层级之间的"双向赋能"，注重职业化、专业化的监察官队伍建设，等等。

（一）组织机构的动态调整：以任务为中心的组织变迁

组织机构的调整，从根本上讲，是组织资源的优化配置过程。不

---

① 谷志军：《党内问责制：历史、构成及其发展》，《社会主义研究》2017年第1期。
② 黄新江：《"一案双查"制度实践中的问题及对策研究》，西南政法大学，硕士学位论文，2017年。

第三章　机构与职能的整体性配置：监察委员会高效运行的制度基础

合理的组织机构设置，使组织内部人、财、物资源与职责和任务分工不匹配，资源短缺的部门不能很好地完成工作任务，资源过剩的部门人浮于事。只有科学合理地配置资源，才能调动各方面的积极性，最大限度地发挥资源配置效益。

组织机构的设置不是一成不变的，而是受多种因素的影响。就纪检监察机关的机构设置而言，必须根据不同时期的工作任务、工作目标等合理地进行调适。国家监察体制改革以后，各级监察机关压缩了行政部门，尽可能地增加业务部门。这是根据工作实际出发进行的大胆改革，得到各方面的充分肯定。在机关内部，行政部门和业务部门的设置时常存在矛盾，行政部门的扩张趋势或许更加明显。此次监察体制改革，各级监察机关把业务部门放在更加突出的位置，强化业务部门的力量，这是形势所需、任务所迫。具体到业务部门，又主要分为执纪监督部门和执纪审查部门两大门类。以先期试点的北京市、浙江省、山西省为例，两大门类的部门数量和比例均有不同。从表3－4中可以看出，北京市执纪监督部门和执纪审查部门数量相同，浙江省执纪监督部门比执纪审查部门多出1个，山西省执纪监督部门占绝大多数。从工作实际来看，党的十八大以来，随着反腐败斗争的深入推进，案件查处任务十分繁重，执纪审查部门承担着大量办案任务，很多办案人员甚至在超负荷运转，承载着巨大的工作压力。因此，在这样的特殊时期，适当增加执纪审查部门的力量，可能更具有现实合理性和正当性。当腐败案件的存量和增量大幅度减少，执纪审查的任务没有那么繁重时，可以适当增加执纪监督部门的力量，使腐败预防、日常监督得到增强。

表3－4　　　　试点地区业务部门设置及其比例

省（市）	执纪监督部门	执纪审查部门	比例
北京市	8	8	1∶1
浙江省	7	6	1.17∶1
山西省	8	2	4∶1

资料来源：根据三省（市）纪检监察机关网站公布数据整理。

平衡二者关系的另一路径是适时设置任务型组织。一般来说，组织人员、组织结构是相对固定的。特别是行政组织，往往按照科层制组织的固有结构运转，确保各项任务在常态化控制下完成。但是，科层制组织的超稳定结构和常态化运转，是建立在社会事务确定性较高、风险较低的前提下的。一旦社会事务的不确定性大大增加、风险明显增强，就需要建立灵活机动的任务型组织加以应对。就监察机关而言，建立相对稳定的执纪监督机构和执纪审查机构，常态化地做好监督、调查和处置工作，这是主要工作任务。随着新的案件、新的任务出现，特别是一些大案要案，需要打破原有的组织结构，建立专案组、工作专班等"任务型组织"。"常规组织和任务型组织是在社会治理活动中时空并行、地位平等地开展合作行动的组织形式，它们共同构成了合作制组织。"① 常规组织是主体，任务型组织是补充，二者之间是合作关系而非竞争关系。组织之间的竞争主要是资源的竞争。常规组织往往以自我为中心，强调自身工作的特殊性和重要性，希望不断扩充组织资源、寻求组织扩张。这也就是许多行政组织不断膨胀，机构臃肿、冗员增加的重要原因。相比之下，"任务型组织以合作和信任为基础去获取资源，保证了它不以控制资源为行为导向，任务型组织在对待组织资源的问题上，所关注的是资源使用的特性，能够使原本就存在于常规组织和社会之中的资源得到更为合理和充分的利用，使其实现价值的最大化"②。在这种角度讲，任务型组织的配置仍然是一种比较经济的方式。根据特定的目标配备相应的资源，目标完成后组织即解散，不会占用多余资源或者造成资源浪费。"任务型组织的临时性特征决定了它不会去储备资源，它所需要的资源是从社会以及常规组织中'即时'获取的，是根据具体的、特定的目的而去获取针对性极强的资源。而且，任务型组织获取资源的目的在

---

① 周军：《官僚制控制体系的失灵与变革——通过任务型组织的建构寻求出路》，《公共管理与政策评论》2015 年第 3 期。

② 张康之、李东：《任务型组织：打破常规组织的资源控制》，《福建行政学院福建经济管理干部学院学报》2008 年第 1 期。

于利用，而不是控制、占有和储存。"① 更何况，在面临重大而紧迫任务的情况下，任务型组织的资源并不一定是从常规组织的既有资源中获取，也可能是上级部门拨付的"预算外资源"。

当然，任务型组织始终只能以一种"必要而有益的补充"形式出现。如果任务型组织过多过滥，势必影响常态组织的运转和日常工作的完成，造成新的管理问题，经过长年的累积，很可能使某方面的问题变得异常突出，又需要建立更多的任务型组织加以应对，从而陷入一种恶性循环。对于规范化、程序化、常态化的权力监督而言，无疑会增加运行成本和管理难度。因此，建立稳定的国家廉政治理体系，始终是国家监察体制改革的根本任务。

（二）组织职能的错位与回归：在强化主业中实现组织目标

反腐机构承担着维护国家政权健康与稳定的重大职责。反腐机构能否正确履职，关系到一个政权的前途和命运。党的十八大以前，由于各种原因，纪检监察机关承担了太多与主责主业不太相关的职能。有些是参加各种议事协调机构，作为成员单位或者牵头单位完成各种各样的任务，有些是直接参与同级党委、政府的中心工作，严重影响党风廉政建设和反腐败斗争的深入开展。基层纪检监察机关事事牵头、样样主抓，县级纪检监察机关要承担县委、县政府中心工作的监督检查、重点项目工作督查、营商环境治理等，而乡镇纪委书记承担着综合治理、信访维稳、宣传、统战、村（社）事务等多种工作。某市纪委工作人员说："十八大前，作为市委班子成员，市纪委书记还分管农业等工作，每天都忙到很晚。他们每晚帮领导召集的会议，都是农口部门同志来参加。时间一长，她都快忘记自己是纪委的人了。"② 监察机关虽然与纪委合署办公，但毕竟是属于政府的内设部门，和其他部门没有本质的差别。"以前监察局是政府职能部门，必

---

① 张康之、李东：《组织资源及任务型组织的资源获取》，《中国行政管理》2007年第2期。
② 石艳红：《"三转"——纪检监察机关合署办公以来的职能之变》，《中国纪检监察》2018年第6期。

然要参与政府的重点工作。"① 党的十八大以后,以习近平同志为核心的党中央十分重视党风廉政建设和反腐败斗争,反腐机构的职能转变随之受到重视并被纳入议事日程。2014 年 1 月,在中国共产党第十八届中央纪律检查委员会第三次全体会议上,王岐山同志指出:"纪检监察机关要转职能、转方式、转作风,明确职责定位,把不该管的工作交还主责部门,做到不越位、不缺位、不错位。"② 从此,"三转"成为各级纪检监察机关工作的"主基调"和"关键词"。中央纪委监察部率先垂范,将参加议事协调机构由 125 个减至 14 个;调整内设机构,取消执法监察室、绩效管理监察室、纠正部门和行业不正之风办公室等,在不增加建制编制的前提下,将纪检监察室从 8 个增加到 12 个,使执纪监督力量占到内设机构人员的 70%。③ 地方纪检监察机关也纷纷将先前参加的 100 多个甚至 200 多个议事机构大幅度裁减下来,确保从纷繁复杂的事务中脱身,真正聚焦主责主业。"三转"是纪检监察机关职能的重新回归,在很大程度上提升了反腐机构的能力与绩效。这些年,各级纪检监察机关持续深化"三转",推动纪检监察工作高质量发展。

但是,不少基层纪检监察机关仍然没有从观念上、从实质上进行转变,自觉或不自觉地参与其他事务,影响基层的廉政建设。究其原因,主要有以下几方面。其一,党委政府的政绩驱动与工作要求。受"压力型体制"的影响,少数基层党委、政府仍然把发展经济当作最为核心的任务,而对党风廉政建设认识不足、重视不够。把纪检监察机关当作普通的工作机构,要求纪检监察机关始终围绕党委、政府的核心工作、重点任务去转。如果纪检监察机关没有自觉地参与中心工作,可能会被认为大局意识不强、工作实绩不突出。甚至有的地方有

---

① 石艳红:《"三转"——纪检监察机关合署办公以来的职能之变》,《中国纪检监察》2018 年第 6 期。

② 王岐山:《聚焦中心任务 创新体制机制 深入推进党风廉政建设和反腐败斗争——在中国共产党第十八届中央纪律检查委员会第三次全体会议上的工作报告》,《人民日报》2014 年 1 月 28 日。

③ 石艳红:《"三转"——纪检监察机关合署办公以来的职能之变》,《中国纪检监察》2018 年第 6 期。

第三章 机构与职能的整体性配置：监察委员会高效运行的制度基础

"家丑不外扬"的错误观念，不希望纪检监察机关揭露本地的腐败现象，做做样子、完成任务就行了。其二，纪检监察机关自身的影响力和权威性。和党委、政府自身的督查室相比，纪检监察机关拥有处分权，享有更高的影响力和权威性。很多急难险重的工作，一般的部门推动不了，一旦纪检监察机关出面，跨部门协调解决了，办事效率解决了，能让领导放心、部门服气、群众满意，纪检监察机关也因此享有较高的成就感、获得感。纪检监察机关越能够解决问题，越能够获得党委政府的信赖，就被分配越来越多的任务，于是形成一种循环效应。其三，纪检监察人员的认识误区与利益考量。"少数纪委领导干部受错误政绩观、权力观的影响，观念跑偏，片面理解'有为才有位'，担心如果专司纪检监察业务，有可能被认为不懂得搞活经济谋发展，慢慢远离权力资源集中的实权岗位，以后交流机会和晋升空间都会受到影响。"① 确实，在现有体制下，纪委接受同级党委的领导，纪委班子成员、纪检监察干部以后的升迁不一定在纪检监察系统，而是需要在本级党委、政府系统中统一考虑和安排。如果没有围绕党委、政府的中心工作作出一些成绩，今后的政治前途可能受到影响。另外，如果只抓党风廉政建设和反腐败，没有深度参与中心工作、重点任务，纪检监察机关在其他部门中的形象和地位比较固定，甚至有些边缘化，这也是相关人员不愿意看到的。在基层政治生态下，谁都希望自己是承担中心工作、处于中心地位的实权部门。

因此，就基层纪检监察机关而言，"三转"是一项长期任务，必须始终加以坚持，并须提供系列的政策和制度保障。其一，要制定基层纪检监察机关"三转"负面清单。基层纪检监察机关哪些事情可以做、哪些事情不需要做；哪些工作与党风廉政建设相关、哪些不相关，许多纪检监察干部并不清楚，也很难把握。因此，上级纪检监察机关要充分总结这些年的"三转"经验，根据基层出现的新情况、新问题，及时地、动态地颁布"三转"负面清单，让基层干部有章可循、有单可依，减少盲目性、被动性和职责扩张冲动。其二，将

---

① 丁永豪：《当前"三转"存在的问题分析》，《中国纪检监察报》2015年1月13日。

"三转"纳入主体责任和监督责任考核范围。基层党委是否支持纪检监察机关"三转",是否存在摊派额外任务、支持力度不够的情况,必须在主体责任考核与评估中作为专门内容得到体现并占相当比重。纪检监察机关自身是否坚守"三转"基本原则,在完成主责主业中的措施和成效,也应纳入履行监督责任的考核范围。对纪检监察机关的考核,也应以上级纪检监察机关为主。这与"纪检监察机关接受同级党委和上级纪检监察机关领导、以上级纪检监察机关领导为主"的规定是一致的。省级纪检监察机关每年至少进行一次全省范围内的"三转"情况调查与评估,并在系统内通报,落实不到位的要限期整改。其三,正确处理参与和监督的关系。"纪委监督执纪问责,监委监督调查处置,监督都是排在首位的职责,处于基础性地位。"① 这里的监督主要是指权力监督,纪委、监委的核心职能就是监督权力的运行,确保公共权力依法、廉洁、规范、高效运行。即使要参与抗洪抢险、疫情防控、扶贫帮困等急难险重任务,纪检监察机关的主要职能仍然是监督各个部门是否正确充分履行职责,是否存在权力滥用、玩忽职守等现象,而不是身体力行、展示纪检监察机关的形象。当然,全员都在参与、上级有要求的重大紧急情况除外。纪检监察机关的核心职能就是党风廉政建设和反腐败斗争,其要树立的形象就是权威专业的反腐机构形象。党和政府、社会各界对纪检监察机关的期待,也就是是否真正履行职责,是否在积极为清廉国家的建设作出贡献。因此,纪检监察机关应尽可能地减少直接参与,而是以监督为主,融参与在监督之中,通过监督体现参与、展现自己的独特优势和地位。换言之,纪检监察机关是专司监督的机关,监督是更好的参与、更重的责任、更大的贡献。

(三)基层组织机构的建设:从"单向吸纳"到"双向赋能"

我国是权力相对集中的单一制国家。中央政府对地方政府、上级政府对下级政府享有领导权和指挥权,下级必须服从上级的领导与指

---

① 傅奎:《持续深化"三转"推动高质量发展》,《中国纪检监察报》2018年8月9日。

第三章　机构与职能的整体性配置：监察委员会高效运行的制度基础

挥。权力相对集中的领导体制，最大的优势是可以集中调度资源，高效率地完成重点项目和重大任务。可以说，这是我国行政管理体制的重要优势之一，在需要集中调度资源、集中优势资源克难攻坚的时期，这一优势表现十分明显，令其他国家望尘莫及。但是，这一体制的缺点是，上级政府容易凭借自身的权力和优势，吸纳下级的优势资源，影响下级的发展。典型的是传统的市管县体制，该体制设立的初衷是让市级政府在统筹城乡发展、区域发展中发挥更好的作用，结果是市级政府利用行政权力吸纳县级资源，做实做强市一级的基础设施和公共服务，削弱县域均衡发展。这也是后来很多地方推行省直管县体制改革的原因之一。

一般的党政部门接受同级党委、政府的领导和上级党政部门的业务指导。国家监察体制改革以后，监察机关不再是政府的内设机构，而是与政府平行设置的权力主体。纪检监察机关接受同级党委和上级纪检监察机关的双重领导，以上级纪检监察机关领导为主。显然，这一领导体制是根据权力监督和反腐败工作的特殊性进行设置的，有利于减少反腐工作中的地方保护主义和其他干扰因素，提升反腐机构的行动能力和制度绩效。也正是有了这种体制，上级纪检监察机关对下级纪检监察机关的领导权和指挥权得以增强，上级的资源吸纳能力也随之提高。调查表明，地方纪检监察机关的"单向吸纳"现象十分突出，上级机关向下级机关抽调人员成为常态。党的十八大以来，随着反腐败斗争的深入推进和党风廉政建设的加强，各级纪检监察机关的破案任务和监督任务大幅度增加。在人手紧缺的情况下，上级机关首先想到的是向下级抽调人员。当然，这样做的好处也是很明显的。就上级机关而言，可以指导、帮助下级机关的人员提高业务能力，提供重要的参与、学习、锻炼机会，增强上下级的交流与协作。就下级机关而言，可以培养业务骨干，提升干部队伍素质，还可以加强与上级机关的联系，便于今后更好地开展工作。但如果人员抽调太频繁、数量太多，对下级机关的影响也是很明显的：下级机关同样任务十分繁重，人员抽调无疑加重了下级负担；抽调的主要还是业务骨干，下级的团队力量遭到削弱；不定期地抽调人员影响下级工作的稳定性和连续性,有些工作甚至被迫中断;从上到下的资源吸纳导致资源分配层层递减,下级特别是基层的廉政建设雪上加霜。

因此,除非大案要案必须抽调人员,上下级之间的人员流动必须进行调整和改革。其一,人员流动要坚持相对平衡原则。上级不能以工作忙为理由,随意从下级抽调人员。上挂和下挂的人员要基本平衡,不能片面地从下级吸纳资源,影响下级的日常工作。其二,要对上下级之间的人员流动进行规范。出台系统内部人员流动的专门规定,对人员流动的条件、程序、数量等进行规范。特别是从县乡纪检监察机关抽调人员,必须在一定的比例范围内进行,不能超出基层纪检监察机关的承受能力。其三,制订科学合理的培养计划和传帮带计划。对于抽调的人员,上级机关不能简单地看作人力资源的应急补充,而应当作人才队伍的实战培养培训。要制订科学的培养计划,切实帮助被抽调者提升业务水平和工作能力。同时,被抽调人员返回单位以后,也要制订传帮带计划,指导帮助本单位、本部门的人员提升业务素养,从而起到抽调一个、带动一片的效果。其四,加强系统内的业务培训,促进业务能力的整体性提升。上级机关要经常性地组织系统内的业务培训,提升业务人员的工作能力和业务水平。这样既可以抵消人员抽调对下级机关的影响,又可以推动整个系统的工作。

(四) 职业监察官队伍的建立:提升组织专业化法治化水平

国家监察体制改革是一项系统工程。建立各级监察委员会、颁布《监察法》只是第一步。组建机构以后,必须考虑人员的依法选任、考评、晋升等问题,这就需要建立监察官法。建立监察官法,既是加快转隶后的人员融合的需要,又是建设专业化、法治化监察队伍的需要,还是维护反腐机构国内国际形象的需要。为了尽快建立监察委员会,检察机关的人员采取了直接转隶的方式。从总体上讲,两部分人员顾全大局,顺利地完成了重组,保障了国家监察体制改革的顺利进行。但是,行政指令不能替代实质性的融合。原来纪检监察系统的人员和检察系统的人员在执纪执法观念、知识专业结构、薪酬待遇等方面存在很大差异。纪检监察机关的人员往往更注重从纪律角度思考解

第三章　机构与职能的整体性配置：监察委员会高效运行的制度基础

决问题，检察机关人员则更注重从法律层面思考解决问题；纪检监察机关人员知识和专业结构各种各样，检察机关人员则有法律专业知识和从业资格；纪检监察机关待遇相对较低，检察机关人员待遇相对较高。这样，两部分人员在思想观念、工作方式、工资待遇等方面的磨合需要经历一个过程。设立统一的监察官制度，可以尽快促进人员融合和工作聚合，推动纪检监察工作高质量发展。从查处的腐败案件来看，腐败行为的隐蔽性、技术性、复杂性越来越高，没有专业化、职业化的反腐人员，很难面对层出不穷、日新月异的新的腐败现象。"随着腐败行为越来越隐蔽、复杂，强化反腐败机构的专业化建设已成为共识。"[1] 反腐工作并非任何人都能胜任，它不仅需要专业化的知识、能力和经验，还需要有职业精神和使命。"建立国家监察官制度是适应反腐败工作新变化，推进监察队伍专业化职业化建设的客观需要。"[2] 国家监察体制改革以前，纪检监察人员并没有特殊的资格要求，队伍的专业化程度较低。国家监察体制改革是为了建立统一、权威、高效的反腐机构，专业化、法治化是新型反腐机构的鲜明底色。"通过制定与《监察法》配套的《监察官法》，将前者的原则性规定具体化，有助于形成系统完备、科学规范的监察法律体系，有利于保障监察官依法独立行使监察权。"[3] 这对提高反腐机构的权威、树立反腐机构的国内国际形象都是十分必要的。

设立监察官制度，首先要解决的是监察官的任职资格问题。"在监察官的任职资格中，存在的一个核心争论点在于是否需要通过国家统一的法律职业资格考试。"[4] 在这点上，学术界争论十分激烈，仁者见仁智者见智。笔者认为，完全参照法官、检察官进行法律职业资

---

[1] 周磊、焦利：《构建中国特色国家监察官制度：背景与建议》，《北京行政学院学报》2019年第3期。
[2] 周磊：《中国监察官制度的构建及路径研究》，《国家行政学院学报》2018年第4期。
[3] 袁钢：《构建中国特色监察官制度：意义、原则与任务》，《武汉科技大学学报》（社会科学版）2020年第5期。
[4] 陈伟：《监察官法制订的现实必要、原则构建及实践问题》，《学术界》2020年第1期。

格考试，未免过于苛刻。虽然监察官也要依法办案，但其所需要的法律知识比较专业，主要是公务员法、刑法、刑事诉讼法等，并没有必要掌握与职务犯罪侦查和审理不太相关的法律知识。同时，监察官的职责不仅在于办案，还要负责监督、腐败预防等工作，后者也是十分重要的工作，不能用法律职业资格以偏概全。监察官和其他公职人员没有两样、完全不需要参加特殊资格考试的观点，又走向了另一个极端。根据监察工作的实际，监察官必须参加统一的资格考试。考试内容既要以相关的法律知识为主体，又要涵盖党纪党规、财务审计、刑事侦查、信息技术、教育心理学等。相关人员取得监察官从业资格以后，通过公务员考录程序，取得正式的监察官身份。通过"双重考试"，既保证了监察官的专业性和权威性，又提高了考试的实用性和针对性。

现在，法官、检察官都实行员额制，监察官是否也需要实行员额制呢？这需要从监察机关和司法机关的性质进行辨别。为了保障司法权的独立公正行使，司法机关实行谁审判、谁负责的原则，实行员额制可以将这个原则落到实处。相比之下，监察机关不是司法机关，而是履行反腐职能的政治机关。监察机关办案坚持集体决策的原则，线索处置、案件调查、案件审理等重要环节都实行集体决策，确保党对反腐败工作的集中统一领导，确保案件处置的法纪效果、社会效果和政治效果的统一。司法权的行使是相对被动的，坚持"不告不理"的原则。监察权的行使不能如此被动，除了要积极主动地介入腐败案件的查处，还要广泛介入腐败预防，协助公共权力机构建立完善权力监督制约机制，教育公共权力行使者恪守廉洁公正的底线。"既然监察权不同于司法权，监察机关不同于司法机关，监察官也就没有必要比照法官、检察官实行员额制。"[①]

不实行员额制，监察官的范围是否会变得更加广泛，具有不断扩张甚至膨胀之势呢？这里的焦点是派驻机构的人员是否纳入监察官之列。从工作的角度来讲，纪检监察机关所有派驻人员都应纳入监察官

---

① 宋振策：《我国监察官制度设计初探》，《廉政文化研究》2020年第3期。

第三章　机构与职能的整体性配置：监察委员会高效运行的制度基础

的范围进行管理。但事实上，派驻机构已经实行全覆盖，除了派驻到机关，还派驻到国有企事业单位。如何对待派驻人员，监察官法草案已有规定。2020年12月，监察官法草案首次提请全国人大常委会会议审议。2021年4月26日，《中华人民共和国监察官法（草案）》提请十三届全国人大常委会第二十八次会议进行第二次审议。4月29日，监察官法草案二审稿在中国人大网公布，面向社会征求意见。[①]在二审稿中，草案将派驻到各级各类机关的人员纳入监察官范畴，"对各级监察委员会派驻到国有企业的监察机构工作人员、监察专员，以及国有企业中其他依法行使监察权的监察机构工作人员的监督管理，参照执行本法有关规定"[②]。考虑到人员流动情况，对于调离纪检监察机关、退休或者其他原因需要终止监察官资格的人员，监察官法规定了退出机制。

[①] 张宝山：《监察官法草案二审：符合深化国家监察体制改革的实践要求》，《中国人大》2021年第9期。

[②] 张宝山：《监察官法草案二审：符合深化国家监察体制改革的实践要求》，《中国人大》2021年第9期。

第四章 权力的整体赋予与权威的整体重塑：建立集中统一的法定专责机关

依法赋予反腐机构必要的权力，是反腐机构充分履行职责的重要条件。世界上著名的反腐机构，都拥有有别于一般执法机关的特殊权力，可以依法对当事人采取强制性措施，其他人员也必须履行配合调查的义务。监察法赋予我国监察机关监督、调查、处置的各项权力，在必须时可以对当事人的人身自由和财产采取限制性措施，保障案件查处的顺利进行。当然，在实践中，也会面临监察机关是否权力过大、监察对象是否覆盖过广、基层监察机关是否应该同权等问题。各级监察机关必须正确处理好权力行使和权利保障的关系、执法程序和执法效率的关系、有形覆盖与有效覆盖的关系等，确保权力始终依法、正确、高效行使，全面完成监察机关的法定职责。

一 权力的依法充分赋予：监察机关的权威重塑

在监察机关的权力赋予方面，我们既要充分吸收其他反腐机构先进的制度成果，又要考虑到我国的具体国情。衡量监察机关权力授予是否适当，最重要的是看其是否符合反腐实践的需要，任何过大或者过小的权力都不利于监察机关的发展，也必将产生新的弊端、破坏法治环境。权力的赋予不是一成不变的，可以根据形势的变化因时制宜进行调整。

第四章　权力的整体赋予与权威的整体重塑：建立集中统一的法定专责机关

（一）符合需要的特殊权力：反腐机构的权威保障[①]

腐败是一种最难以被发现、最难以进行调查和控告的犯罪行为。由于实施腐败行为的犯罪主体拥有实际的权力，有时甚至是比反腐机构大得多的权力，反腐机构很难对犯罪主体形成威慑；受到腐败行为侵害的有些是非特定的对象，受侵害者很难像起诉其他犯罪行为一样起诉腐败行为，从而使很多腐败行为事实上难以被揭发和控告。发达国家或地区赋予反腐机构的特殊权力主要包括：特别调查权、搜查权、冻结财产权、拘捕权等。

发现腐败行为线索后，反腐机构的负责人或者特别调查官可以行使警方才拥有的特别调查权力。经检察官授权后，特别调查官可以调查任何人的任何银行存款、股票存款、购买账目、报销单据或任何其他账目，或在任何银行的任何保险箱，并要求任何人揭发或者交出上述全部或任何材料、账目、文件或者物品。任何人如果拒绝揭发这类材料或者交出这类账目、文件、物品，构成犯罪，依法处以罚款或监禁。在新加坡，如果有人知道相关情报，而不如实报告，或不出示这类账目或文件等物品，则被视为犯罪。其罪名被控告成立，则会受到2000美元以下的罚款，或被判处一年以下的监禁，或两项并罚。[②]

反贪局可以采取任何手段（包括必要时使用武力）对嫌疑人的人身、住所、办公地点及其他可能隐匿赃物的地方进行搜查，夺取或扣押任何有关的文件、物品等。任何人如果拒绝、抵制搜查，妨碍、阻止反贪局行使职权，拒绝提供要求其提供的任何情况，均可视为犯罪。如有必要，反贪部门随时可以依照法定程序申请冻结犯罪嫌疑人的财产。例如，香港廉政公署拥有查阅政府资料权、存款等财产检查权、搜查与检押涉嫌者和要求知情者协助权。[③]

[①]　陈宏彩：《反腐机构绩效制约因素与互动模式：一种解释性分析框架》，《中国行政管理》2013年第11期。

[②]　吕元礼：《新加坡治贪为什么能？》，广东省出版集团、广东人民出版社2011年版，第143页。

[③]　尤光付：《中外监督制度比较》，商务印书馆2003年版，第279页。

反贪部门可以不用逮捕证或者依照法定程序逮捕犯罪嫌疑人以及同罪犯有牵连的人。在逮捕犯罪嫌疑人时，可以对该人犯进行搜查，并扣押从其身上发现的有理由相信是犯罪所得或者其他犯罪证据的物品。在调查期间，如果有足够理由推定犯罪嫌疑人可能离境或者出逃，有权直接扣押或者通过法定程序后扣押嫌疑人的旅行证件。例如，新加坡反贪调查局有获取情报权、不明财产检察权（须由检察官授权）、强行搜查权和直接逮捕权。①

在国际上享有盛誉的议会行政监察专员虽然不是专门的反腐机构，有的只是履行一定的反腐职能，但其拥有强制性的调查权力，这是其权威生成的重要基础。调查权是最能体现行政监察专员的地位和权威的权力。监察专员也只有能够在自己的职责范围内开展强制性的调查活动，才能真正了解事实真相，对申诉案件作出准确的分析和评判。调查主要是因为接到公民的申诉而开展，也可能是因为监察专员从媒体或其他途径了解到某种线索而主动调查，或者是对重点领域和重点部门开展经常性视察活动。各国（地区）对监察专员调查权的规定有所不同。

当接到公民的投诉时，瑞典行政监察专员一般首先要求有关当局提供有关文件，或对投诉事项作出说明与解释。如果仍有疑问，则要求有关人员亲自到场参加由监察专员主持的听证会，或者全面展开调查。在调查过程中，监察专员有权进入任何部门的工作场所，要求任何公职人员予以配合和协助。对监察专员调查中的协助义务同样也及于私人法律主体，例如那些负责检测机动车辆适行性的有限公司。有关当局的全部文件和记录都应当提供给监察专员，即使这些文件和记录是保密的，并且不能以任何其他方式获得。在必要时，监察专员还有权要求警察当局协助其展开调查。当监察专员根据《政府组织法》索要信息与答复时，他有权决定对违反者处以不超过1000瑞典克朗的罚金，并有权决定何时进行处罚。监察专员可以列席法院或公共权力机关的评议会，即使会议是秘密的。他有权查阅上述法院或部门的

---

① 尤光付：《中外监督制度比较》，商务印书馆2003年版，第277页。

第四章 权力的整体赋予与权威的整体重塑：建立集中统一的法定专责机关

会议记录和文件。但监察专员在出席法院或公共权力机关的评议会时，不得发表任何评论。不过，这并不意味着在此审查过程中，监察专员不能就此提出属于其监察职权范围内的事情。除了对特定案件的调查，瑞典行政监察专员可以定期或不定期地视察法院、政府部门、医院、监狱、军事部门，等等。1975年《监察专员法》修订以前，监察专员一般每年要花30天时间进行视察。新的《监察专员指令法》对此没有作出要求，监察专员随时可以视察有关部门，不过在大多数情况下是因为他有理由相信某些部门存在令人不够满意的情形。

同样，在调查过程中，丹麦行政监察专员有权要求有关当局提供他所需要的所有资料和文件，包括草案、内部记录、备忘录、数据库资料等。只要监察专员认为某些文件和资料对案件的处理有重要性，对方就得无条件地提供。丹麦监察专员另一通常的做法是，收到投诉后，要求有关当局提供书面的说明，详细阐明自己作出某种行政行为的法律依据及对其他相关因素的考虑。监察专员还可以要求其他当局，如内阁部长，对某种行政行为的判断标准作出解释，并对某一自由裁量行为是否符合法律精神和是否合理表明态度。监察专员同样也会对申诉案件提出自己的意见供有关当局考虑，必要时就某一申诉案件中的法律问题与有关当局进行直接对话。除了调查申诉案件，监察专员还有权开展直接或主动调查行动（own-initiative projects）。直接调查可能并没有涉及有关当事人的申诉，有时当事人并没有意识到自己已经受到不公正对待，或者意识到不良行政行为的存在，但出于对某些因素的考虑不愿、不敢提出申诉。直接调查使监察专员有机会特别关注公民个体或特定群体的法律保护问题。在决定是否展开调查前，监察专员也会首先听取有直接利害关系的当事人的意见，但并不一定要取得他们的一致同意。监察专员对直接调查的考虑，主要是看其是否涉及人数较多的、非特定个人的法定权益保护问题。同样，监察专员有权视察监狱、法院、精神病医院、儿童福利院等特殊的公共部门，了解这些场所是否为特定人群创造了尽可能好的条件，如膳食状况、供暖状况、室内通风条件、房间大小、隐私保护、活动场所等。在视察过程中，这些特定机构的人员被赋予不受限制的与监察专员谈话和反映情况的机会。

在调查过程中的信息获取方面,芬兰行政监察专员享有和瑞典、丹麦监察专员类似权力。他们能不受限制地获取有关当局的所有文件和记录,即使是仅仅用作内部参考的资料;有权要求被投诉的部门呈递书面说明,要求其上级部门或其他有关当局就某些行为作出说明与评判。所有公共部门和政府官员都有义务协助监察专员履行职责,但私人或私人团体可以没有这种义务。若有必要,他们可以请求地方或省警察局负责人对某一申诉案件展开调查,如果案情重大,还可以请求中央刑事警察局(Central Criminal Investigation Department)的介入。监察专员有权进入所有公共机构或当局的工作场所,参加它们的会议。上到商讨提交总统事项的国务委员会会议,下到基层法院的审判会或者地方自治机构、警察当局、偏僻军营的会议,他们都有权列席。监察专员有权视察监狱、军队等各种封闭式管理的机构。这些视察活动有些是预先列入监察专员工作计划的,有些则是因为掌握了发生某种事件的线索而立即展开的调查。视察一般提前几天时间通知有关当局,但有些情况下并不预先通知。在视察监狱时,通常是有关方面接到通知就已经开始视察。在视察封闭式管理机构的过程中,监察专员有权要求与任何人单独会谈。在视察偏远地区时,通常会安排与公众见面的专门会议,让公众充分表达自己的意见和要求,监察专员也借此机会表明议会赋予监察专员的权力和职责,以及监察专员如何帮助公民维护权益等。

挪威行政监察专员同样有权进入任何行政机关以及在其权力范围内的任何企业的工作场所、办公室和其他房屋,可以要求行政官员和其他在行政机关中服务的人员给他提供履行职责所要求的信息,包括会议记录和其他文件。如果有关当局不予协作,监察专员可以通过法院颁发强制令规定提供信息和提交文件的时限。但是,监察专员不得要求查看有关法律所规定的行政机关的内部备忘录(the internal memorandums)。挪威监察专员调查案件的程序与丹麦监察专员相似但不完全一致。他们也要求有关当局就申诉提供书面解释和说明,并将这些解释反馈给申诉人征求意见。挪威监察专员同样有直接调查的权

第四章　权力的整体赋予与权威的整体重塑：建立集中统一的法定专责机关

力，但使用的频率比丹麦监察专员低。此外，他们也很少视察中央和地方政府机构，除非这种视察是其调查特定案件的必要而有益的补充。

在英国，如果议会行政监察专员认为申诉属于自己的管辖范围而决定实施调查，有关的中央政府部门及申诉书中点名的任何人都拥有就任何申诉书中的指控发表意见的机会，并需要给所有的人发放申诉书副本。监察专员拥有广泛的迫使部长及政府官员提供文件的权力，同时也拥有与英格兰高等法院和苏格兰季审法院相同的强迫证人作证的权力。行政监察专员的调查不受公共利益豁免原则的限制（指为了公共利益而予以保密的原则）。唯一具有特权的文件是那些经内阁秘书鉴定并获得首相同意的涉及内阁及其某一委员会的议事过程的文件。英国行政监察专员调查权力的特别之处在于，他们只能根据当事人的申诉展开调查，并没有直接调查的权力。

除了涉及国防、国家安全或外交方面的机密文件外，法国行政调解专员有权提取和调阅各个部的档案和文件。部长和一切公共机构有义务给予调查提供各种方便，有义务授权所属公务员回答调解专员的问题，出席调解专员的传唤。中国香港地区申诉专员在调查任何行动之前，须将其进行调查的意向通知所涉机构的首长，并可征询其意见。如果在特殊情况下不宜通知所涉机构的首长，则须改为通知政务司司长。除经行政长官以证明书说明可能有损香港的保安、防卫或国际关系，以及经政务司司长以证明书说明可能有损刑事案件的调查或侦察或者未经行政长官同意而披露行政会议的审议内容外，专员可向其认为适当的人获取任何资料、文件或物件，并可作出其认为适当的查询。申诉专员享有广泛的直接调查及视察权。①

（二）复合型监察权力：我国监察权的性质特征

与西方国家三权分立不同，我国实行的是议行合一的政治制度。人民代表大会集中统一掌握国家权力，在国家制度体系中居于核心地

---

① 陈宏彩：《行政监察专员制度比较研究》，学林出版社2009年版，第95页。

位，国家的行政、审判和检察等机关都由人民代表大会产生，并由此开展工作和依法正常运转。也就是说，在我国，立法权、行政权、司法权并非如西方国家那样平级的关系。国家监察体制改革以前，监察机关是政府的一个职能部门，监察权隶属于行政权。国家监察体制改革以后，国家权力结构发生了重大变化，监察权不再隶属于行政权，而是独立出来成为与司法权、行政权、检察权平行的一种权力。监察机关依法独立行使监察权，不受行政机关、司法机关以及任何团体和个人的干涉。监察机关由人民代表大会产生，对人民代表大会负责。

监察法规定，各级监察委员会是行使国家监察职能的专责机关。随着法治反腐的深入推进，在国家监察体制改革以前，很多人误认为，监察机关和司法机关性质相同，监察权严格按照司法权运作。诚然，深入推进反腐败斗争和清廉国家建设，必须坚持依法治权、依法反腐的基本方向，推动法治在腐败预防、腐败惩处中的主导地位。但是，我国是中国共产党领导的社会主义国家，党的领导是社会主义的本质特征。中国共产党是执政党，党员在各个领域、各个层级担任重要领导角色。党的自我净化、自我提升有着自身的特点和规律，我国的国情和其他国家也有着根本不同。政治制度和基本国情决定了我国的反腐机构是在党的统一领导下的机构，监察机关是党的集中统一领导下的专司反腐职能的政治机关，不是司法机关，监察权也不是司法权。完全按照司法权的性质去理解监察权，在理论上和实践上都会出现大的偏差，甚至会产生误导。

各级监察委员会的监察权大体包括日常监督、专门调查和最终处置这三个方面的内容，但这三项内容都同时涵盖了党纪监察、政务监察和刑事监察这三个方面。① 可见，我国的监察权是一种复合型权力。党的纪律监察委员会与监察机关合署办公，共同履行党纪、政务和刑事监察职能。在履行党纪监察职能时，纪检监察机关依照的是党的法规规章；在履行政务监察职能时，依照的是政务处分相关法律法规；在履行刑事监察职能，对职务犯罪行为进行调查时，依照的是宪法和法律，以事实

---

① 陈瑞华：《论国家监察权的性质》，《比较法研究》2019 年第 1 期。

第四章 权力的整体赋予与权威的整体重塑：建立集中统一的法定专责机关

为依据、以法律为准绳。根据监察法的规定，监察机关收集的证据材料在刑事诉讼中具有法律效力。监察机关收集的物证、书证、证人证言、被调查人供述和辩解、视听资料、电子数据等，都必须符合法定的证据标准和要求，并要经得起检察机关和审判机关的审查。因此，虽然不是司法权，但监察权仍需严格按照法律法规的规定来行使，在权力行使中达到法纪效果、政治效果和社会效果的统一。

（三）是否符合反腐需要：我国监察机关的权力设置

监察法赋予监察机关监督、调查、处置的权力。这几种权力已经构成一个闭环，可以使监察机关完成权力监督和腐败预防、处置的各项任务。从监察机关的性质和工作需要来看，调查权是最核心的权力。只有赋予监察机关强制性的、完整的调查权力，它才能冲破各种束缚，依法高效地进行调查，直到将腐败分子绳之以法。

根据监察法的规定，监察机关在调查案件时，可以采取谈话、询问、查询、冻结、搜查、调查、查封、扣押、勘验检查、鉴定等措施，必要时可以对当事人进行留置。这些措施既涉及财产限制，又涉及人身自由限制。在调查一般案件时，这两项措施基本上可以满足调查顺利进行的需要。监察机关需要采取技术调查、通缉、限制出境措施的，经过严格的审批程序，按照有关规定交相关机关执行，而不能由监察机关执行。

技术调查是反腐败斗争中的一项重要措施。随着经济社会的发展，新型腐败现象层出不穷，腐败的隐蔽性、技术性、复杂性日益增加，加上很多腐败分子的反侦查能力愈来愈强，如果不采取先进的技术调查手段，许多腐败案件很可能无法得到及时、有效的查处，影响反腐机构的公信力和政权的合法性。另外，"从刑事诉讼价值层面考虑，技术侦查措施对被追诉人的隐私权及其他权利具有严重的侵犯可能性，如不具备完善的排除制度，将会很大程度上被滥用，进而波及到其他公民，甚至影响社会秩序和司法公信力。"[1]因此，既要赋予

---

[1] 武晓艺：《非法技术侦查证据排除制度的立法完善——兼论监察委员会技术侦查权的界定与运行》，《政法学刊》2019 年第 5 期。

监察机关依法采取技术调查的权力,又要对这一权力进行有效规制。刑事诉讼法在技术侦查措施的适用范围和条件上确立了重罪原则和必要性原则,监察机关是否采取技术调查措施,也应遵循重罪原则和必要性原则,即监察机关调查"涉嫌重大贪污贿赂等职务犯罪"并"根据需要"可以采取技术调查措施。①此外,时机成熟时,可以"建立由检察机关对技术侦查措施进行审查批准的令状制度,可以更好地实现对技术侦查措施的监督"②。

技术调查、通缉、限制出境都属于特殊的措施,监察机关拥有决定权,没有直接的执行权。这些措施都是限制公民权利的较为严厉的措施,依照法律规定由专门的执法机关、依照专门的程序行使,以免造成特殊权力的滥用,侵犯公民的基本权利、影响正常的社会秩序。在反腐实践中,监察机关已经与有关方面建立了紧密的衔接机制,能够保障监察机关的决定得到及时有效的执行。因此,这种制度安排能够满足监察机关查处腐败案件的需要。

二 权力赋予的争议辨析:从留置措施到监察对象

国家监察体制改革依然在探索中前进。尽管已经建立了专门的监察法,但监察机关的权力赋予如何更加合理、权力的边界何在,一直受到各方面的广泛关注,也引起一些讨论和争论。

(一)留置的进步与争议:基于监察权性质的探讨

国家监察体制改革的初衷之一是:破除饱受诟病的"双规"制度,让所有反腐行为在法治的轨道上运行。1994年3月25日中共中央颁布《中国共产党纪律检查机关案件检查工作条例》,其中有"要

---

① 李慧英、吴新明:《"法法衔接"视域下技术侦查措施的适用》,《人民检察》2020年第15期。

② 李慧英、吴新明:《"法法衔接"视域下技术侦查措施的适用》,《人民检察》2020年第15期。

第四章　权力的整体赋予与权威的整体重塑：建立集中统一的法定专责机关

求有关人员在规定的时间、地点就案件所涉及的问题作出说明"（即"双规"）的规定。① 近 20 年来，作为党内监督的特殊手段，"双规"在反腐实践中发挥了重要作用，有力威慑了违法犯罪的党员领导干部。在特定的历史时期，并没有其他措施可以完全替代。但是，"双规"的局限性在于：它是依据党内法规采取的强制性手段，在全面依法治国、全面依法反腐的今天，无法与国家法律紧密衔接；其适用对象主要是党员领导干部，但对非党员腐败分子无法有效适用（后来以"双指"解决此难题）。在实施过程中，由于缺乏严谨的程序性规定，对外也缺乏相应的公开透明程度，侵犯人权甚至导致死亡的事件或有发生，引发社会舆论。

国家监察体制改革后，反腐的法治化出现历史性飞跃。用留置措施替代"双规"，体现了法治的进步。留置是对职务犯罪嫌疑人采取的限制人身自由的措施，必须依照严格的法律程序进行，省级以下的监察机关采取留置措施必须经过上级监察机关审批，省级监察机关采取留置措施必须报国家监察委员会备案。有关方面依法严格保障留置对象的各种权利，坚决杜绝变相侵犯人权的行为和各种可能的事故。但是，也有人担心，"在没有辩护律师参与的调查程序中，调查人员违法取证的可能性大大增加，被调查人的权利无法得到保障，而在权利受到侵犯时也难以获得有效救济的机会。监察机关一旦采取留置措施，既无法接受羁押必要性的审查，也无法及时变更强制措施，这使得留置措施即便被发现遭到滥用，也难以得到纠正和救济的机会"②。

我们认为，留置措施是依法采取的，但不能将其完全等同于刑事拘留。监察机关是履行反腐职能的政治机关，不是一般的司法机关，监察机关的活动没有必要完全比照司法活动进行。腐败案件的查办具有一定的特殊性，如果过早地让律师介入，很可能会泄露相关信息，阻碍案件的办理。腐败案件的嫌疑人主要是具有一定文化程度和法律素养的公职人员，他们具有一定的维权意识和维权能力。即使遭到不

---

① 陈瑞华：《论国家监察权的性质》，《比较法研究》2019 年第 1 期。
② 陈瑞华：《论国家监察权的性质》，《比较法研究》2019 年第 1 期。

公平对待,在正式进入司法程序之后,也可以由辩护律师主张权利。从实践来看,留置措施的采取不是随意决定的,监察机关一定掌握了充分证据,足以让犯罪嫌疑人承担法律责任。在没有具备"充分必要条件"时,这种措施几乎难以启动。当然,随着反腐实践的推进和法律制度的完善,留置措施的规范可以进一步健全,更好地回应社会各界对当事人权利保护的关切。

(二)全覆盖还是部分覆盖:监察对象的合理性分析

国家监察体制改革将所有行使公权力的人纳入监察范围,包括:党政机关公务员以及参照《公务员法》管理的人员;依法授权或者委托管理公共事务的组织中从事公务的人员;国有企业管理人员;公办的教科文卫体等单位中从事管理的人员;基层群众自治性组织中的管理人员;其他依法履行公职的人员。可以说,监察法已经实现了对所有行使公权力的公职人员的监察全覆盖,不管是党员领导干部还是一般公职人员、不管是政府组织还是自治性组织、不管是事业单位人员还是企业单位人员,都在监察机关的监察范围内。

如此广泛的监察范围,监察机关的权力是否过大呢?过去,不同身份的职务犯罪嫌疑人由不同的机关处置,虽然权力得到一定程度的分解,但执法资源分散、领导指挥缺乏统一性和协调性,甚至会出现监管漏洞,部分人员游离于监管之外。国家监察体制改革克服了这些弊端,将所有行使公权力的人员纳入监察范围,确实显示了权力行使的广泛性。只能说,任何事物都是有利有弊的,没有十全十美的改革,也没有一步到位的改革。在当前的情况下,也只能由监察机关统一行使监察权力,全面防控职务犯罪行为的发生。从另一角度讲,职务犯罪行为具有较大的相关性,一个领域的政治生态或者腐败案件,往往牵扯另一个或多个领域。将各个领域统筹监管,也可以整体地、系统地预防和惩处腐败。

如此广泛的监察范围,在社会上是否会造成恐慌呢?国家监察机关的监察对象似乎已经覆盖到所有行使公权力的人,而且涉及各行各业的各级领导干部或公职人员。"无孔不入"的监察范围,确实容易

第四章　权力的整体赋予与权威的整体重塑：建立集中统一的法定专责机关

使受其影响的人心生恐惧。但对所有行使公权力的人形成威慑，造成全面从严治党、全面从严治吏的政治氛围和制度环境，本身就是监察体制改革的初衷之一。但是，在一个法治国家，不能以公民"心生恐惧"来施行管理，必须始终依法处理任何事情，让法治的权威得到彰显、全社会的法治意识全面加强。这就要求监察机关始终坚持法治反腐，依法、规范、严格行使自身权力，坚决制止贪赃枉法、执法犯法的行为发生，让所有公职人员真切感受到监察执法的公开、公平、公正，让全社会自觉遵从监察机关的法治权威。

如此广泛的监察范围，监察机关是否具有足够的履职能力呢？国家监察体制改革以后，监察对象成倍增加，监察机关的工作任务也大幅度增长。对于任何机关而言，这都是一个严峻挑战。从实际情况来看，在高压反腐态势下，许多监察机关每年要调查处置大量腐败案件，来自党政机关的监察任务都已应接不暇。如果以同样的力度将触角延伸到所有公权力领域，无疑会极大地增加监察机关的工作量。如果不进行延伸，又会造成这些领域监管薄弱、腐败现象蔓延，监察机关本身会有失职渎职的嫌疑。因此，在全面遏制主要领域腐败现象的同时，监察机关也应全面提升自身的素质和能力，不断加大对其他领域腐败预防和惩处力度，不辜负人民群众的期待，不违背改革的初衷。

（三）基层监察机关能否同权：权力赋予的层级差异

科层制组织虽然遵循统一的运行逻辑，但顶端、中端和末端的运行总会呈现较大的差异性。顶端主要职能是决策，掌控的资源相对丰富，运行的压力主要体现为决策正确与否。中端的主要职能是执行，掌控的资源适中，运行的压力处于中间状态。越是到了末端，掌控的资源越少、自主空间越小，运行的压力和难度成倍增加。在行政机关，各种任务层层下达到基层，"上面千条线，下面一根针"，基层政府"责任无限大，权力无限小"，在应对形形色色的任务与考核中超负荷运转。

那么，在监察机关中，是否也存在权力运行、资源分配的层级差异呢？这些差异是否也在一定程度上影响基层监察机关的运行呢？虽然监察机关不同于行政机关，但不同层级之间的特性同样是存在的。例如，县级监察机关并没有直接决定留置的权力，一定要呈报上级监察机关审批；县级监察机关也不能设置留置场所，一定要到设区的市一级才能设置。据基层反映，有些案件情况紧急，履行审批程序时，也会遇到各种情况，并不一定能顺利完成。如果审批效率低下，很可能耽误处置时机。乡镇监察办公室都需要有自办案件，但乡镇纪检监察人员的业务素质、各种办案条件、乡镇一级的监察权力等明显与工作要求有较大的差距。

中央、省级监察机关在运用"四种形态"时游刃有余，随时可以根据实际情况给予"断崖式降级"的处分，起到法纪效果、政治效果和社会效果的统一，很好地树立了执法机关的权威和影响力。在基层，领导干部的级别本身就比较低，给予"断崖式降级"，无级可降，无计可施。在缺乏有效惩戒手段的情况下，基层监察机关的处置方式有限，在政策执行中也不可能达到上级所要求的效果，同时也给自身的工作带来挑战。此外，在使用监察手段时，基层也有很多限制。

科层制组织本身就是一个"金字塔"结构，始终面临"权力递减"的问题，让基层监察机关享有同上级监察机关完全相同的权力，这在法理上、实践上都难以实现。监察权的行使对当事人的切身利益造成重大影响，也会在社会上产生很大影响。因此，从严规范监察机关的权力特别是基层监察机关的权力，保障每一次权力的行使合法合理，这是法治反腐的必然要求，也是法治国家的必然要求。解决基层权力矛盾的可能路径，是尽可能地规范上级监察机关的权力行使，使之能与基层监察机关无缝隙对接，提高审批与系统运行效率。在工作部署、考核评估之中，尽可能地考虑基层的实际，不提一些不切实际的工作要求。在法律法规的框架内，适当增加基层的自主性，提高基层自我处置能力。

三 权力行使的动态平衡：基于反腐效能的整体性考察

随着国家监察体制改革的深入推进，监察权的行使备受关注。为了不断巩固和拓展国家监察体制改革的成果，最大限度地将制度优势转化为治理效能，必须站在建立清廉国家、法治国家的高度，全面规范监察权的运行，正确地处理好权力行使与权利保障、有形覆盖与有效覆盖、合法性与有效性等关系。

（一）更加重视维护权利：在权力行使与权利保障中取得平衡

权利是人类文明不可或缺的组成要素。在某种程度上讲，一部人类文明的历史，也就是一部权利进化史。对于权利的概念和起源问题，历代思想家都进行了论述，从柏拉图、亚里士多德、洛克、霍布斯、孟德斯鸠、卢梭、格林到庞德、罗尔斯、德沃金等，可谓仁者见仁、智者见智。马克思主义认为，法权关系是一定的社会经济关系的反映；作为法权关系之一的权利，首先是建立在"需要"基础上的一定的社会利益关系的反映——"任何人如果不同时为了自己的某种需要和为了这种需要的器官而做事，他就什么也不能这样做"[1]；"仅仅是利益把我们大家联系起来"[2]。同时，在马克思看来，人的权利体现在追求"自由的自觉的活动"——"一个种的全部特性、种的类特性就在于生命活动的性质，而人的类特性恰恰就是自由的自觉的活动"[3]。因此，利益、自由意志、行为自由构成权利的三大要素。从这一角度来讲，权利就是由自由意志支配的、以某种利益为目的的一定的行为自由。[4]

从最基本的意义上讲，权利与社会主体作为人的存在紧密相连，

---

[1] 《马克思恩格斯全集》（第3卷），人民出版社1995年版，第286页。
[2] 《马克思恩格斯全集》（第2卷），人民出版社1995年版，第605页。
[3] 《马克思恩格斯全集》（第42卷），人民出版社1995年版，第96页。
[4] 程燎原、王人博：《权利及其救济》，山东人民出版社1998年版，第31页。

权利与人的生命存在具有直接同一性,保障社会主体的权利就是保护社会主体作为一个独立的人的资格。① 耶林指出:"对人类而言,人不但是肉体的生命,同时其精神的生存至关重要,人类精神的生存条件之一即主张权利。人在权利之中方具有精神的生存条件,并依靠权利保护精神的生存条件。若无权利,人将归于牲畜……"② 承诺、重视和兑现公民的权利及权利救济,使公民的"应有权利"、法定权利转化为"实有权利",是政府对社会个体"人之成其为人"的人格尊严和人格权利的进一步承认、尊重和保障,也是作为文明程度较高的社会——社会主义社会存在和发展的必不可少的前提条件。不尊重人的起码人格,不能从道义上、法律上使"人之成其为人",社会文明也无疑是无稽之谈。③

因此,作为清除腐败现象、维护社会公平正义的特殊手段的监察权,在行使过程中始终应把维护权利摆在十分突出的位置。在权力行使的各个阶段、各个环节,都应充分尊重和保障人的基本权利。要通过尊重和保障人的基本权利为所有权力行使者、所有公共组织作出示范,引领全体公职人员在管理和服务过程中真正强化法治意识,严格保障管理和服务对象的人格权、知情权、表达权、参与权和监督权,在全社会营造尊重权利、保障权利的良好氛围,推动整个社会的进步和发展。不但是监察机关,所有执法机关都应成为尊重和保障权利的带头者和示范者,在保障公共权力正确行使的同时,切实维护和保障公民的各种权利。

(二) 更加重视有形覆盖:在重点对象与一般对象中取得平衡

在腐败案件存量与增量仍然高位运行的情况下,监察机关必须把主要精力放在案件查处上,特别是领导干部牵涉的大案要案的查处上。时间久了,给公众造成两种印象:一是监察机关只关注党政机关

---

① 刘旺洪:《权利与权力:行政法的理论逻辑》,《江苏行政学院学报》2001 年第 2 期。
② 耶林:《为权利而斗争》,载《民商法论丛(第 3 卷)》,法律出版社 1995 年版,第 22 页。
③ 陈宏彩:《论权利救济与社会和谐的内在逻辑》,《天津社会科学》2008 年第 1 期。

第四章　权力的整体赋予与权威的整体重塑：建立集中统一的法定专责机关　◇◆◇

的腐败现象，对监察法所规定的教育、科学、文化、卫生、体育、群众自治组织等领域并不会监督；二是监察机关管辖范围太广，能力与职责之间存在一定程度的冲突。

事实上，监察机关也通过定期开展专项治理，对各个领域的腐败现象进行了清理和打击。在医疗卫生领域，针对药品器械销售中的腐败行为、医生收受红包、骗取医保资金等群众反映强烈的问题，监察机关多次开展督查，查处了一大批腐败分子，起到了很好的震慑效应。即使在体育竞赛领域，国家监察机关也有效介入，通过查处腐败案件、下达监察建议、督促整改落实等进一步规范了权力的行使，也起到了正风肃纪、激浊扬清之功效。总体来说，针对群众反映突出的腐败现象和腐败问题，各级监察机关重拳出击，显示了监察机关的反腐能力，让全社会深切地感受到国家监察体制改革的整体成效。

但是，随着经济社会的发展，党风廉政建设中总会出现一些新问题、新现象，一些别有用心的人利用手中的权力获取私利，挖空心思、千方百计。近年来，随着城镇化的迅猛推进，商品房大规模增加，业主委员会、物业公司相互勾结、蚕食业主利益的事件时有发生，有些甚至引发冲突，影响基层政治社会稳定。比较大的小区，公有住房的租赁、广告收入、停车收入、各种设施维修等规模较大，有的业主委员会成员将各种业务直接或间接地让自己的亲朋好友承揽，从中渔利，有的物业公司为了稳定经营权，熟视无睹甚至相互勾结。有的业委会为了垄断权力和利益，坚决反对正规物业公司入驻，引发业主的强烈不满，直到政府部门派驻工作专班。

以上这些说明，监察机关必须依法履行对所有行使公权力的人进行监督的职责，不留死角、不留盲区。任何履职不到位，都会给别有用心的人留下可乘之机，都会给整个公共权力的监管留下漏洞，都会引起人民群众的不满甚至影响社会稳定。对于新的领域、新的腐败现象，监察机关要严厉查处典型案例，并在社会上广为宣传，彻底消除腐败分子的侥幸心理，彻底清除任何领域的害群之马。全领域、全方位履职，为营造风清气正、海晏河清的政治社会环境不懈努力，这是各级监察机关始终要牢记的使命和职责。

（三）更加重视监察效率：在合法性与有效性之间取得平衡

所有行使公权力的机关包括监察机关必须遵循法律规范和法律精神——"法律所建构的制度性框架，为人们执行有关政治、经济、文化等方面的多重任务提供了手段和适当环境，而这些任务则是一个进步的社会为满足其成员的要求而必须予以有效完成的。通过践履上述职能，法律促进潜存于社会体中的极具创造力和生命力的力量流入建设性的渠道；法律也因此证明自己是文明建设中的一个不可或缺的工具"①，"法律并不能直接进行或增进文明大厦的建设；它也不能命令人们成为发明家或发现家，去设计城市建设的新方法，或去创造优秀的音乐作品。然而，通过为人类社会组织确立履行更高任务的条件，法律制度就能够为实现社会中的'美好生活'做出间接贡献"②。

法律规范既有实体性的规范，也有程序性的规范。程序性的规范不仅是规范公共权力的运行，也是为了保障当事人的合法权益。正是行政程序的法律化实现了对公民权利的具体保障。其一，行政程序法更侧重于将宪法、法律，包括行政实体法中所规定的一般公民的各项人身、财产权等转化为含有具体应用内容而可以即时实际操作的权利，例如，对于行政情况的知情权、对于行政活动的参与权、对于行政侵权违法的抗辩诉讼权等。这些主要由行政程序法进行规定的、具有实体性与程序性合一性质的权利，无疑是行政相对人在受治于行政管理之际取得主动、予以抗争的有力武器。其二，行政程序法为行政相对人合法行使权利提供明确、具体、可行的行为导向。在一般情况下，行政相对人只要依照行政程序法所设定的步骤、方式、指示去做，其行为自然会被国家和社会认可，并给予支持和保护。其三，行政程序法从整体上贯穿着"程序上的正当过程"这一精神原则。这一原则在确保行政权力的正当行使、防止政府武断专横、保障公民权

---

① ［美］E. 博登海默：《法理学：法律哲学与法律方法》，邓正来译，中国政法大学出版社 2004 年版，第 408 页。
② ［美］E. 博登海默：《法理学：法律哲学与法律方法》，邓正来译，中国政法大学出版社 2004 年版，第 407 页。

第四章 权力的整体赋予与权威的整体重塑：建立集中统一的法定专责机关

利、维护公平正义方面发挥了巨大作用，具有深远的影响。①

因此，对程序的遵守和执行，虽然会造成一定程度的烦琐，甚至也会在一定程度上影响效率，但总的来说，法定的程序总会有其合理性。它是对正确行使权力、切实维护权利的综合考虑。监察机关违背了法定的程序，必然会影响到权力行使的规范性，也会对当事人权利保护造成冲击。监察机关理应树立"程序自觉"，不折不扣地按照法律法规规定的程序行使权力。即使这样做会在某些时候影响效率，但不侵犯当事人权利、不出现疏漏或错误，本身就是最大的效率或是效益。随意违背程序和规则，短期内的效率提高了，但风险成倍增加。另外，对程序的理解和执行不能过于僵化，不能被过于烦琐、过于苛刻的程序捆住自身的手脚，影响执法效率，导致腐败分子出逃或者案件查处无法进行。在重大而紧急的情况下，应有一些特殊的程序性规定，让执法机关可以在法律框架内享有一定程度的自由裁量权，确保权力依法高效行使。

---

① 张正钊、韩大元：《比较行政法》，中国人民大学出版社1998年版，第565—566页。

第五章　对监察权监督的整体性制度安排：破解"谁来监督监督者"难题

国家监察体制改革使监察机关以崭新的面貌登上历史舞台。社会各界不仅关注监察机关能否在党风廉政建设中发挥更大作用，而且关注其权力扩张后权力监督问题如何解决。在某种意义上讲，能否建立和完善有效的监督机制，切实解决"谁来监督监督者"的难题，关涉国家监察体制改革的成败。加强监察机关权力监督，首先必须破解内部监督的难题，通过自我净化、自我约束降低权力滥用和权力腐败的风险，确保"打铁还需自身硬"。也只有不断完善内部监督机制，并在此基础上建立健全人大监督、司法机关、舆论与社会监督机制，才能树立良好形象，赢得社会各界的信任和支持，开创中国历史上清廉国家建设的新纪元。

一　强化监察机关内部监督：理论逻辑与制度建构[①]

根据权力运行的普遍原理和自身权力的特性，监察机关的内部监督面临众多挑战。为了加强内部监督，有关方面已经建立了以分权制约权力、以民主制约权力、以程序制约权力、以督察制约权力的制度

---

① 陈宏彩：《强化监察机关内部监督的理论逻辑与制度建构》，《河南社会科学》2020年第11期。

第五章　对监察权监督的整体性制度安排：破解"谁来监督监督者"难题

安排。但是，内部权力监督仍然发展不平衡。为此，必须加强巡视巡察力度、提升干部监督室的独立性、严格控制自由裁量权、实行请托事项报告制度等，激发监督活力，改善监督绩效。

（一）权力运行的普遍原理与特殊语境：加强监察机关内部监督的三重逻辑

作为新的历史时期，我国权威、统一、高效的反腐机构——监察委员会被赋予前所未有的权力。然而，监察委员会自身的运行又存在许多特殊的规律和一些相伴相生的特点。根据权力运行的普遍原理与监察委员会运行的特殊语境，必须旗帜鲜明地加强和改善内部监督，确保反腐机构自身的廉洁与公正。

1. 权力愈大愈应受到监督：千古不变的基本经验

权力广泛地存在于人类社会生活的各个方面。按照法定的规则赋予特定机构、特定人群一定的权力，是协调各种利益、维护社会秩序、促进社会发展的需要。但是，权力可以用来行善，也可以用来作恶。"一个人或一个阶级的人，一发现他们手中有权力，这个人的个人利益或这个阶级的独有的利益就在他们的心目中具有更大的重要性。""这就是建立在普遍经验之上的、人们被权力所败坏的普遍规律。"[1]

我们不排除少数自律性强、品性高洁的人能够洁身自好，始终秉公用权、为民谋利。但是，这毕竟要靠极少数人的自觉，而且时常随着权力结构的变化以及人员自身的思想行为的变化而发生较大的改变，具有极大的不稳定性和不确定性。因此，就全体掌握权力的人员而言，我们必须在赋权的同时，严格做好控权工作，不断完善权力监督制衡的制度体系。正如伯恩斯指出的："赋予治理国家的人以巨大的权力是必要的，但是也是危险的。它是如此危险，致使我们不愿只

---

[1] [英] 密尔：《代议制政府》，汪瑄译，商务印书馆1982年版，第96页。

靠投票箱来防止官吏变成暴君。"①

国家监察体制改革以前,反腐机构力量过于分散,体制障碍较多,协调成本较高,运行效率较低。很多本来应该有效预防的领域没有得到有效预防,本来应该得到及时惩处的腐败分子没有得到及时惩处,有些甚至逍遥法外、逍遥境外。为了坚决遏制腐败蔓延的现象,增强反腐机构的权威和效能,必须赋予反腐机构必要而充分的权力。改革之后,原有的体制障碍、法律障碍得到消除,反腐机构拥有了开展工作的充分权力,权威性得到提升,制度优势正在逐步转变成治理效能。但是,反腐机构权力愈大,权力寻租空间随之扩张,自身廉政风险也成倍增加。孟德斯鸠早就告诫人们:"一切有权力的人都容易滥用权力,这是万古不易的一条经验。有权力的人们使用权力一直到遇有界限的地方才休止。"②新加坡贪污调查局、中国香港廉政公署等世界上卓越的反腐机构成功运行的基本经验表明,在改革之初,为了树立反腐机构的权威,彻底扭转腐败态势,必须赋予反腐机构超乎寻常的权力。但是,一旦历史性的拐点出现,反腐机构更加需要在常态化、制度化的轨道运行,自身权力的监督和制约便成为新的历史性课题。

2. 封闭式运转与权力高度集中:监察机关内部监督存在的特殊性

权力监督的规律表明,公开与透明是防止腐败的有效途径。几千年以来,封建统治者为了巩固自身统治,总是想法设法保守秘密,不愿也不敢公开政治活动的真相、统治者骄奢淫逸的生活以及对被统治者残酷的剥削与压榨。现代国家建立以后,公民的地位发生了翻天覆地的变化。但是,执政者为了维护自身利益,也习惯于暗箱操作。特别是那些损公肥私、私欲膨胀的腐败官员,更是在黑暗之中完成各种不可告人的交易。因此,公开政治活动和政府管理的真相,防止各种腐败现象发生,是政治文明建设的永恒主题。在某种程度上讲,一部

---

① [美]詹姆斯·M. 伯恩斯:《美国式民主》,谭君久等译,中国社会科学出版社1993年版,第189页。

② [法]孟德斯鸠:《论法的精神》(上册),张雁深译,商务印书馆1997年版,第154页。

第五章　对监察权监督的整体性制度安排：破解"谁来监督监督者"难题

政治文明史，也就是一部知情权、监督权不断演进的历史。通过尊重和保障公众的知情权、最大限度地公开政务信息以防止权力的腐败与变异，成为政治文明建设的基本规律和当代政治生活的广泛共识。公开与廉洁相伴而行，阳光是最好的"消毒剂"。

由于反腐败工作的特殊性，反腐机构的独立性和保密性有别于其他部门。反腐机构承担着对职务犯罪嫌疑人的侦查惩处工作，需要在一个相对封闭的环境下运行，需要保守工作秘密。不管搜集到的线索是真是假，在深入调查之前，都不能随意泄露。如果线索是假的，泄露了会对当事人造成伤害，影响当事人的正常工作和生活秩序。如果线索是真的，更不能提早泄露，泄露了会使相关人员采取各种反侦查措施，毁灭证据、转移赃款赃物甚至提前逃跑。因此，保密成为纪检监察机关的首要纪律和基本要求。纪检监察机关对外界保持高度警惕，外界也不会轻易接近纪检监察机关。即使在纪检监察机关内部，部门之间、调查组之间，也不得相互打听信息、刺探案情，否则要受到纪律处分。内外交流的缺乏，使纪检监察机关既缺乏其他部门、社会公众的参与和监督，又缺乏内部的相互知情与监督。那些思想防线放松，又面临巨大的利益诱惑的纪检监察干部，很可能蠢蠢欲动，铤而走险。

保密需要切断部门之间、人员之间的非工作所需的信息交流，也需要权力相对集中，权力越集中越能避免信息扩散。此外，办案必须严格遵循法律法规和党的规章，不得对线索随意处置，不得随意扩大调查范围，不得随意使用调查手段，不得随意加重或减轻处罚。因此，整个办案过程和一些关键的决定，必须随时向相关领导报告，从而使纪检监察机关的权力向分管领导、主要负责人集中。据统计，《执纪监督规则》中规定需要纪检机关主要负责人批准或要求向纪检机关主要负责人报告的事项多达十三项，而这些权力原分散于各分管领导或调查组。① 在大多数情况下，分管领导或主要负责人对案件的

---

① 乔虹：《纪检监察机关内部权力监督问题研究》，西北大学，MPA学位论文，2018年。

办理有着重大甚至决定性影响,如果缺乏有效的监督,这些人权力滥用和权力腐败的可能性并非没有。事实上,近几年查处的纪检监察机关内部腐败案件,涉及分管领导或者主要负责人的不乏其数。越是到了基层,权力越是集中,领导对案件的影响和掌控程度越大,腐败的风险也越高。

3. 监督者的优越心理与思维定式:组织文化的长期固化

纪检监察干部长期从事日常监督和案件查处工作,总是以"监督者"的身份思考和行动,很少意识到自己也是"被监督者"。或者说相对"监督者"的角色而言,"被监督者"显得微不足道。监察体制改革后,纪检监察机关是承担反腐职能的唯一机关,纪检监察干部的优越感、"安全感"或许会在更大程度上强化。有些人认为,纪检监察机关才是反腐的专门机关,其他机关无法对反腐机构进行有效监督,谁来查处反腐机构的腐败呢?即使由纪检监察机关自己查处内部的腐败案件,那也不会轻易采取措施,谁愿意自我揭短、家丑外扬呢?还有些人查处案件的经验丰富,从中得到很多启示,反侦查能力很强,认为自己来点"小动作"别人发现不了。组织的优越感、个人的思维方式一旦形成文化,就会在整个组织蔓延,潜移默化地影响组织成员的行为方式。从这种意义上讲,纪检监察机关自身的权力监督要大大难于其他机关,不采取行之有效的措施,不建立、健全相关制度,难免使"反腐者"蜕化成"腐败者"。

(二)监察机关内部监督的制度安排:在相互制约与相互协调中寻求平衡

从国家监察体制改革启动之初起,相关部门就对监察委员会内部权力监督十分重视,并根据权力相互制约、相互协调原理,进行了一系列的制度设计。从总体上看,这些制度设计是科学合理的,运行成效也是比较显著的。

1. 职能分离:以权力分立制约权力

权力的分立与制衡是权力制约的普遍原理和基本规律。西方国家建立了立法、行政、司法"三权分立"的政治制度,这种分立,导

第五章 对监察权监督的整体性制度安排：破解"谁来监督监督者"难题

致效率低下、矛盾和冲突频发，甚至因党派分歧使国家的正常运转和公共利益受到影响。我们坚决反对西方国家的"三权分立"制度，但也结合中国国情，将权力分立制衡原理运用到行政机关内部权力制约之中，建立相互制约、相互协调的内部权力结构和运行机制。就监察委员会内部权力监督而言，这一机制同样有效，或者说是内部权力制约的主要方式。

这一方式的建立，也是对以往纪检监察机关权力制约失范进行反思修正的结果。曾经一段时期，纪检监察机关执纪监督和审查调查由同一部门负责，该部门长期联系某个地区或单位，对该地区（单位）的情况熟悉，便于开展工作。但是，那些别有用心的被监督对象，总是通过各种机会拉拢、腐蚀纪检监察干部，导致腐败案件发生。从2014年开始，有关方面进行大刀阔斧的改革，中央、省、市三级纪检监察机关执纪监督和审查调查权力分立、部门分设。执纪监督部门固定联系某个地区或单位，履行常态化、制度化监督职能，推动负责地区（单位）政治生态的改进与优化。审查调查职能由其他部门承担，具体案件的查办人员不固定、地区不固定，"一次一授权"。这就使办案人员和涉案人员失去日常联系机会，大大减少了权力滥用和利益输送的可能性。

在此基础上，调查权与审理权分立、相互制约。调查组根据既定的方案，对需要了解掌握的涉案人员的情况进行全面侦查，掌握当事人违法犯罪事实，形成调查报告，按程序报批后，将案卷和相关材料移送审理部门。案件审理部门根据国家法律法规和党章规定，对案件的事实、调查的程序、取得的证据等进行全面审查，提出审理意见。对于事实不清、证据不足的案件，退回调查部门重新调查或补充调查。审查调查权和案件审理权分立，既可以有效地防止审查调查部门违反法律程序收集证据，或者对事实的认定存在瑕疵，又可以防止案件审理部门主观臆断或者单方面作出违法决定，二者相互制衡、相互监督。

除了上述关键的两个方面，监察委员会内部线索处置、初步核实、立案调查、案件审理"四个环节"同样形成相互制约而又相互协调的关系。过去，四个环节可能存在分管领导交叉分管的情况，监察体制改革之后，四个环节分别由不同的领导分管，领导之间在分工的基础上协作、在相互制约的基础上彼此协调。从整个制度安排来看，监察委员会内部权力结构合理、边界清晰、制约得当、衔接紧密，符合组织管理现代化、廉洁化的发展方向。

2. 集体决议：以民主机制制约权力

民主集中制是各级领导机关的基本工作制度。在长期实践中，这一制度得到了较好的运行，并取得了显著成效。民主集中制最初的目的是确保重大决策的科学性、民主性和合理性，防止发生决策失误，给党和国家的事业造成损失。随着反腐败斗争的深入推进，民主集中制作为反腐制度安排的重要性日益凸显。少数领导干部出于私人利益的考虑，总是想方设法破坏民主集中制，将个人利益、个人意志凌驾于组织之上，以达到不可告人的目的。从查处的腐败案件来看，许多发生在重要领导岗位的腐败分子往往作风专断、处事霸道，将民主集中制视为摆设、视为儿戏，肆意践踏党的集体领导制度，肆意满足个人不断膨胀的私心和欲望，最终走上违法犯罪道路。因此，必须将民主集中制作为重要的反腐利器来抓，将这一制度具体化、刚性化、法治化，以严格的、真正的、不可变通的集体决策代替个人决策，防止长官意志和个人专权，预防腐败行为轻易得逞或者"披上合法的外衣"。

在监察委员会内部权力监督中，民主集中制同样是一种十分重要的制度安排，体现在线索处置、案件查办、决定形成等重要事项的方方面面。例如，所有问题线索如何处置，不是个人决定，而必须经过集体研究并履行报批程序。案件调查、处置执行等方面的重大问题，包括具体调查方案、重要调查措施的实施等，必须经过纪委常委会议、监委会议集体研究决定，办案人员、领导个人不能私自作出决定。留置措施是涉及人身自由、案件顺利查处的一项非同寻常的措施，留置措施的实施必须遵循严格的制度规定，其中之一就是必须经过领导集体研究决定，并报有关方面批准。即使在具体案件的调查过程中，调查组遇到重要事项也必须经集体研究后履行报批程序。

3. 流程管控：以程序规范制约权力

监察委员会是履行党内监督和国家监察的专责机关。与其他机关不同，纪检监察机关处理的是违纪违法案件，既要注重办案的效率、增强对腐败分子的威慑力，又要严格遵守党内法规和国家法律法规的规定、切实维护当事人的合法权益，更要防止"灯下黑"、防止在反腐案件查处中产生新的腐败案件。因此，必须特别注重案件办理的程序，以程序保证办案的效率和公正，以程序保障监察机关自身的廉洁。"严格依照程序规定开展工作，既有利于增强审查工作的合法性和公正性，也有利于保护受审查人、证人的正当权利。"[①] 此外，如果每起案件的查处都严格依照规定的程序进行，权力滥用、贪赃枉法的可能性就会大大降低，就可以有效地防控纪检监察干部自身的腐败行为。

在案件办理的整个流程中，监察委员会都把严格履行程序作为重要的纪律要求。《中华人民共和国监察法》《中国共产党纪律检查机关监督执纪工作规则》等都对办案流程和程序作出了明确规定。各省市根据工作实际，也出台了《监察业务运行工作规程》以及线索处置、调查措施使用、各类文书使用等具体规定，全方位、全流程的程序控制体系初步形成。

所有问题线索，在处置过程中除了须经集体研究，还须履行报批程序。作出立案决定、处分决定等，也不是各级监察委员会自主进行的，还必须向上级监委和同级党委请示报告。这既是认真落实双重领导体制的需要，也是纪检监察工作全面接受党的统一领导的需要。法律规定的12项调查措施，都有严格规范的运行程序。这些措施分为四级，分别由不同层级的领导签字审批。即使是谈话、询问、查询、调取等一般性调查措施，也必须履行审批程序，不得私自进行。而对于搜查、留置、技术调查、限制出境、通缉等限制性调查措施，除了对实施对象、实施主体、实施条件等的规定更加严格，程序上的规定也严格得多、具体得多，一般人、一般情况下是难以实施的。例如，

---

① 赵煜：《严守程序是法治反腐的必然要求》，《中国纪检监察》2014年第17期。

留置措施除了必须经过本级监委集体研究，还必须经过同级党委批准并报上级监委备案。省监委采取、解除留置措施的，报国家监委备案，市、县监委留置措施的实施与解除，应报上一级监察机关批准，并逐级报省监委备案。通过强化上级的审批监管程序，既确保每起案件的办案质量，又可以减少下级权力滥用和权力腐败的空间。

所有调查活动都涉及文书的流转。文书的管理是否规范、是否有制度漏洞，也对权力的运行产生影响。调查措施涉及的文书，由相关部门统一印制并按照权限下发和使用。重要文书统一编号，适用范围明确，并履行审批、盖章等手续，最大限度地减少自主性和随意性。

4. 专门监督：以专业督察制约权力

在系统内部建立专门的督察机构，这是权力制约的基本规律，在实践中得到广泛运用。不管是司法机关还是行政机关，不管是财政系统还是公安系统，往往采用专门督察的方式控制和规范内部权力的运行，保障系统的廉洁、规范与高效。同样，监察委员会内部也有专司内部监督的机构——干部监督室。

为了加强内部监督，从2014年开始，中央、省、市三级纪检监察机关都建立了干部监督室，基层纪检监察机关也由专人负责内部监督。干部监督室成立以后，在内部监督中发挥了巨大作用，先后清理出一大批徇私舞弊、贪赃枉法的"内鬼"，纯洁、净化了纪检监察干部队伍，维护了纪检监察机关的良好形象。国家监察体制改革以后，纪检监察机关的权力得到进一步扩大，权力滥用和权力腐败的风险也随之增加，干部监督室承担的责任更加重大。

（三）发展不平衡与制度失灵：内部监督的现实困境

虽然监察委员会已经建立内部监督的制度架构，建立、健全了内部监督的程序和机制。但是，仍然存在一些体制机制性矛盾，许多方面的发展也不平衡，直接影响内部监督的效能。

1. 监督形式与监督实质的不平衡性

从形式上讲，《中华人民共和国监察法》以及《中国共产党纪律检查机关监督执纪工作规则》等国家法律、党内法规对纪检监察机关

第五章　对监察权监督的整体性制度安排：破解"谁来监督监督者"难题

如何履行职责作出了明确规定，地方纪检监察机关也根据自身实际，制定了法律法规的具体实施方案。总体上看，这些法规规章已经覆盖了监督、调查、处置工作的各个方面，也涉及线索处置、审查调查、案件审理、案件移送的各个环节，基本上做到纵向到底、横向到边。但是，在实际工作中，是否所有工作都会严格依照既有的规章制度运行呢？即使已经依照规章制度运行了，是否会有实际的监督成效呢？有时也未必如此。譬如，文书的使用有严格的规定，目的是规范监察机关的各种权力，防止权力滥用。但在实际工作中，未必严格遵守了各种规定，或者形式上遵守了规定，但实质性的审查并不到位。越是到基层，这种现象越为突出。① 这就为权力滥用留下了可乘之机。再譬如，为了加强对内部权力的监督和案件质量的管控，分管领导、主要负责人在很多环节必须履行签字手续，表面上已经监督到位。但事实上，这些领导日常事务繁忙，根本没有时间深入实际展开调查，无法对案件的全过程进行充分研判，只是通过文字材料了解基本情况，或者简单地听取相关人员的口头汇报，很快便完成签字程序。如果相关人员在办案过程中夹杂私利，是很容易蒙混过关的。

2. 对下监督与对上监督的不平衡性

在纵向监督体系中，我们往往强调上级机关对下级机关的监督、领导人员对一般人员的监督，而忽略了下级机关对上级机关的监督、一般人员对领导人员的监督。不仅在纪检监察机关是如此，其他机关也是如此。这是权力相对集中导致的制度缺陷之一。为了确保廉洁、高效办案，纪检监察机关内部必须建立权力相对集中的领导体制。大多数情况下，领导集体对案件的调查和处置具有决定性作用，分管领导也发挥着非同寻常的指挥支配作用。加上一般人员的提拔任命、晋级晋升等主要由相关领导决定，下级对上级的监督几乎难以实现。领导人的意志和决定，即使存在不合规、不合理部分，一般工作人员通常也不会提出反对意见。这样，在复杂的人际关系网络中，如果相关

---

① 陆思冰：《权力制衡视域下地方监察委内部权力制约研究》，中共浙江省委党校，MPA学位论文，2019年。

人员围猎领导者，通过领导者对办案人员施加影响力，很容易达到不可告人的目的。事实上，从历年来纪检监察机关发生的腐败案件来看，这种情况不在少数。在缺乏对等监督、双向互动的情况下，领导人员和一般人员、上级和下级处于十分不平等的地位，权力链条中只有指挥和命令，平等协商、坦诚监督成为空谈。有些人甚至对领导人员的违法乱纪视而不见、充耳不闻，直到其陷入万劫不复的深渊。如何完善双向监督机制，让下级可以更好地监督上级、一般人员可以更好地监督领导人员，委实考验决策部门的领导组织能力。

3. 强势部门与一般部门相互制约的不平衡性

在组织内部，往往有强势部门和一般部门之分。强势部门掌握了优势资源，在组织发展中起着关键作用，无形中拥有超出一般部门的影响力和优越感。一般部门只是相对而言的，它们并非可有可无，只不过承担的职能有所差别，比较优势相对缺乏。强势部门和一般部门只有相互配合与支持，组织才能正常运转。因此，在大多数情况下，两者的区分并没有太多的含义，甚至适得其反。在权力制约链条中，任何部门都是组织机器中的一个齿轮，相互咬合、相互牵制、相互赋能。但是，毋庸讳言，强势部门往往凭借自身优势，有意或无意游离监督链条，彰显自身特性，达到自身目的。在纪检监察机关内部，无疑，监督检查部门和审查调查部门是相对强势的部门，它们承担着执纪监督的主要任务，享有专业知识、专业能力带来的"知识性权力"。其他部门往往自觉地辅佐它们的任务执行，有时甚至把权力制约摆在相对次要位置。如果这些部门再以工作效率、特殊任务为借口，缺乏接受监督的行动自觉，其他部门的监督制约更是容易失去作用。即使在审查调查部门与案件审理部门之间，也会出现权力的不对等和监督的不平衡。案件审理部门本来应该充分发挥权力制约功能，对审查调查部门采集的证据、作出的决定等进行认真审查、严格把关，但是，出于长期实践中形成的思维定式，审理部门时常充分尊重审查调查部门的决定，不会提出十分严苛的意见，除非明显有悖于法律法规的规定。

第五章　对监察权监督的整体性制度安排：破解"谁来监督监督者"难题

4. 刚性规定与自由裁量的不平衡性

科层制组织的特征之一是，整个组织按照规章制度运行，每个部门、每个人没有多大的自主性。和传统组织的人格化特征相比，官僚制组织的非人格化管理体现了现代组织的理性精神，克服了组织管理中的人情化因素，提高了组织的运行效率。但是，过于强调制度的刚性，又会造成刻板和僵化，反过来影响组织运行的效率，这就是官僚制组织固有的"效率悖论"。因此，为了提高效率，我们既要建立、健全规章制度，严格按照规章制度办事，又要赋予组织成员一定的自主性和自由裁量权，增强组织的灵活性和适应力。在纪检监察机关中，我们同样制定了一系列的法规和规章，严格规范组织的运行，同时设置了一定的自由裁量权。例如，在线索处置、措施运用、调查取证、定性量纪等方面，虽然也有一系列的实体性、程序性规定，但绝对不可能严密如织、缺乏弹性。这些环节都有自由裁量余地，相关人员可以根据具体情况具体分析。由于存在自由裁量空间，那些经不住诱惑、经不住围猎的人可能避重就轻、化实为虚，办"人情案""关系案"，甚至铤而走险，走上违法犯罪的道路。如何有效地规制自由裁量权，尽可能压缩权力滥用和权力腐败的空间，值得理论界和实践部门认真探讨。

5. 专门监督力量与实践发展要求的不平衡性

在某种程度上讲，干部监督室发挥的作用如何，直接影响纪检监察机关内部监督的质量。作为专司内部监督的部门，干部监督室本来应该发挥强有力的监督作用，充分体现内部督察的权威。但是，在现有体制下，干部监督室的监督也面临重重困难。干部监督室仅仅是各级纪检监察机关内部的一个部门，缺乏应有的独立性。如果铁面无私地、全面彻底地进行监督，得罪了机关的同事，工作人员的年终考核、职务晋级晋升等可能受到影响。干部监督室的人事权、财政权、调查权都掌握在同级机关里，工作的开展受到领导的意志以及人力、财力、物力支持等多种因素的影响。在缺乏独立性的情况下，干部监督室和其他处室实际上是"一家人"，在长期的共同体生活中建立了千丝万缕的联系和相互依赖、相互支持的关系，往往"以信任代替监督",无法摆脱"同体监督"的根本性困境。在衔接机制上,干部监督室也未必能充分彰显专门监督部门的权威。例如,涉及纪检监察干部的问题线索,很多时候由案件监督管理室掌握,然后提交干部监督室;而纪检监察干部个人重大事项报告,也首先由组织部门进行审查,有问题才提交干部监督室处置。① 换句话说,干部监督室通常处于"被动监督"状态,而专门督察部门应该拥有的"主动介入"和"强势干预",并未得到充分而有力的体现。正因为如此,在纪检监察机关内部,干部监督室的权威与自身的地位并不相适应,职能的发挥也与新的社会形势的发展不相适应。

(四)从相互制约到制度创新:完善监察机关内部监督的路径选择

强化纪检监察机关内部监督,既要靠监督制度的完善,又要靠体制机制的创新。在现有制衡机制、制度框架高效运行的前提下,结合域外经验和中国国情,还应做好以下工作。

1. 加强巡视巡察力度:以"定期体检"增强"靶向治疗"

党的十八大以来,我国反腐败斗争取得压倒性胜利的重要经验之一,是我们对原有的巡视巡察制度进行了根本性、革命性变革,充分发挥巡视巡察的"利剑"作用和"扫描"功能,让"包裹森严"的案件线索得以重见天日,让腐败分子"闻巡丧胆"。据权威部门透露,权力机关相互监督、外部力量检举揭发并非案件线索的主要来源,巡视巡察发现的案件线索在所有案件线索中占有相当比重。随着经济社会的发展,腐败案件日益具有复杂性、隐蔽性,特别是那些"树大根深""盘根错节"的腐败案件,靠一般力量往往难以将其挖掘出来。如果没有铁面无私、独立权威的巡视巡察的介入,很多案件恐怕难以浮出水面。巡视巡察取得成功的重要因素是,直接对上级负责、巡视人员和巡视对象不固定、"一次一授权"、直面问题并及时移交问题线索等。

---

① 陆思冰:《权力制衡视域下地方监察委内部权力制约研究》,中共浙江省委党校,MPA 学位论文,2019 年。

第五章　对监察权监督的整体性制度安排：破解"谁来监督监督者"难题

既然巡视巡察已经在实践中取得巨大成功，成为坚不可摧的"反腐利器"和中国特色反腐制度的重要组成部分，我们就要继续巩固和拓展其制度绩效，进一步发挥其在反腐败斗争中的重要作用。纪检监察机关作为巡视巡察的实施机关，更应在内部监督中引入这一制度，将巡视巡察与内部监督有机结合。具体来说，纪检监察机关在执行巡视任务时，在同级党委的领导和部署下，实行"X+1"巡视模式："X"是指接受巡视的下级党委政府，"1"是指同时接受巡视的同级纪检监察机关。将下级党委政府和同级纪检监察机关同时进行巡视，有利于更好地了解当地的政治生态，有利于发现党风廉政建设中的系统性、根源性问题，有利于对廉政建设的主体责任、监督责任等作出更加准确的判断和分析。当然，也有利于加大纪检监察机关内部监督力度，将自我净化、自我革命摆在更加突出的位置。同样，在执行巡察任务的过程中，有关方面也应将针对同级纪检监察机关的巡察一并进行。事实上，部分地区已经开始进行这种探索。十届安徽省委前六轮巡视在对市、县党委进行巡视的同时，一并对同级纪检监察机关开展巡视。为了落实巡视提出的整改建议，省纪委干部监督室会同相关纪检监察室对各地的整改落实情况进行了认真检查，并启动了约谈机制和问责机制，完善相关制度。①

除了进行"X+1"巡视，纪检监察机关应该以同样的决心、同样的力度积极推进内部巡察。重点巡察下级纪检监察机关认真执行法律法规的情况、案件办理质量和廉洁自律的情况。巡察以发现问题、改进工作为主，通过"全面体检"，寻找可能存在的"病灶"，对症下药。要和巡视一样，彻底摸排是否存在腐败案件线索，严肃查处相关责任人员。坚决克服重形式走过场、巡察与否一个样、巡察前后一个样的情况，通过解决问题、惩治腐败、追查责任树立巡察工作在系统内部的震慑效应和权威地位。要根据不同时期、不同单位面临的问题，灵活机动、有的放矢地开展专项督查和不定期抽查，始终让内部

---

① 李雪原、唐莉：《安徽省纪委监委加强监督检查　督促市县纪检监察机关落实巡视整改》，《中国纪检监察报》2019年6月29日。

监督"利剑高悬",让纪检监察干部心存敬畏。为了克服熟人社会、人情社会对内部监督产生的影响,积极探索交叉巡察、提级巡察等新的巡察方式,最大限度地发挥巡察效能。

2. 提升干部监督室的独立性:以体制创新增强监督活力

反腐是对既得利益阶层潜在或现实利益的剥夺过程,注定要遭到既得利益阶层的强烈反对。既得利益阶层通过各种措施,或明或暗地与反腐机构展开针锋相对的斗争。因此,在缺乏独立性的情况下,反腐机构始终难以施展抱负,甚至会沦为权力斗争的牺牲品。此外,在复杂的权力斗争环境中,反腐机构顺利开展工作的前提是它本身必须具有公正性和公信力,不受权力格局、意识形态等因素的影响,不偏不倚地执行国家的法律法规。[①] 独立性是公正性与公信力的重要保障,独立性的缺乏往往带来公正性、公信力的缺失,导致反腐行动遭到质疑、否定或失去支持。

世界上著名的反腐机构,中国香港廉政公署和新加坡贪污调查局,都经历了从内部机构上升为专门机构、从完全不独立到相对独立的过程。这两个机构原来都是警署的内部监督机构,担负着警署内部和整个政府部门的反贪职能。然而,警署本身就是腐败的重灾区,根本缺乏反腐动力。反贪部门与监督对象存在错综复杂的利益关系,反腐行为长期受阻。为了提升反腐机构的成效,有关方面下决心将反腐机构独立出来,斩断它与监督对象的利益关联,从此开创了反腐败斗争的崭新局面。实践证明,不管是专门反腐机构也好,机关内部的腐败防控部门也好,都必须有相对超脱的地位,与监督对象保持一定的距离。

干部监督室是纪检监察机关内部专司反腐职能的机构。由于缺乏相对超脱的地位,内部监督成效大打折扣。特别是它面对的是专门从事反腐败工作的专业干部,职业经验丰富、反监督能力强,如果自身缺乏一定的"杀手锏",其威信和行动能力可想而知。根据国家监察

[①] 陈宏彩:《反腐机构绩效制约因素与互动模式:一种解释性分析框架》,《中国行政管理》2013年第11期。

第五章　对监察权监督的整体性制度安排：破解"谁来监督监督者"难题

体制改革以后内部监督形势的需要，必须对干部监督室的管理体制进行适当改革。这就是，省级以下干部监督室进行垂直管理，人事权、财政权、管理权由省级纪检监察机关统一管理。凡是涉及纪检监察干部的腐败案件，由省级纪检监察机关统一受理和查处，市、县纪检监察机关不再拥有管辖权。通过这一改革，对内可以提升干部监督室的独立性和权威性，铁腕反腐、正风肃纪，切实提高内部监督的战斗力、威慑力和实效性；对外可以树立纪检监察机关"打铁同样自身硬"的良好形象，切实回应"谁来监督监督者"的社会质疑。

3. 严格控制自由裁量权：以制度刚性修补"小微漏洞"

自由裁量权在行政机关比较普遍地存在。法律授予行政机关自由裁量权总是基于一定的目的，其根本目的是让行政机关根据具体情况和个案差异作出不逾越法律的、合理而迅速的选择与判断。因此，它的动因必须符合立法的目的和精神，它应考虑相关因素而对那些非相关因素免于考虑，并且应尽可能地合乎情理、客观、适度而不夹杂任何恶意或偏见。可以说，行政自由裁量权的行使仅仅是为了弥补行政法律与现实社会之间的"裂缝"，即其是一种对既存法律的补充行为。行使这种权力的出发点和归宿，是为了让行政机关更大程度地体现公正、合理等法律的精神实质。①

对于国家监察机关而言，自由裁量权可能包含两个层面：一是在法律法规规定的边界内根据具体情况具体分析，在案件查处和量纪定性中充分体现纪法效果、政治效果和社会效果的统一；二是在监督执纪、审查调查过程中存在不为上级部门掌握和外界知晓的信息，相关人员在缺乏监督的情况下，存在灵活处置甚至违法乱纪的可能性。例如，"有些关键信息可以向上级报送，也可以不报送，有些事项可以办理，也可以不办理，没有明确的量化指标，怎么裁量执行，往往在纪律审查人员的一念之间"②。

---

① 王英津：《论我国的行政自由裁量权及其滥用防范》，《国家行政学院学报》2001年第3期。

② 陈庆华：《J市纪检监察系统纪律审查内控机制研究》，华中科技大学，硕士学位论文，2016年。

不管是哪种类型的自由裁量权,都应该得到严格控制。如果不对自由裁量权加以合理性控制,或者说对自由裁量权放纵,必将使自由裁量权如同一匹脱缰的野马,随时都有逾越边界的危险。① 哈耶克将行政自由裁量权的失控看作法治中的"微小的漏洞",并且告诫人们:"就是那个'微小的漏洞',如若处理不当,它将使'每个人的自由都迟早会丧失'。"② 为了严格控制自由裁量权,监察机关必须在充分调研的基础上,对线索处置、措施运用、调查取证、定性量纪等各个环节、各个方面存在的自由裁量权的正确行使作出明确而具体的规定。必须严格执行集体决议制度和请示报告制度。对于监督执纪、调查审查、案件审理过程中出现的新情况、新问题,必须经过集体研究决定并及时向主管领导报告。私自处理案件线索、越权处理相关事宜,必须严肃追究责任。建立调查组成员之间的相互监督和责任连带机制,对于默许调查组成员违规处理信息或者发现问题不及时报告的调查组成员,同样必须追究相关责任。建立随时抽查、暗访制度,防止相关人员滥用职权。明确处室负责人、分管领导的监督责任,严格执行"一案双查",倒逼相关责任主体恪尽职守、干净担当。

4. 实行请托事项报告制度:以"内外兼控"降低廉政风险

随着政治文明的演进,公共领域和私人领域开始出现分化,界限也逐渐明晰。公共领域是公众共同参与的领域,公共领域的活动关涉公共利益。因此,公共领域是开放式的、公开的,主动接受各方面的监督。公共领域愈是开放,愈能通过协商、对话、沟通达成一致,维护和促进公共利益。与公共领域不同,私人领域是一个相对封闭的领域,只要不违背法律法规和伦理道德,不对其他人的生活造成妨碍,公共权力和其他力量就无法进行干涉。尊重和保护私人领域,实质上是保护公民自主生活的正当权利,特别是保护公民

---

① 陈宏彩:《行政监察专员制度比较研究》,学林出版社2009年版,第53页。
② [英]弗里德利希·冯·哈耶克:《自由秩序原理》,邓正来译,生活·读书·新知三联书店1997年版,第269页。

第五章　对监察权监督的整体性制度安排：破解"谁来监督监督者"难题

的隐私权。

对于普通公众而言，公共领域和私人领域是界限分明的，不存在交叉之处。但是，对于公职人员而言，有时公共领域和私人领域的界限未必十分分明，在私人领域进行的活动，很可能与公共利益相关，甚至因为各种不正当的交易影响公共利益，影响社会的公平与公正。为了防止这种现象的发生，很多国家机构已经适度介入对领导干部的私人领域的监督。纪检监察机关拥有特殊的权力，这些权力甚至关涉某个领导干部的生死存亡。为了达到不可告人的目的，很多别有用心的人想方设法拉拢、腐蚀纪检监察干部。而这些腐蚀行为，时常是在其交际圈、生活圈发生的。因此，对纪检监察干部的"八小时外"进行监督，具有非常特殊的意义。

为了加强"八小时外"的监督，有关方面对纪检监察干部的个人重大事项报告提出了更加严格的要求。事实上，个人重大事项报告也仅仅是事后监督和结果监督，并不能起到非常明显的作用。我们认为，在个人重大事项报告的基础上，应该进行"请托事项"报告。请托案件关照、入学就业、职务晋升、招标投标、项目审批、工程建设等各类事项，只要牵涉潜规则和"灰色地带"，必须如实向组织报告，全方位、全过程接受组织监督。这种做法在清廉国家早有成功实践。例如，新加坡的公务员接受宴请，事先要报告，说明邀请人、地点和原因等。[①] 公务员对自己的日常交往交际活动也必须如实记录，每周将记录本交部门主管检查。如果抽查发现有不实之处，必须接受纪律处分。通过这些过程性、"隐私性"监督，确保公务员绷紧廉洁自律之弦，时刻感受到自己是关在"制度的笼子"之中人。请托事项是腐败行为发生的重要纽带，对请托事项进行监督，既可以有效防止腐败、保护纪检监察干部，又可以让纪检监察干部带头净化政治生态，更好地担当起"护林员"角色。

---

① 侯志山：《外国行政监督制度与著名反腐机构》，北京大学出版社2004年版，第179页。

二 人民代表大会监督：法理基础与制度创设

人民代表大会制度是我国的根本政治制度。加强对监察委员会的监督，必须充分发挥人大监督的作用。人大监督具有全局性、根本性和权威性，是监察体制改革取得成功的重要保障。人大监督的法理基础可以从人民主权的本质要求、权责一致的法治原则和权力监督体系的完整设计等方面得到阐释。人大对监察机关的监督与对"一府两院"的监督既有相同之处也有部分差异，主要监督方式包括听取和审议专项工作报告、组织执法检查、特定问题调查、询问质询罢免等。为了加强和改善人大对监察机关的监督，必须强化各级党委的领导和支持、完善相关法律法规、加强对地方各级人大的指导和监督，还可以尝试在人大监察和司法委员会中设立监察专员制度。

（一）人大监督的法理基础：从权力起源到结构完善

探讨人大监督的法理基础，既要从国家权力起源的一般法理进行分析，又要从监察权力在国家权力结构中的固有特性进行阐释。这样，至少可以从以下几方面解释其正当性原理。

1. 人民主权的本质要求

从"君权神授"的蒙昧政治生活中走出来，人类开始理性思考国家权力的来源问题。自然法理论的代表人物洛克认为，政府用来保护个人财产的立法权和行政权不过是社会个体"让渡"的结果，通过让渡产生公共权力主要是因为它在保护天赋权利或自然权利方面乃是一种比每个人生而拥有的自力救济方法更好的方法。这就是人们据以结合成一个社会的"原始契约"（the original compact）。[①] 卢梭则认为，人民是主权的真正拥有者，政府只不过是代理人，代表人民行使

---

① ［美］乔治·萨拜因：《政治学说史》（下卷），邓正来译，上海人民出版社2010年版，第218页。

第五章　对监察权监督的整体性制度安排：破解"谁来监督监督者"难题

权力。实际上，代议制政府的作用也是非常小的，因为人民的主权从根本上讲是不能被代表的。卢梭的理论带有理想主义色彩，代议制民主虽然无法完全代表全体人民，但在人口众多而无法实行直接民主的社会条件下，只能用代议制民主行使共同体权力，后来的思想家对此进行了充分阐述。

马克思主义认为，国家是一定历史阶段的产物。国家产生的根本目的是调节难以调和的社会冲突和矛盾，维持社会的秩序并促进公共利益。"人民是否有权来为自己建立新的国家制度呢？对这个问题的回答应该是绝对肯定的，因为国家制度如果不再真正表现人民的意志，那它就变成有名无实的东西了。"[①] 在马克思看来，无产阶级革命建立的国家制度就是人民利益、人民意志的代表，通过代表的定期选举和更换可以确保国家制度真正代表人民。

在马克思主义指导下，我国建立了人民民主专政制度。政府官员由人民选举产生，代表人民行使国家权力。宪法规定：中华人民共和国的一切权力属于人民。人民行使国家权力的机关是全国人民代表大会和地方各级人民代表大会。人民依照法律规定，通过各种途径和形式，管理国家事务，管理经济和文化事业，管理社会事务。人民有权对任何国家机关及其工作人员是否依法履职、是否维护和保障广大人民群众的根本利益进行监督。各级监察委员会是我国权力结构中的重要组成部分，监察权是一项影响面广、功能独特的权力。对于这么重大的权力，人民必须行使广泛而真实的监督权，以确保国家监察权的健康运行和政治社会秩序的稳定。各级人民代表大会作为公民监督权的代理机关，在宪法和法律的规定下正确行使监督权力，各级监察委员会必须自觉接受人大的依法监督。

2. 权责一致的法治原则

在法治国家，权力和责任必须一致。权力来自公民的委托，其根本目的不是某个人或某个组织谋取私利的工具，而是履行经济社会管理的职责，服务于人民大众的根本利益。个人或组织履行多大的职

[①] 《马克思恩格斯全集》（第1卷），人民出版社1974年版，第316页。

责，就依法赋予多大的权力；拥有多大的权力，就必须履行多大的职责。权力和职责的匹配与平衡，是组织发展的前提和基础。

各级监察委员会由各级人民代表大会选举产生，这是人民代表大会选举产生国家监察机关的神圣权力。选举权并不是一次使用便宣告结束的权力，同样拥有包含其中的责任担当。本着选举和监督并重、选举权和监督权一致的原则，各级人民代表大会必须对自己选举产生的同级监察委员会进行监督，这是各级人民代表大会应尽的义务，或者说是选举权的题中应有之义。如果人大对自身选举产生的机构和人员不履行监督职责或监督不力，本身是未正确履行职责的失职行为，应该承担相应的政治和行政责任。从这个角度讲，各级监察委员会必须主动接受、配合人大监督，自觉支持人大充分行使职权。

就国家监察机关而言，监察权不仅仅影响到公职人员的切身利益，而且影响到国家反腐成效、政权稳定和社会发展。监察机关拥有对所有行使公权力者的监督权，可以采取系列强制措施包括限制人身自由和查封扣押涉案财产。从国家权力体系来看，监察权是特殊的公共权力，是对公权力进行监督制约的权力。如此重大的权力是否得到正确行使、是否真正履行了与之匹配的职责和义务，不仅仅要依靠党内监督、司法监督、舆论和社会监督，还必须依靠最高权力机关即各级人民代表大会的监督。"我国的人民代表大会制是一种特殊的代议制，其特点就是强调人民代表大会的权力中心地位以及通过人大制度保证国家权力的有效集中。"① 国家权力的有效集中，也包括监督权的集中。人大对国家监察机关行使监督权，是国家根本政治制度的内在要求。

3. 权力监督体系的完整设计

我国的权力监督体系包括党的监督、人大监督、监察监督、审计监督、司法监督、社会监督等。不同类型的监督都有自己的功能和优势，相互补充而又相互促进，共同保障国家权力的平稳运行。对监察机关的监督，主要包括党内监督、人大监督、司法监督、舆论和社会

---

① 董茂云：《人大监督法院的新思路》，《法学杂志》2015年第5期。

第五章　对监察权监督的整体性制度安排：破解"谁来监督监督者"难题

监督等。这些监督同样在监督体系中发挥着各自的功能和作用，相互依存、相互促进、缺一不可。将各级人大对权力机关的监督作为外部问责的手段，由其对监察委员会实施再监督，才能做到真正意义上的监督全覆盖。①

在权力监督体系中，人大监督的特点和功能尤其突出。"人大监督作为国家权力机关的监督，拥有民主性、全局性和权威性等特点。"② 人大监督来自人民的授权，代表人民对监察机关的履职情况和秉公执法进行监督，具有广泛的民主性和极高的权威性。人大监督既可以对重大事项进行监督，又可以对监察机关依照的法律法规进行监督。对法律法规进行合宪性审查，保障监察机关所依据的法律本身符合宪法规定和宪法精神，是人大监督权威性、法律性的重要体现。"宪法规定人民代表大会的监督权力，这是国家权力的政治共性和监察权力的专业特性在宪法中的反映。"③

监察委员会既接受来自法院、检察院的司法监督，又对法院和检察院起着监督制约作用。既然存在相互监督、相互制约关系，一定范围的矛盾和冲突在所难免。即使政府、法院和监察机关之间，在社会主义法治国家建设中，对权力是否合法、合理也会存在一些分歧。在这种情况下，就需要权力监督体系中的另一方，在宪法和法律的框架下，运用法定权力和自身权威，协调矛盾、化解冲突。"监察体制改革之后，地方人大监督将致力于协调'一府一委两院'之间的权力分配，如审查各国家机关制定的规范性文件是否过度赋权，解决'一府一委两院'之间的权力冲突。"④ 可见，从权力监督体系的完整性和国家权力的结构功能来看，人大监督都是必不可少、只能强化不能弱化的监督力量。

---

① 周佑勇：《对监督权的再监督　地方人大监督地方监察委员会的法治路径》，《中外法学》2020年第2期。
② 郭殊、夏秋艳：《宪法政策学视角下国家监察制度与人大监督制度的衔接——以弹劾权配置为中心》，《南京大学学报》（哲学·人文科学·社会科学）2019年第2期。
③ 董茂云：《人大监督法院的新思路》，《法学杂志》2015年第5期。
④ 周佑勇：《对监督权的再监督　地方人大监督地方监察委员会的法治路径》，《中外法学》2020年第2期。

（二）人大监督的内容与方式：从审议报告到询问质询

人大对"一府一委两院"的监督既有相同之处，也有因机构性质不同而产生的部分差异。根据宪法和监察法的规定，各级人民代表大会主要通过以下方式对监察机关进行监督。

1. 听取和审议专项工作报告

每年"两会"时，各级人大要听取和审议政府工作报告，以及法院和检察院的工作报告。为什么人大没有权力听取和审议监察机关的工作报告呢？主要是因为监察机关与党的纪律检查机关合署办公，而且是专门行使反腐职能的政治机关，不是行政机关和司法机关。如果要求监察机关每年向各级人民代表大会作工作报告，在法理上有难以阐释之处，权力关系上也难以完全理顺。这并不代表人大对监察机关的监督是片面的、力度较小的。相反，人大完全可以通过听取和审议专项工作报告的方式，对监察机关进行全方位监督。

专项工作监督是各级人大常委会监督"两院"的主要形式。[①] 针对审判工作、检察工作中存在的告状难、执行难、赔偿难、行刑逼供、超期羁押、错案不纠、司法不公等群众反响强烈的问题，各级人大常委会依法对"两院"进行专项监督，取得了很好的效果。专项工作监督既有很强的针对性、直指要解决的问题，又可以纳入常规工作计划、形成制度化的监督活动，因而可以为各方面所接受。监察机关的工作虽然和法院、检察院有很大的不同，但仍然存在人民群众普遍关心、关注的热点、焦点问题，也是人民代表大会需要了解、把握的问题，可以由人大常委会代表人民启动专项监督方式。专项工作报告、审议意见、审议意见处理情况报告或执行专项工作报告决议情况的报告等，可以依法向社会公开，接受人民群众的监督，从而使人大监督和群众监督有机融合。

根据法律规定，监察机关主要行使监督、调查和处置三项职能。

---

① 李飞、郑淑娜等：《〈中华人民共和国各级人民代表大会常务委员会监督法〉释义及实用指南》，中国民主法制出版社2013年版，第36页。

第五章　对监察权监督的整体性制度安排：破解"谁来监督监督者"难题

人大听取和审议专项工作报告，可以紧紧围绕这三方面展开。在监督方面，对于具有普遍性或苗头性、倾向性，人民群众深恶痛绝的腐败问题，监察机关是否开展了专项治理，效果如何，如何从根源上进行防治，可以进行专项监督。针对形形色色的隐形腐败，监察机关开展了违规房地产交易、投资入股、电子红包、代金券等专项治理行动，这些行动计划及其成效，显然可以纳入专项工作监督范畴，倒逼监察机关掌握主动权、抓早抓小、防微杜渐。在调查方面，人民群众普遍关心的调查措施的运用是否适当、是否存在滥用调查权力现象、是否做到无死角无盲区等，可以由人大常委会开展专项监督。在处置方面，政务处分的执行情况、依法从重或从轻处罚的情况、由案件引发的法律法规完善建议等，可以由人大常委会进行常态化、制度化的专项监督。

2020年8月11日，十三届全国人大常委会第二十一次会议审议了国家监察委员会关于开展反腐败国际追逃追赃工作情况的报告，这是全国人大常委会首次听取和审议国家监委专项工作报告。[①] 这次审议，为各级人大如何加强对本级监察委员会的专项监督提供了样板。此后，许多省级人大常委会听取和审议了本级监察委员会的专项工作报告，主要内容也是集中在反腐败国际追逃追赃方面。

2. 组织执法检查

组织执法检查是各级人大常委会将工作监督和法律监督有机融合的一种非常重要的监督形式，也是人大常委会的主要工作内容之一。在社会主义法治国家建设进程中，所有国家机关包括监察机关都应带头依法行使职权，有法必依、执法必严、违法必究。各级人大常委会应对国家机关是否认真执行国家法律法规进行常态化、制度化检查与监督，推动法治国家的建设。可以说，执法检查是推动法治反腐的有力保障。

国家监察体制改革是一项重大的政治制度改革。这样重大的制度

---

① 张胜军、王卓：《反腐败国际追逃追赃工作成效显著——访全国人大监察和司法委员会主任吴玉良》，《中国纪检监察报》2020年8月12日。

变革，权力结构的调整广泛而深刻，社会关注度高，更加需要加大执法检查力度，检查和监督各级监察机关是否在宪法和法律的框架下积极推动改革、是否严格依法行使职权。同时，为了推动国家监察机关的有效运转以及与司法机关、行政执法机关的有序衔接，还需要不断建立和完善相关的法律法规，执法检查在此方面也能发挥重要作用。"执法检查组在执法检查中发现现行法律需要修改，或者需要制订配套法律，或对地方立法提出指导性建议，都促成了相关法律的建立和完善。"① 执法检查过程也是法制宣传与教育过程。通过开展执法检查并向相关部门、人民群众公开法律法规的实施情况，可以充分彰显国家权力机关推动法治反腐和法治国家建设的决心与信心，促进监察机关增强法律意识、坚守法律底线，动员全社会学法、用法、守法和信法，营造良好的法治建设环境。

为了推动执法检查取得成效，做到"真实监督、有效监督"，必须不断创新监督方式。近年来，各级人大常委会在此方面进行了大胆探索，积累了宝贵经验。"诸如全国人大常委会首次引入第三方评估、加大暗访暗查力度、推进法律知识问卷调查常态化，诸如执法检查与专题询问、立法（前或后）评估、工作评议等多种监督方式相结合。"② 而且，根据多年的实践，"全国人大常委会不断深化对执法检查工作规律的认识，探索形成选题、检查、向人大常委会报告、专题询问、解决问题、听反馈报告'六步曲'环环相扣的有效监督链条"③。这些成熟的经验，完全可以运用到对国家监察机关的执法检查与监督中，使国家监察体制改革始终沿着法治化、规范化、廉洁化的轨道平稳运行。

3. 特定问题调查

特定问题调查权是县级以上人大及其常委会的一项重要职权。一

---

① 崔英楠：《人大执法检查与法律体系的完善》，《中国社会科学院研究生院学报》2011年第6期。

② 王晓、滕修福：《"法律巡视"利剑如何精准出鞘——浅谈地方人大执法检查的"问题导向"》，《宁夏人大》2019年第9期。

③ 田必耀：《新时代人大执法检查重大创新及实施对策研究》，《人大研究》2019年第9期。

第五章　对监察权监督的整体性制度安排：破解"谁来监督监督者"难题

般的问题，由人大专门委员会或者常委会工作机构进行调查即可，只有"特别重大"的问题，经过严格的限定条件和法定程序才能组建特别调查委员会。"据不完全统计，人大特定问题调查权的行使是各级人大及其常委会所有监督方式中使用最少的一种，而且在县、市、省、全国四级人大中的实际运用情况呈逐级递减的态势，越往上实际运用得越少。"①

这并不等于说，特定问题调查权可以弃之不用。由于此项权力的特殊性，必须遵守严格的实体法和程序法的规定。向人大常委会提议组织特定问题调查委员会的主体是法定的，包括两种。一是委员长会议或者主任会议提议。委员长会议或者主任会议的提议，由委员长会议或者主任会议列入常委会会议议程进行审议。二是1/5以上常委会组成人员联名提议。②在必要而充分酝酿的条件下，如果运用得好，可以极大地树立人大监督的法律权威，推动某些顽瘴痼疾的根本性、源头性治理。例如，某个地区、某类腐败现象异常严重，群众反响十分强烈，在其他监督方式效果并不明显的情况下，人大常委会经过法定程序，可以启动特定问题的调查。某个监察机关自身腐败问题非常突出，引起社会的强烈不满，其他监督无法起到应有作用，人大常委会也可以依法启动特别问题的调查。

特别问题调查是对监察机关某类问题、某个现象的执法调查，不能因此干涉监察机关具体案件的查办。人大是否具有个案监督权，历史上曾经出现过争议，也有一定范围的探索。但现在看来，个案监督影响了法院和检察院独立行使审判权与检察权，容易滋生新的腐败。"一般认为，《监督法》否定了理论上质疑不断、实务中曾经广泛推行的个案监督制度，但实务界有人提出了类案监督的建议。"③即使

---

①　曾庆辉：《发挥特定问题调查权在人大监督中的作用》，《中国党政干部论坛》2017年第3期。
②　李飞、郑淑娜等：《〈中华人民共和国各级人民代表大会常务委员会监督法〉释义及实用指南》，中国民主法制出版社2013年版，第132页。
③　涂龙科、姚魏等：《人大监督司法的重点和突破口》，《政治与法律》2013年第5期。

对国家监察机关进行类案监督，也必须在非常必要时进行，防止特别调查权的滥用。

4. 询问、质询、罢免

知情权是监督权得以实现的前提和基础。只有对监察机关的履职情况有比较全面的了解，各级人大常委会才能有的放矢地开展监督。没有充分的知情，人大监督就会停留在表面上，或者只是原则性、形式上的监督，缺少真实性和实效性。和其他国家机关相比，各级监察机关具有相对封闭性和严格的保密性，外部人员很少能够了解到其真实情况，这就给外在监督包括人大监督带来很大的挑战。为了认真履行监督职责，各级人大常委会必须充分运用法定权力，经常性地开展询问，全面、深入地了解相关情况，实事求是地开展评议和监督。除了进行一般性询问，还要积极开展专题询问。"专题询问进一步完善了人大监督工作的方式方法，增强了人大监督工作的力度和实效，成为人大监督工作的一大亮点。"① 专题询问有利于人大常委会对监察机关某方面的情况进行更为系统、更为深入的了解，也有利于双方开展互动和交流，增进了解、达成共识，共同推动党和国家监察事业的发展。

和询问不同，质询的条件非常严格。根据《监督法》的规定：全国人民代表大会常务委员会组成人员十人以上联名，省、自治区、直辖市、自治州、设区的市人民代表大会常务委员会组成人员五人以上联名，县级人民代表大会常务委员会组成人员三人以上联名，可以向常务委员会书面提出对本级人民政府及其部门和人民法院、人民检察院的质询案。对监察机关提出质询案，至少应符合以上规定。对于监察机关存在的不合法或不作为行为，各级人大常委会可以依法提出质询，督促监察机关依法履职、积极作为。

《监察法》规定，地方各级监察委员会由主任、副主任若干人、委员若干人组成，主任由本级人民代表大会选举，副主任、委员由监

---

① 李飞、郑淑娜等：《〈中华人民共和国各级人民代表大会常务委员会监督法〉释义及实用指南》，中国民主法制出版社2013年版，第117页。

第五章　对监察权监督的整体性制度安排：破解"谁来监督监督者"难题

察委员会主任提请本级人民代表大会常务委员会任免。既然监察委员会主任由人民代表大会选举产生，当其没有认真履行职责、存在渎职或者其他严重违法犯罪行为时，人民代表大会就可以依法提出罢免案。1989年5月15日，湖南省七届人大二次会议上，由人大代表提出的对"清理整顿公司不力负有领导责任"的湖南省原副省长杨汇泉罢免案，获得表决通过。该案在当地产生巨大反响，对得过且过、敷衍塞责、不敢担当的领导干部造成极大威慑，在很大程度上改变了当地的政治生态。因此，罢免不是一种政治摆设，在必要时依法启动罢免案，可以督促监察机关负责人奉公守法、忠于职守、担当作为，不辜负党和人民的期望。正如习近平总书记指出的："有权就有责，权责要对等。问责不能感情用事，不能有怜悯之心，要'较真'、'叫板'，发挥震慑效应。"①

（三）推进人大监督的路径选择：从强化领导到制度借鉴

各级监察委员会是新生的国家监察机关，人大对国家监察机关进行监督，也是一项新工作。新工作的发展必须得到各方面的大力支持，必须进行大胆的探索和尝试，不断总结经验、创设制度。

1. 各级党委的大力支持

党的领导是社会主义革命、建设和改革事业取得胜利的政治保障，也是各项工作包括人大监督工作顺利推进的重要保障。党的十八届六中全会指出："各级党委应当支持和保证同级人大、政府、监察机关、司法机关等对国家机关及公职人员依法进行监督。"②

党对人大监督工作的领导主要集中在以下方面。一是贯彻党管干部的原则。监察机关的主要负责人，党委有推荐和考察权。只有经过党委集体讨论和认可的人选，才能成为主要负责人的候选人。二是确定人大监督的路线、方针和政策。人大对监察机关的监督应当遵循怎

---

① 《习近平谈治国理政》（第2卷），外文出版社2017年版，第164页。
② 《中国共产党第十八届中央委员会第六次全体会议公报》，《人民日报》2016年10月28日第1版。

样的方向、坚持怎样的原则、把握怎样的尺度,党委要作出统一的部署。三是对人大监督的计划给予支持。"地方人大常委会每年都向同级党委请示报告年度工作要点草案、年度监督计划草案和重大监督项目设想,党委常委会讨论同意后,再提交人大常委会会议或者主任会议通过。"① 人大提出的监督监察机关的计划,党委要尽力支持,不能因为各种理由削减。对于不周全、力度不大的监督计划,党委要提出指导性意见。四是消除人大监督的疑虑。人大监督的广度和力度,在很大程度上取决于党委的支持力度。人大对"一府两院"的监督,虽然可以依法大胆进行,但有时还是有些疑虑的。"各地人大监督刚性不够,没有有效使用质询、特定问题调查等法定监督方式,主要原因是地方人大常委会有顾虑,怕党委有意见,怕政府有抵触。"② 对监察机关的监督,产生的疑虑或许更多。这是因为,监察机关拥有对所有行使公权力的人员的监督权,监察机关的负责人拥有高于其他人的政治权威。在这种情况下,各级党委特别是党委主要负责人、党委常委的支持尤为重要。党委旗帜鲜明地支持人大依法行使职权,最大限度地消解监督工作可能产生的阻力、压力、误解或指责,可以更好地激发人大的监督动力,保障人大充分履行法律赋予的监督职责。当然,党的支持是政治支持,政治支持必须在法律的框架下进行。党的领导是为了保障法律的贯彻执行,而不是为了凌驾于法律之上或游离于法律之外。

在人大监督中,必须始终处理好党的领导、依法治国和人民当家作主的关系,始终促进国家监察体制改革在党的集中领导下依法有序推进。

2. 完善法律法规

人大对监察机关的监督必须在宪法和法律的框架下进行。为了推动国家监察体制改革,有关方面迅速进行了法律的修订和制定工作。我们先后修改宪法的相关条款,在宪法层面对国家监察体制改革进行

---

① 单文:《关于加强人大监督的思考》,《中国党政干部论坛》2014 年第 9 期。
② 单文:《关于加强人大监督的思考》,《中国党政干部论坛》2014 年第 9 期。

第五章　对监察权监督的整体性制度安排：破解"谁来监督监督者"难题

合宪性确定；修改《刑事诉讼法》《人民检察院组织法》《检察官法》，使转隶工作顺利完成、监察程序和刑事诉讼程序有序衔接；废止《行政监察法》，建立新的《中华人民共和国监察法》；等等。以上法律为人大监督监察机关提供了法律遵循，确保了国家监察机关的顺利运行和人大监督工作的初步开展。

改革不能一蹴而就，立法也不能一蹴而就。有关方面对其他相关法律法规没有及时进行修订，并不是工作迟缓，更主要的是立法的时机不够成熟，改革的经验尚不足以提升到法律法规的高度。随着改革的深入、认识的提高和经验的成熟，其他法律法规会逐步完善起来。

从目前的情况来看，以下几方面的立法工作尤为重要。一是制定《国家监察委员会组织法》。在宪法和《监察法》的基础上，进一步明确监察委员会的权力来源、组织结构、内部机构设置、人员选任资格及选任方式等。[①] 二是制定《国家监察委员会程序法》。法治国家建设要求任何国家机关的权力来源有法律的授权或委托，法无授权即禁止。此外，任何权力的行使必须遵循严格的程序，确保程序上的公平公正，用程序限制和防范公共权力的滥用。制定《国家监察委员会程序法》，就是为了保障监察机关在遵守实体法的同时，严格遵守监察程序，做到程序合法、规范。三是修订《各级人民代表大会常务委员会监督法》。2006年制定的《监督法》指出：各级人民代表大会常务委员会对本级人民政府、人民法院和人民检察院的工作实施监督，促进依法行政、公正司法。监察委员会建立以后，《宪法》和《监察法》已经明确人民代表大会常务委员会对监察机关有监督权。显然，对监察机关的监督应该因时制宜补充进《监督法》中。问题在于，人大对监察机关的监督与对"一府两院"的监督是否完全一致呢？从当前的实践来看，二者是不完全一致的。"一府两院"每年要向人大作工作报告，监察机关没有。既然有所不同，哪些方面相同、哪些方面不同呢？这正是立法的难点，也是相关法律迟迟没有修订的原因之一。当改革进行到一定阶段，各方面达成共识时，必须对《监督

[①] 江国华：《国家监察立法研究》，中国政法大学出版社2018年版，第31页。

法》进行修订完善,明确各级人大常委会可以行使对监察机关的哪些监督权力、各项权力执行的程序怎样。

除了以上立法,如果改革实践中碰到新的问题,有关方面应积极关注,随时考虑修改和完善相关的法律法规,确保各级人大常委会对监察机关进行全面、真实、有效监督。

3. 加强对地方人大履职的指导、培训与监督

人民代表大会制度是我国根本政治制度。人大代表制度能否成功运行,关系到整个社会主义制度的发展和完善。从实践来看,人大履职最难的还是正确、充分行使监督权。虽然权力监督体系中其他监督也能发挥重要作用,但是,人大监督更为重要和关键。"其他的监督如果陷入困境或疲软,人大的监督还可以为它们注入力量,提振它们的监督信心和信念。反之,如果人大监督一蹶不振,则其他监督形式即使有所作为,也会受到影响。因此,人大的监督首先要做到'去形式化',而走向实质主义的监督。"[1]

人大走向"实质主义的监督",除了要不断完善相关的法律,还必须不断提高人大代表的履职能力和监督能力。我国的人大代表基本上是兼职,大家都有自己的正式工作,而且大多数是社会或行业的精英,承担着繁重的工作任务。对于纪检监察的法律法规、运行机制、风险控制以及国家监察体制改革的任务与发展趋势等,一般人很少涉及或掌握。这就要求加大对人大代表的培训力度,让他们具备与履行监督职责相匹配的知识和能力。事实上,"不同级别之间、不同地域之间的地方人大监督的水平参差不齐"[2]。全国人大要制定培训纲要和规划,有计划、有步骤地开展各类业务培训,并对相对薄弱地区加强业务指导和监督。

《中华人民共和国各级人民代表大会常务委员会监督法》第七条规定:"各级人民代表大会常务委员会行使监督职权的情况,向社会

---

[1] 汤维建:《论人大监督司法的价值及其重点转向》,《政治与法律》2013年第5期。
[2] 杨子强:《论人大监督司法的功能结构与模式兼容》,《政治与法律》2013年第5期。

第五章 对监察权监督的整体性制度安排：破解"谁来监督监督者"难题

公开。"人大履行监督职权的情况包括对监察机关的监督，应通过报纸、网络、电视、微信公众号等各种渠道向社会广泛公开，既对被监督者形成激励和约束，又对社会形成动员和教育，营造全社会恪尽职守、秉公守法的良好氛围。

4. 探讨设立监察专员制度

按照国际监察专员协会（International Ombudsman Institute）的解释，行政监察专员（Ombudsman）是"由宪法规定的独立监督行政权力的运行并且不受任何党派政治影响的公共官员。监察专员负责处理公众对政府部门违法行政和不当行政的申诉，享有调查、报告以及对个案处理和行政程序规范的建议权，其权威和影响来自于他（她）是由国家主要的机构，通常是议会或者政府首脑任命，并直接向这些机构汇报工作"[①]。行政监察专员制度已有两百余年的历史，并且在最近几十年内取得了蓬勃的发展，成为许多国家解决和监督公共治理难题的重要制度创新。行政监察专员是由议会选举产生或由行政机关首长任命的高级官员，享有很高的权威性。行政监察专员独立行使职权，不受行政机关、司法机关、党派力量、社会团体、压力集团或其他组织的影响与干涉。即使是议会或行政机关的首长，也不能对行政监察专员的个案处理发表意见或评论，而只能对行政监察专员任期内的整体工作情况表达意见。行政监察专员通常由精通法律知识、具有丰富的法律工作经验或行政管理经验和在社会上享有崇高威望的人士担任，其专业水准和能力得到各方面的广泛认同。[②]

国家监察体制改革之后，我国已在各级人大设立监察与司法委员会。为了加大对监察机关的监督，可以在监察与司法委员会中尝试性地设立监察专员，由精通法律知识和监察业务、社会知名度和美誉度高的专业人士担任该职，负责处理公众对监察机关的投诉、代表人大对监察机关进行监督、对监察机关和司法机关的衔接与协调提出建

[①] Gerald E. Caiden, *International Handbook of the Ombudsman: Evolution and Present Function*, London: Greenwood Press, 1983, p. 13.

[②] 陈宏彩：《行政监察专员制度比较研究》，学林出版社2009年版，第20页。

议，从而提升人大对监察机关监督的专业性、权威性和实效性。有中国特色的社会主义制度并不排斥吸纳世界上先进的制度文明成果，在坚持社会主义基本政治制度的情况下，可以将国外经验和中国国情相结合，在某些领域探讨制度文明成果互相借鉴之道。习近平总书记指出："对丰富多彩的世界，我们应该秉持兼容并蓄的态度，虚心学习他人的好东西，在独立自主的立场上把他人的好东西加以消化吸收，化成我们自己的好东西。"① 在监察与司法委员会中设立监察专员，就是在已有机构设置和制度框架下的改革创新，具有制度的延续性和稳定性，具有兼容并蓄的特点。国家监察体制改革仍然在探索之中，人大对监察机关的监督也在探索之中。在人大设立监察专员对监察机关进行监督，是国家监察体制改革系统推进、深入推进的创新之举。可以在条件相对成熟的省、市先进行试点，适时总结经验，扩大试点范围。通过监察专员制度改进和加强人大对监察机关的监督，必将使人大监督工作出现新气象、新局面，也将推动整个国家权力监督体系的发展和完善。

三 司法与执法机关监督：制度优势与推进原则

如果说法院是司法公正的"最后一道屏障"，那么司法监督则是防止监察委员会权力滥用的最坚固屏障。狭义的司法监督是指检察院和法院的监督，广义的司法监督还包括公安等司法行政机关的监督。司法机关的"三权说"将司法权细化为侦查权（调查权）、检察权和审判权。② 这样，监察委员会的司法监督，主要包括检察院和法院的监督，也包括司法行政机关的监督，《监察法》正是采用广义的"司法权"的界定。司法监督具有其他监督主体所不具有的独特的制度优势，但也面临很多挑战和困境。根据反腐形势的需要和反腐机构运行

---

① 《习近平谈治国理政》（第2卷），外文出版社2017年版，第286页。
② 陈守一、张宏生：《法学基础理论》，北京大学出版社1981年版，第363页。

第五章　对监察权监督的整体性制度安排：破解"谁来监督监督者"难题

的普遍规律，必须坚持衔接与监督并重、与时俱进、法治优先、相互监督等基本原则，以推动强势反腐与法治反腐的同频共振，确保监察委员会和谐稳定可持续发展。

（一）司法监督的制度优势：与其他监督类型的比较

对监察委员会的监督有内部监督、人大监督、舆论与社会监督等。这些监督方式各有各的优势，也都有自己的缺陷和不足。和其他监督相比，司法监督的优势体现在以下方面。

1. 外部监督

监察委员会的内部监督是防止权力滥用和权力腐败的前提与基础。通过内部权力的分工与相互制约，可以增加某个人、某个部门企图谋取个人利益、部门利益的难度，降低权力腐败的风险。这是监督体系中的"第一道屏障"，没有这道屏障，如同滔滔江水没有任何防洪大堤，洪水一泻千里，肆意狂奔，后果不堪设想。将内部监督的圩堤修好，就是把权力滥用的洪水猛兽先期进行驯服与遏制。内部监督的另一优势是，信息渠道畅通、内部情况熟悉。哪些环节、哪些人和事处于"高风险"地带，如何进行有效的防控，系统内部最为熟悉。从这个角度讲，内部监督其实是成本较低、效率较高的监督方式。但是，内部监督也有致命的缺陷，这就是，独立性和公正性的缺乏。组织内部存在千丝万缕的工作联系、生活联系和利益相关性，如果铁面无私、全面彻底地清查内部腐败行为，是否会得罪领导、同事甚至危害自身利益呢？中国自古就有"家丑不外扬"的文化心理，揭露内部的丑陋与黑暗，是否对组织的整体形象造成一定的影响呢？应该说，在中国共产党的坚强领导和纪委监委的高度自觉下，"灯下黑"问题会得到严肃认真的查处。但是，监察委员会并非天然具有"免疫能力"，从事纪检监察的人员也并非都是"天使"，无须任何人的提醒与监督，内部监督也因此时常受到社会的非议与质疑。与之相反，司法监督是独立于监察委员会的外部监督，可以摆脱内部因素的制约与束缚，相对超脱而又客观公正。外部监督愈是强大，愈会倒逼内部监督机制的强化和完善。

2. 专业化监督

马克斯·韦伯认为，专业化是官僚组织的典型特征。正是专业化的分工与协作，使管理成为一项专门职业，大大提高了管理效率和经济社会运行效益。随着治理现代化的日益深入，行政组织专业化程度日益提高，专业知识、专业技能成为从事行政管理的必备条件。国家监察体制改革以后，原属于检察院的反贪污、反渎职职能转隶至各级监察委员会，纪委监委合署办公，承担纪律检查和国家监察的双重职责。工作人员不仅要熟练掌握党的法规规章和各种纪律要求，而且要熟悉国家法律法规；不仅要有政治思维，而且要有法律思维，严格依照实体法和程序法办事。此外，还要熟知政府法定的职责范围和权力运行机制，能够在纷繁复杂的公共管理活动中找到违纪违法的蛛丝马迹。可以说，纪检监察是一项非常专业化、高标准的职业。对于如此专业化的事务和人员，只有用同样专业化的机构和人员才能对其进行监督。和纪检监察机构一样，司法机关聚集了一大批懂法律、懂管理的专门人才，对纪检监察机关的行为是否合法、合理，纪检监察人员是否存在权力腐败和权力滥用行为等能够很快洞察并作出专业化的判断、采取法定的应对措施。这种专业化、职业化、技术含量和经验积累要求非常高的监督，一般部门是难以比拟的。

3. 权威性监督

封建专制统治往往将司法机关作为镇压百姓、维护王（皇）权的暴力工具，司法留给人们的印象是残暴和恐惧，在人们心中有着挥之不去的阴影。现代国家建立以后，代表全体国民利益的宪法得以建立，并在宪法的框架下制定国家和社会管理的法律法规。司法机关是法律的执行者、社会秩序的维护者和国家利益的捍卫者。我国是社会主义国家，在党的领导和法律约束下，司法机构始终对破坏社会主义事业、损害人民利益的敌对分子进行打击，坚决捍卫人民的民主权利和合法利益。司法机关在人民群众心目中享有崇高的威信，得到人民群众的广泛认可和支持。特别是党的十八大以来，以习近平同志为核心的新的领导集体坚持依法治国，建设社会主义法治国家，法治建设产生质的飞跃。在党的坚强领导下，司法机关本着实事求是、有错必

第五章 对监察权监督的整体性制度安排：破解"谁来监督监督者"难题

纠的原则，彻底纠正了一大批冤假错案，在社会上产生极大反响。扫黑除恶斗争无禁区、无死角，有效维护了人民群众的根本利益。人民群众坚决支持司法机关捍卫法律尊严、保障国家安全和人民利益的司法活动，司法机关的权威得到前所未有的提高。国家监察体制改革以后，各级监察委员会拥有的权力大幅度增加，权力监督的任务异常艰巨。由司法机关依法对监察委进行专业化、权威性监督，是民心所向，也是国家治理体系和治理能力现代化的必然要求。司法是社会公正的"坚实屏障"，也是防止监察委权力滥用的最坚固、最可靠的屏障。

4. 制衡性监督

权力的分立与制衡是规范权力运行、防止权力滥用的重要手段，也是廉政建设的普遍共识和基本规律。如果权力主体之间有一种能对对方产生实质性制约、相互抗衡的力量，权力监督绩效则会明显改善。司法监督就是这样一种对抗性力量，可以改变监察委员会明显与法律和事实不相符合的决定。无论检察院还是法院，都以专业化的水平，从维护当事人合法权益、保障法律严格执行的角度，对每一项证据、每件违法犯罪事实进行审查，对各项法律依据进行复核与辨析，确保事实清楚、证据确凿、依据准确、量刑得当，让每起案件都能经得起历史和人民的检验。和笼统的、原则性的监督相比，这种具体性、对抗性、实质性的监督，会对监察委员会产生强有力的制衡监督作用，时刻唤醒相关人员的法纪意识和行动自觉。如果各级监察委员会充分尊重检察院和法院独立行使检察权、审判权，充分理解和配合检察院与法院的监督制衡工作，将会最大限度地保障公平公正，压缩权力任性空间，降低权力滥用和权力腐败的风险。

（二）司法监督的制度安排：从权力分立到程序规范

监察权的司法监督是国家监察体制改革的重要组成部分，从一开始就引起决策层的高度重视和立法部门的广泛讨论，并在制度设计上作出了符合历史和现实的制度安排。具体体现在以下方面。

1. 基于职能分工的监督制约

从柏拉图、亚里士多德、洛克、孟德斯鸠到汉密尔顿，政治思想家一直在探索权力分立的功能与制度设计。现代国家权力结构中，立法、司法、行政承担不同的职能，秉持不同的价值诉求，相互之间的制约能够有效防止腐败，这是思想家的共识。但是，西方国家将这一做法推向极致，推崇"三权分立"，导致相互推诿和效率低下，造成权力运行中的另一种顽症。有中国特色的权力结构和国家制度坚持议行合一的原则，既吸收了权力分立制衡的优点，又克服了"三权分立"的弊端。其实，不但整个国家的权力要进行适当的界分，任何一种权力都应该适当界分而防止过于集中造成的危险。经过多年的探索和实践，我们已经积极倡导在行政机关内部建立决策权、执行权、监督权相互制约而又相互协调的权力结构和运行机制，取得了明显成效。腐败、渎职等职务犯罪行为的查处权是否也应适当分立，建立相互制约而又相互协调的权力结构和运行机制呢？从权力运行的完整链条来看，职务犯罪查处的充分实现由三个环节组成：调查、起诉和审判。如果这三个环节（三种权力）由一个部门完成，等于赋予这个部门为所欲为的权力，其他部门无法参与和监督。即使某个部门同时执行两种权力，也会带来不少争议。国家监察体制改革以前，检察院既拥有贪污腐败、渎职案件的侦查权，又拥有起诉权，侦诉不分，违背了司法公正和权力监督的基本原则。"传统侦诉关系消减了职务犯罪中公诉权对侦查权的监督力度，降低了国家反腐工作的法治水平。"[1] 此次国家监察体制改革，在法律层面确定了监察委的调查权、检察院的起诉权和法院的审判权，三者之间相互衔接而又相互制约，从而彻底理顺了三者之间的关系，有效避免了因权力过于集中导致的各种争议和风险。

2. 基于合法性审查的监督制约

国家监察体制改革旨在建立党的统一领导、权威高效的反腐体制和反腐机构，由此，必须坚持政治效果、法纪效果和社会效果的统

---

[1] 谢登科：《论国家监察体制改革下的侦诉关系》，《学习与探索》2018年第1期。

第五章　对监察权监督的整体性制度安排：破解"谁来监督监督者"难题

一，必须将法治反腐作为重要的手段和发展方向。也只有坚持和实现法治反腐，才能推动整个国家治理的法治化和现代化。司法监督是推动法治反腐、国家进步的有力武器。判定当事人是否犯罪或者罪刑轻重，必须要有经过法定程序收集、得到法律认可的证据。无论是检察院还是法院，对证据的合法性、客观性和关联性审查都是非常严格的。根据《监察法》的规定，检察机关认为证据不符合起诉标准或不构成犯罪或构成犯罪但情节显著轻微，依法作出存疑不起诉或绝对不起诉或相对不起诉决定。① 对于不符合法定程序收集的证据，检察机关可以要求监察机关补正或作出合理解释。在法庭审理阶段，被告人及其辩护人提出非法证据排除申请的，法庭可以组织合议庭对证据的合法性进行调查。在定罪量刑方面，监察机关可以根据调查掌握的情况和当事人的认罪态度提出建议，但最终必须经受检察院的认定和法院的严格审理。这些系统的监督制约措施，倒逼监察机关始终以事实为依据、以法律为准绳，严格按照庭审要求收集、固定、审查和运用证据，最大限度地减少案件调查的主观随意性和可能萌发的各种腐败动机。

3. 基于限制性权力使用的监督制约

《监察法》赋予监察机关采取谈话、讯问、询问、查询、冻结、调取、查封、扣押、搜查、勘验检查、鉴定、留置等十二项调查措施的权力。为了保障调查的顺利进行，监察机关还可以根据需要采取技术调查、限制出境、通缉等措施。从调查效率的角度讲，后三种调查措施完全由监察机关执行效率更高、威慑力更大。但从权力监督制约的角度讲，后三种是非同一般的措施，必须由专门机关经过严格的法定程序执行。技术调查涉及当事人以及其他可能涉及的人员的隐私权利，如果这种措施可以随意进行或大范围使用，必将对公民权利保障造成重大挑战，也会引起整个社会的排斥和恐慌。所以，必须在案件调查确有必要、采用其他措施无法完成调查任务的情况下，经过严格

---

① 本书编写组：《监察与司法有效衔接工作指引》，中国方正出版社2019年版，第11页。

的审批程序，具体明确采取技术调查措施的种类、适用对象和具体期限，由公安机关严格执行。限制出境涉及公民的人身自由，必须由省级以上监察机关批准，交由公安机关执行，而且应有明确具体的期限规定。监察机关决定采取通缉措施的，应当交由公安机关发布通缉令进行追捕。正是这些限制性规定，既保障了监察机关充分行使职权，又依法对监察机关的权力进行了有效的限制与监督。

4. 基于人权保障的监督制约

长期以来，纪检监察机关坚持依法办案、文明办案，尊重和保障当事人的正当权利。即使在实施"双规"措施期间，有关方面也反复强调这一点。国家监察体制改革以后，监察法对权利保障提出了明确具体规定，《中国共产党纪律检查机关监督执纪工作规则》和《监察机关监督执法工作规定》既是对纪检监察机关权力运用的规范，也是对当事人正当权益的具体保障。2018年新修订的《刑事诉讼法》第十九条规定："人民检察院在对诉讼活动实行法律监督中发现的司法工作人员利用职权实施的非法拘禁、刑讯逼供、非法搜查等侵犯公民权利、损害司法公正的犯罪，可以由人民检察院立案侦查。"监察机关属于政治机关而非司法机关，那么，监察机关的人员利用职权严重侵犯公民权利时，检察机关是否可以立案侦查呢？虽然法律暂时没有作出明确规定，但从权力制约的角度讲，应当由检察院进行立案查处和监督比较合适，这也有利于形成相互监督机制，破解因监察权扩张带来的监督制约难题。检察院在无法独立查处时，可以根据情况与监察机关联合查处，至少"对涉嫌以非法方法收集证据的监察工作人员构成犯罪的，有权要求监察机关立案调查"①。

（三）司法监督的现实困境：基于政治生态的分析

从权力结构来看，司法监督是维护监察权力公正运行的最坚固屏障。但是，从我国的政治生态来看，司法监督也会面临一些困境。主要体现在以下方面。

---

① 朱福惠：《论检察机关对监察机关职务犯罪调查的制约》，《法学评论》2018年第3期。

第五章　对监察权监督的整体性制度安排：破解"谁来监督监督者"难题

1. 监察机关政治地位的特殊性

中国共产党是我国的执政党，党的领导地位是在长期的革命、斗争和社会主义建设事业中形成的，得到全国人民衷心拥护并已写入宪法。无论是哪个行业、哪个领域，都离不开党的正确领导。正如习近平总书记指出的，党政军民学，东西南北中，党是领导一切的。① 各级党委是各个地方的权力中心，党委常委会成员是权力中心的决策者和政治资源分配者。如果哪个部门的主要负责人是党委委员，该部门的政治地位就比一般部门高；如果负责人是党委常委，该部门的政治地位则非常突出，或者说大大高于其他部门。地方各级监察机关与纪委合署办公，监委主任兼任纪委书记，担任党委常委。相比之下，同级法院、检察院的负责人并不是党委常委。这就意味着，在政治实践中，监察机关的政治地位要明显高于同级检察院和法院。由政治地位相对较低的司法机关来监督政治地位相对较高的监察机关，总会有一些不对等之处。如果监委主任自觉接受司法机关的监督，日常监督或许没有太大问题。相反，如果监委主任凭借自己的政治地位或明或暗地施加压力，司法监督则会举步维艰。甚至有学者认为，"监察委员会与纪检委的合署办公提高了它的政治地位，造成它在法律上的地位明显高于同级人民法院和人民检察院"②。当然，法律上的地位是平等的，但政治地位确实存在不平等性。在我国现行政治生态下，政治地位高者拥有话语权和决定权，司法机关如果考虑到政治上的劣势，很可能有意或无意地服从监察机关的意志，主动削弱监督职能，包括法律规定的监督职责。这种情况在历史上并非没有出现。曾几何时，社会利益格局出现较大调整，利益冲突增多，群体性事件高发频发。为了维护社会稳定，许多地方的公安厅（局）长兼任党委常委。这一设置大大提高了公安机关的权威性，使得公安机关在案件查处、维护稳定中起着决定性作用。但是，公安厅（局）长以常委的身份协调某些

---

① 习近平：《决胜全面建成小康社会　夺取新时代中国特色社会主义伟大胜利——在中国共产党第十九次全国代表大会上的报告》，人民出版社2017年版，第16页。
② 陈邦达：《推进监察体制改革应当坚持以审判为中心》，《法律科学》（西北政法大学学报）2018年第6期。

案件的审理，使得法院、检察院的部分职能受到削弱，最终导致一些冤假错案的发生。幸亏我们及时吸取了教训，调整了这一做法，很多冤假错案得到纠正，增进了司法公正、民众信任和社会稳定。反腐败是廉洁与腐败的较量，是正义之师与腐败势力之间的坚决斗争。赋予反腐败机构更高的政治地位，是推动反腐败斗争深入开展的重要保障。但是，从权力监督与制约的角度来讲，这一制度安排确实也不同程度地给司法监督造成政治压力和执行难度。

2. 监察机关拥有对监督者的监督权

根据监察法的规定，监察机关拥有对所有行使公权力的人员的监察权，包括法院、检察院等司法机关人员。从法理上讲，监察机关的监督权是对"人"的监督，也就是说主要监督法院系统、检察院系统行使公权力的人是否存在贪赃枉法、行贿受贿、利益输送等腐败渎职行为。至于这些系统的"事"，监察机关是不能干涉的，法院和检察院依法独立行使审判权和检察权，不受行政机关、社会团体和任何个人的干涉。此外，对"人"的监督和对"事"的监督是难以完全割裂和分离的，你中有我，我中有你。监察机关调查司法人员是否存在违法乱纪行为，必须对相关人员的职务行为进行调查。这样，司法机关时时处处会感受到来自监察机关的监督力量。这种无形的影响力既推动司法人员严格依法办案，不去做影响司法公正和公权力正确行使的事情，也使他们对监察机关产生畏惧心理。如果自己在平常的审理诉讼活动中过于严格地对监察机关进行监督，是否会"引火烧身"呢？监察机关是政治机关，拥有政治上、法律上的监督权力，也即对监督者的更大的监督权。与实力明显高于自身的监察机关进行"对抗"，司法机关是否总会感到有些"力不从心"呢？如果监察机关缺乏主动接受监督的意识和自觉，长期以强势机关自居，不容许司法机关对自身的调查行为提出质疑，可能会使职务犯罪案件的查处完全以监察机关的调查为主，法院审理和检察机关的诉讼质量大打折扣。"实际上，由于监察委员会在国家政治权力体系中的较高地位，很容易使职务犯罪刑事诉讼程序产生'侦查中心主义'复苏的风险，从

第五章　对监察权监督的整体性制度安排：破解"谁来监督监督者"难题

而导致对'以审判为中心'诉讼制度改革成果的冲击与消减。"① "侦查中心主义"是历史上曾经出现过的公安机关过于强势的产物，"在以往的刑事案件侦查与诉讼中，公检法之间或多或少存在'配合有余，制约不足'的问题，特别是审判程序难以发挥对其他程序的制约作用，往往成为对侦查案卷的书面确认"。② 为了推动法治国家的建设，必须厘清公、检、法之间的权责关系，使三者在权力结构中处于更加平衡的状态。在职务犯罪案件查处中，既要赋予监察机关强有力的权力，又要保障法院和检察院的监督全面、真实、有效。当监察机关在许多方面处于优势地位并对监督者拥有监督权时，司法机关自然面临监督悖论：如果未能认真履行监督职责，可能会因监督缺位遭受政治问责、舆论谴责和道义自责；如果原原本本甚至积极主动彰显监督角色，严格的制衡行为或许也会遭到来自监察机关的否定、质疑甚至"反击"。

3. 监察委权力运行的高度自主性封闭性

国家监察体制改革以前，反腐主体呈多元化态势，纪检监察机关、检察院、公安机关等都拥有腐败案件查处的权力，导致多头行动、资源分散、效率低下。国家监察体制改革彻底改变了这种局面，建立了党的集中统一领导下的权威、高效的反腐机构，反腐败斗争实现了历史性、实质性飞跃。但是，高效的领导体制也会产生新的弊端，其中之一是监察机关的自主性和封闭性更加得到强化。由于监察机关在腐败案件查处中处于主导地位、拥有决定性权力，以司法监督、社会监督等为主的外部监督作用难以发挥。根据监察法规定，腐败案件线索在向同级党委报告的同时，必须向上级监察机关报告，案件查处以上级监察机关为主。在同级党委中，信息是相对封闭的。而在监察机关自身运行中，信息更加封闭。是否查处某个人、查处到何种程度，在接受同级党委和上级监委的双重领导同时，监察机关事实

---

① 谢登科：《论国家监察体制改革下的侦诉关系》，《学习与探索》2018年第1期。
② 陈邦达：《推进监察体制改革应当坚持以审判为中心》，《法律科学》（西北政法大学学报）2018年第6期。

上拥有较大的自主权。即使接受检察机关、法院、公安机关的制约与监督，监察机关的自主空间仍然在某种程度上存在。"如果监察机关不愿意移送腐败犯罪案件，而是直接以问责、政务处分代之，检察机关也难以进行有效的制约。《监察法》在赋予监察机关极大的'职务犯罪预处置权'的同时，没有建立起有效的监督制约机制，为监察机关滥用权力埋下了法治隐患。"①

（四）与时俱进与法治优先：司法监督应坚持的基本原则

为了推动廉政治理体系和治理能力的现代化，必须把司法监督摆在十分突出的位置。从廉政建设的客观规律和反腐机构发展的经验来看，司法监督应坚持以下原则。

1. 衔接与监督并重的原则

自从国家监察体制改革启动以来，法法衔接和法法监督成为学界讨论的热点和焦点问题之一，也是改革实践中的难点和堵点之一。在二者关系的处理上，必须坚持衔接与监督并重的原则。国家监察体制改革涉及国家权力结构、权力监督体系的重大调整，由此产生许多新生的改革难题。不管是公安机关、法院还是检察院，要在中央的统一部署下，大力配合支持监察机关的工作，保障各项工作的顺利开展。目前，我们已经很好地解决了技术侦查、案件移转、证据采集与运用等方面的衔接工作，监察机关与司法机关衔接紧密、沟通顺畅，提高了腐败案件的查处效率。但是，许多具体性、程序性、效率性问题仍然需要解决。例如，监察机关请求公安机关采取特殊侦查手段或其他强制措施时，虽然有原则性的规定与协作机制，但内部审批程序有时过于烦琐；对于需要补充侦查的案件，监察机关和检察院的职责尚未完全明晰；重大疑难案件协商协作机制有待进一步完善；等等。我们必须从全面深化改革、建设清廉国家的大局出发，主动服从、服务于国家监察体制改革的需要，把各项工作衔接更好。事实上，随着改革的深入，各方有了更多的磨合和经验，衔接也会更加顺畅。在大力做

---

① 刘艳红：《〈监察法〉与其他规范衔接的基本问题研究》，《法学论坛》2019 年第 1 期。

第五章　对监察权监督的整体性制度安排：破解"谁来监督监督者"难题

好衔接工作的同时，必须始终高度重视权力的监督与制约工作，绝对不能顾此失彼、畸轻畸重。如果衔接工作不到位，改革无法深入推进；如果监督工作不到位，改革同样遭受挫折。从实践来看，司法监督存在许多薄弱环节。例如，对于特殊侦查手段和强制措施的运用，公安机关理当予以协作。但是，"国家监察法对公安机关的职能'强配合，轻制约'，以公安机关配合监委会的调查活动为主，程序衔接中并未体现公安机关对监委会调查权的牵制功能"[①]。检察院具有丰富的查办职务犯罪案件的历史经验，完成转隶后，不再履行职务犯罪预防、惩处职能，但是否对职务犯罪案件查处的监督应当加强呢？"职务犯罪的立案权已转隶至监察委，但对于'应立而不立''不当立而立'等立案权滥用的情形却没有赋予检察机关介入监督的空间。"[②] 在非法证据的排除、留置措施的运用等方面，同样需要加强检察机关的监督。只有让司法机关的监督职能真正发挥作用，才能确保国家监察体制改革沿着正确的方向健康、稳定、有序地推进。

2. 与时俱进原则

司法监督必须随着反腐工作的深入开展、法律法规制度的完善、政治社会条件的变化调整监督职能和方式。当腐败异常严重、民怨沸腾甚至威胁到政党的执政地位时，"不仅要建立专门的反腐机构，而且必须授予反腐机构更完善的调查能力和强硬的执法能力（a better investigative capacity and strong law enforcement force），这才是反腐成功的关键"[③]。国家监察体制改革初期，司法机关必须把配合监察机关的工作摆在首位，让新型的反腐机构尽快权威、高效运转，尽快扭转腐败多发高发的态势。这不仅是现阶段监察体制改革的需要，在反腐经验比较成熟的香港地区，当初也是这样，廉政公署被赋予巨大的甚

[①] 吕云川：《国家监察体制改革背景下的司法权配置》，中国政法大学，硕士学位论文，2018年。

[②] 刘甜甜：《检察院审前监督权新论——以监察体制改革为视角的分析》，《中国石油大学学报》（社会科学版）2018年第4期。

[③] Jin-Wook Choi, "Institutional Structures and Effectiveness of Anticorruption Agencies: A Comparative Analysis of South Korea and Hong Kong", *Asian Journal of Political Science*, Vol. 17, No. 2, August 2009, p. 198.

至让人无法理喻的权力。但是,当反腐取得决定性胜利之后,监督和规范廉政公署的权力被提上议事日程。1991年,当《权利法案》(*Bill of Rights Ordinance*)被引入时,廉政公署的特别权力得到全面的、深刻的审视,部分可能侵犯基本人权的权力得到修正或完善,从而在严格执法与维护人权之间取得平衡。① 香港的经验值得我们借鉴。当监察机关已经卓有成效地运转、监察体制改革进入中后期阶段,司法监督应该得到强化,新的监督制度和监督机制应该得以建立。或许有些人认为,强化监督会影响反腐败的效率与进程,并使前期的改革成果受到影响。其实,随着反腐力度的加大,不但腐败案件的存量会逐渐减少,增量也会递减。反腐政策已经深入人心,制约公权力的法律法规日益完善,政治的透明度、廉洁度逐步提高,监察机关的反腐任务不会像现在一样繁重而艰巨。那时,反腐的价值追求已经从效率为主转变为效率和公正并重,监察机关更能适应在完善的监督机制下工作,也能在比较宽松的环境下完成各项反腐任务。

3. 法治化原则

法治化是国家治理现代化的重要特征与必经途径,也是监察体制改革取得成功的重要体现。卢梭指出:"一旦法律丧失了力量,一切都告绝望了;只要法律不再有力量,一切合法的东西也都不会再有力量。"② 国家监察机关是政治机关而非司法机关,国家监察体制改革追求法纪效果、政治效果和社会效果的统一,这是否意味着监察机关首要追求的是政治效果呢?政治效果与法纪效果是否存在矛盾与冲突呢?其实,三者之间完全是统一的。追求反腐的政治效果,最根本的是在党的集中统一领导下,铁腕治腐、不留死角与盲区,切实巩固党的合法性基础。从政治效果来审视具体的腐败案件的查处,无非是两种考虑:一是腐败案件性质特别严重,涉案金额巨大,完全彻底地暴露可能影响党和国家的形象;二是职务犯罪嫌疑人认罪态度良好、值

---

① T. Wing Lo, Ricky C. C. Yu, "Curbing Draconian Powers: The Effects on Hong Kong's Graft-Fighter", *The International Journal of Human Rights*, Vol. 4, No. 1, March 2000, p. 54.

② [法]卢梭:《社会契约论》,何兆武译,商务印书馆1982年版,第168页。

第五章 对监察权监督的整体性制度安排：破解"谁来监督监督者"难题

得给予挽救的机会。从前者来看，有些案件虽然有些"震动"效应，严肃依法查处，如实公开真相，不但没有损害党和政府的形象，反倒使法律面前人人平等、反腐无禁区的法治权威得以树立。从后者来看，当事人自首、立功等情节，必须严格依法认定与裁决，决不能夹杂法律之外的任何政治因素。如果偏狭的政治思维方式经常出现，反而不利于监察机关权威性、公正性的树立。长此以往，也将损害党和国家的政治基础。所以，不管是何种案件，都必须始终坚持法治原则，坚持了法治就是维护了政治，巩固了反腐的社会效果。如果以政治效果为由削弱法治原则，短期内可能使某件案件的查处更加顺畅、内部更容易达成一致，从长期来看反而影响反腐的政治效果。此外，恪守反腐的法治原则本身就是对全社会的最生动的法治教育，让法治意识深深地植根于社会的各个领域，法治国家的建设深入推进。而真正的法治国家的到来，必然也是所有公权力依法行使、人人诚实正直的清廉国家的出现。这是符合党和国家的长远发展、人民群众根本利益的更大的政治。坚持司法监督的法治原则，必须在宪法框架下，适时修改完善监察法，将经过实践检验的成熟的监督措施、机制等用法律制度固定下来。必须根据法治反腐的需要，对案件办理中涉及的监察机关与司法机关之间的衔接关系法治化，尽可能地减少相关领导者之间的非制度化协商与介入。必须增强对职务犯罪案件特别是疑难复杂案件查处的法理阐释与辩论，让每一起案件都能经受住法理的检验和历史的考验。

4. 相互监督原则

加强司法机关对监察机关监督的同时，必须始终加强监察机关对司法机关的监督。司法机关担负着维护法律尊严、确保法律实施、维护社会公正的神圣职责。从某种意义上讲，司法腐败造成的危害，超过其他任何领域的腐败。司法腐败轻则颠倒是非、知法犯法，重则非法剥夺公民的财产、自由甚至生命，制造错案与悲剧，动摇社会的法律信仰和法治信心。从以往腐败案件的查处来看，司法领域仍然是腐败的高发领域，少数腐败分子贪赃枉法、权钱交易、胆大妄为，毫无法律底线和道德底线。因此，严肃查处司法领域的腐败案件，确保人民群众在每一起案件审理中都能感受到法律的公平与公正，是监察机关义不容辞的职责。监察机关还应对司法领域各级党组织履行党风廉政建设主体责任、党组负责人履行第一责任、纪检监察组履行监督责任、班子成员和部门负责人一岗双责情况进行监督检查，防范和化解各种廉政风险，关口前移，筑牢防线。对司法领域进行监督，本身要求监察机关具备更高的法律素养、执纪执法水平和廉洁水准，也会促进监察机关严格依法办事、办案，不断提高法治反腐能力。加强司法机关对监察机关的监督，除了对职务犯罪案件查处的监督外，还包含对监察机关工作人员的廉政监督。司法机关如果发现监察机关工作人员在办理职务犯罪案件中贪赃枉法、滥用权力，同样可以向相关部门检举揭发。监察机关与司法机关的相互制衡与监督，必须出以公心、不徇私情，不得进行违反法纪、违反原则的任何妥协与交易，也不能人为地制造工作冲突与障碍。监察机关虽然不是严格意义上的司法机关，但事实上履行了部分司法职能，和法院、检察院一起，共同扮演着法治国家的建设者、推动者、监督者角色。只有齐心协力、齐抓共管，法治反腐才能不断推进，法治国家、清廉国家建设才能日新月异，中国特色社会主义事业才能最终取得胜利。

四 舆论与社会监督：构筑开放互动的监督平台

舆论监督是指新闻媒体和社会公众利用报纸、广播、电视、网络等各种媒介，对党和政府的政策主张、行为方式等实施的监督，包括批评、评论、建议以及对违法犯罪行为的揭露。在现代社会，随着自媒体、融媒体的出现，舆论监督和社会监督相互交织、不可分割。因此，在探讨监察委员会外部监督平台的构建时，我们把媒体监督和社会监督统称为舆论与社会监督。建构开放式、互动式舆论与社会监督平台，和党的监督、人大监督、司法监督以及监察委内部监督相互补充与协调，是监察委员会健康发展的前提和保障。

第五章　对监察权监督的整体性制度安排：破解"谁来监督监督者"难题

（一）舆论与社会监督：廉政建设的不竭动力

舆论和社会监督古已有之。人类的政治生活刚刚开始，舆论和社会监督就已出现。现代国家建立以后，随着政党的出现、新闻媒介的发展和公民素质的提高，舆论和社会监督日益发展，有力地推动了政治文明的进步。舆论与社会监督对政治生活的影响是广泛而深刻的，特别是对政府腐败现象的监督无孔不入、经久不衰，为政府的廉政建设提供了不竭动力。主要体现在以下几方面。

第一，舆论与社会监督通过扬善抑恶、激浊扬清营造良好的舆论环境，为廉政建设的开展提供强大的思想道德基础。公众之所以痛恨腐败，是因为腐败是政治社会的"毒瘤"，严重破坏了社会的公平与公正、颠覆了国家制度的伦理道德基础、践踏了公民的民主权利、蚕食了经济社会发展的潜力。① 因此，社会舆论一方面极力褒扬历史和现实中的廉洁人物、廉洁故事、廉洁政府，肯定清官的历史功绩与现实贡献，表达对清明政治、清廉官吏的期许和希冀。另一方面，对于那些罔顾国家利益和公共利益，肆意侵吞国家资财，损公肥私、贪赃枉法、贪污腐化的官员，社会舆论则无情地进行鞭挞、嘲讽与谴责。"借助这种新闻传播所释放出来的强大舆论力量，往往对那些腐败官员产生巨大的政治上、伦理上、人格形象上的压力，使他们遭受精神的折磨和心灵的痛苦。"② 在正、反两方面的社会舆论的影响下，公职人员会形成更加健康的世界观、人生观、权力观，更加自觉地遵守廉洁正直的底线。可以说，舆论和社会监督愈是发达，全社会的法律观念、道德意识愈益增强，愈益为政府官员敲响廉洁自律、公私分明的警钟，从而为廉政建设提供强大的精神动力与舆论压力。

第二，舆论与社会监督通过时事评论和事件追踪发现腐败线索，丰富和拓展反腐部门的信息来源。舆论是对政治社会事件的洞察、讨

---

① 陈宏彩：《通过完善权力监督机制增强制度自信》，《中州学刊》2014年第12期。
② 杨作民、肖剑忠：《新闻舆论监督在廉政文化建设中的作用初探》，《中共浙江省委党校学报》2006年第3期。

论形成的集中性的观点。新闻舆论天生对政府的所作所为和官员廉洁与否具有敏感性，喜欢用"显微镜"和"放大镜"观察个体或群体的政治行为。在与政府的长期互动中，媒体也形成了评判政府、监督政府的使命和责任。马克思指出："报刊按其使命来说，是社会的捍卫者，是针对当权者的孜孜不倦的揭露者，是无处不在的耳目，是热情维护自己自由的人民精神的千呼万应的喉舌。"① 在一般人看不到问题的地方，通过媒体和社会舆论的"发酵"，往往能揭露事件背后的真相，揭发深藏其中的权力滥用和权力腐败现象。特别是网络媒体出现以后，利用其自身固有的传播范围广、匿名性强、开放空间大和互动性强的特点，将许多政治社会事件推到风口浪尖，接受全社会的反复审视，结果将许多腐败分子暴露在大庭广众之下。这些方式，弥补了反腐机构自身力量的不足，拓宽了社会参与渠道，为反腐机构提供了新的信息来源。同时，大大节省了反腐机构线索收集、案件侦查的成本。"舆论监督是反腐败和纠正各种不正之风的强有力武器。它不仅能使腐败现象无处藏身，而且还具有监督一个人、影响一批人，监督局部、影响全局的功能。可以说，舆论监督在整个权力监督机制中占有举足轻重的地位，具有其他手段无法替代的作用。"②

第三，舆论与社会监督通过对廉政状况的总体评价与批评建议，推动政治领导人和决策部门果断采取反腐措施。任何国家的廉政建设，离不开最高领导人的意志和决心。如果最高领导人得过且过，甚至自身也有利益考量，自然缺乏反腐动力；相反，如果最高领导人意志坚强、行动果断，反腐败斗争则会不断走向深入。这是世界上反腐败斗争的共同规律。③ 最高领导人和主要执政者对反腐的态度，在很大程度上取决于人民群众的要求，特别是广泛的舆论和社会监督形成的合法性危机与执政压力。在民主和开放程度比较高的社会，如果国

---

① 《马克思恩格斯全集》（第6卷），人民出版社1995年版，第275页。
② 苏保忠：《舆论监督对民主政治发展的功能模式探析——透视"焦点访谈"》，《新闻与传播研究》2002年第3期。
③ 陈宏彩：《反腐机构绩效制约因素与互动模式：一种解释性分析框架》，《中国行政管理》2013年第11期。

第五章　对监察权监督的整体性制度安排：破解"谁来监督监督者"难题

家存在大规模的腐败，严重影响社会的方方面面，人民一定会通过各种途径充分表达自己的不满，谴责政府的腐败无能，强烈要求惩治腐败、维护公平正义。舆论与社会反响越强烈，执政者面临的压力越大，越需要采取果断措施。可以说，许多反腐行动不仅仅是出于执政者的自觉，更是出于对社会关切、公民期待的有力回应。香港廉政公署成立以前，警署内部以及整个政府的腐败"登峰造极"，形形色色的腐败行为成为社会生活方式的重要组成部分，人们怨声载道、忍无可忍。正是在强大的舆论压力下，香港政府不得不建立独立的廉政公署，掀起一场轰轰烈烈的"反腐风暴"，从而使香港的廉政建设出现历史性转折。开放、活跃的舆论与社会监督，倒逼政府采取切实有效的行动，刮骨疗毒、壮士断腕，确保政治稳定与社会发展。

第四，舆论与社会监督通过对反腐机构行动能力与反腐绩效的监督，促进反腐机构不断提升工作水平。强有力的反腐行动除了必须取得最高领导人的支持，还必须依赖得力的反腐机构。事实上，腐败产生的舆论压力，一方面及时传递给国家的最高领导层和执政者，另一方面始终让专司反腐职能的机关如坐针毡。在强大的舆论压力下，只要获得政治支持，反腐机构不得不采取行动。如果反腐机构平庸无能，政绩平平，甚至自身也卷入腐败旋涡，舆论压力可能会使整个反腐机构面临严峻考验，甚至会使机构改组或者相关人员引咎辞职。相反，社会舆论对反腐机构的肯定和褒扬，又会给反腐机构提供巨大的精神鼓励和正向激励。在个案处理中，舆论和社会监督更会显示出无与伦比的督促作用。反腐机构是否秉公执法，对腐败案件的查处是否彻底，舆论始终在进行跟踪。而一旦重大的案件被社会舆论关注，反腐机构反而可以摆脱可能存在的各种既得利益者的束缚，大刀阔斧、全面彻底地采取行动。可以说，舆论与社会监督是反腐机构的"一面镜子"，推动反腐机构自警自省、担当开拓，不断提升行动能力和反腐绩效。

（二）监察机关扩权与控权的张力：舆论与社会监督的逻辑基础

国家监察体制改革后，监察委员会的职责、权力得到扩张，一个新的反腐机构应运而生。我国原有的权力结构中，行政监察属于行政机关管辖，各级行政机关设立专门的监察部门，负责对各个部门及其所属公务员的行政纪律的监督。而对腐败案件的查处，一方面由纪检监察机关查处，另一方面由检察院查处。检察院拥有查处贪污腐败、失职渎职案件的权力，并履行部分腐败预防职能。此外，公安机关、海关等也拥有部分腐败案件查处权力。这样分散的反腐格局，在实践中产生了相互掣肘、资源重复配置、效率低下等问题。但是，它也有利于权力之间的相互制约和监督，大大减少权力滥用和失范的空间。特别是纪检监察机关和检察院的职权配置，使任何一方都不能单方面作出决定，权力制衡的效应可想而知。改革之后，原有的分散在各个部门的反腐职能得到彻底整合，建立了集中统一的反腐机构。整合后的优势在于，便于党对反腐工作的统一领导、指挥和协调，便于提高反腐效率和节约反腐资源。但是，毋庸讳言，权力的监督和制约成为新的难题。人类政治实践表明，集权和分权从来都是一对矛盾，各有所长、各有所短。我们在建立权力高度集中的反腐体制的同时，如何有效地扬长避短、制约权力，是必须认真对待的问题。

根据《监察法》的规定，监察机关拥有监督权、调查权、处置权三种权力。这三种权力包含了腐败预防、调查和处置的全过程的权力，也是整个反腐败斗争的完整权力。对于反腐机构的运行而言，这种权力的完整配置是完全必要的。三种权力中最核心的是调查权。调查权又包括谈话、询问、查询、调取等一般性权力和委托勘验、鉴定、搜查、留置、技术调查、限制出境、通缉等限制性权力。对于一般性权力，监察机关内部有严格的程序性限制。对于限制性权力，除了遵循这些一般性的程序性规定外，还受到外部力量的制约。例如，技术侦查、限制出境、通缉等不是监察机关单方面可以实施的，还必须履行更加严格的程序，由专门机关实施。目前，社会舆论比较关注的是留置权。和以往的"双规"相比，留置解决了调查措施的合法性问题，使备受争议的"双规"措施退出历史舞台。但是，根据法律规定，留置与刑事拘留不同，不允许律师的介入。对于我国的监察机关而言，这种规定是完全有道理的。因为，我国的监察委员会是由

第五章　对监察权监督的整体性制度安排：破解"谁来监督监督者"难题

国家权力机关设立的反腐败机构，是政治机关，不是司法机关和执法机关，与公安、检察机关等执法和司法机关性质完全不同；反腐败针对的职务犯罪也与普通的刑事犯罪不同，不能简单地比照刑事诉讼法执行。① 由于留置措施的特殊性，法律法规对其实施的规定十分严格。尽管如此，社会各界仍然高度关注包括留置措施在内的监察机关各项权力的正确行使，关注反腐与法治、效率与权利关系的正确处理等热点问题。

原来的纪委主要监督对象是党员领导干部，对于非党员的违纪违法行为，纪委并没有权力进行直接干预。新成立的监察委员会改变了这一状况，只要是行使公共权力的人员，监察委都有权监督。根据《监察法》的规定，党政机关所有公务员以及参照公务员法管理的人员、法律法规授权或者受国家机关依法委托管理公共事务的组织中从事公务的人员、国有企业管理人员、公办教科文卫体等单位从事管理的人员、基层群众性自治组织中从事管理的人员以及其他依法履行公职的人员，全部都属于监察机关的监察范围。改革后，北京市监察对象达到99.7万人，较改革前增加78.7万人；山西省监察对象达到131.5万人，较改革前增加53万人；浙江省监察对象达到70.1万人，较改革前增加31.8万人。② 通过改革，我国实现了监察对象的全覆盖，监察机关的权威得到进一步彰显。随着监察对象的增加，反腐行动涉及的社会层面随之扩大，社会舆论对反腐机构的关注和监督也成倍增加。舆论和社会监督的焦点是，拥有了如此大的权力，监察机关是否会肆意妄为？监督对象增加了，工作负荷加重了，监察机关能否严格依法行使职权？

人类的政治实践表明，权力从来都是一把双刃剑，在不同体制、不同人手中可能发挥完全不同的作用。它可以用来行善，也可以用来作恶。用来行善时它是"济世良药"，用来作恶时它又是"洪水猛

---

① 张磊：《贯彻落实党的十九大精神的具体行动——在全国各地推开国家监察体制改革试点热点透视》，《中国纪检监察报》2017年10月30日。
② 《积极探索实践　形成宝贵经验　国家监察体制改革试点取得实效——国家监察体制改革试点工作综述》，《中国纪检监察报》2017年11月6日。

兽"。权力滥用、权力腐败的风险与权力的大小及其规制密切相关，权力愈大、规制愈少，腐败的风险愈大。在赋予某个机构、某个人一定权力的时候，如果不能建立与之相匹配的监督机制，让权力扩张和权力制约失去平衡，腐败的风险无时不在、无处不存。对于反腐机构而言，它本身担负着反对权力滥用、反对权力腐败的神圣职责，这是对所有公共权力进行监督的"特殊权力"。如果反腐机构、反腐人员本身出了问题，无疑会成为廉政建设的一场灾难。著名政治思想家西塞罗看到了上层官吏严格守法、正当行使权力的极端重要性。他指出："上层人干坏事对国家特别危险，因为他们不仅沉溺于邪恶的勾当，而且以他们的病毒传染了整个共和国；不仅他们腐败了，而且因为他们还腐蚀其他人，并以他们的坏榜样而不是他们的罪孽造成更大的危害。"① 套用西塞罗的观点，反腐机构的腐败是危害更大、更无法容忍的腐败。它通过对贪赃枉法者的纵容或者对法律尊严的暗中践踏，败坏了国家和社会的风气，腐蚀了整个国家的健康肌体和良好根基。正因为如此，在给予反腐机构越来越多的支持的同时，社会舆论发出了"谁来监督监督者"的现实拷问。尽管党内监督、人大监督、司法监督、监察机关内部监督等监督机制纷纷建立，但是，舆论与社会监督具有非常特殊的、不可替代的地位。正如习近平总书记所言："需要建立各种有效的监督机制，而新闻媒介的舆论监督是最经常、公开、广泛的一种监督方式。当前，在强调加强党的建设、反对腐败的时候，特别要发挥新闻的舆论监督功能，使腐败现象暴露在光天化日之下。"② 一般领域的监督是如此，反腐领域的监督更是如此。

（三）新形势下的舆论与社会监督：探索创新与矛盾困境

在完成三省市的试点以后，国家监察体制改革迅即在全国铺开。面对如此深刻的国家权力结构的调整，相关方面早已做好思想和理论

---

① ［古罗马］西塞罗：《国家篇 法律篇》，沈叔平译，商务印书馆1999年版，第231页。
② 习近平：《摆脱贫困》，福建人民出版社1992年版，第67页。

第五章　对监察权监督的整体性制度安排：破解"谁来监督监督者"难题

准备，沉着应对社会舆论的关注与监督，创造性地打开了许多监督窗口。但是，打开的仅仅是"部分窗户"，舆论和社会监督仍然面临许多困境。

为了满足舆论与社会监督的需要，有关方面采取了有针对性的理论宣传、电视专题节目、特约监察员、公众开放日、官方网站、微信公众号等灵活多样的方式。在理论宣传方面，主要针对国家监察体制改革的重大意义、为何要实现党对反腐工作的集中统一领导、国家监察体制改革的宪法和法律依据、监察委员会是专司反腐职能的政治机关、留置不同于刑事拘留等重大热点焦点问题进行分析说理。权威的法学家、资深的党建专家等纷纷登台，旁征博引、答疑解惑。在允许学术界和社会舆论进行充分讨论的同时，也及时对一些错误观点、不当舆论进行了批驳，通过互动研讨统一了思想认识、破除了观念障碍。在重大改革方面，学术界是主导社会舆论的主体和重要阵地。通过理论对话，在学术界达成共识，也就促成了社会共识的形成。

在电视专题节目方面，通过中央主流媒体，推出了一系列的反映监察体制改革后反腐行动和监察委员会运行状况的纪录片。特别是《打铁还需自身硬》这个电视节目，全面揭露了党的十八大以来新的中央领导集体如何在深入开展反腐败斗争的同时，把反腐机构自身的建设放在十分突出的位置，仅在中央纪委、国家监察机关这一层面，就将17名滥用职权、贪赃枉法的腐败分子绳之以法。该节目在领导干部中和全社会层面引起强烈反响，再次传递了党中央反腐全覆盖、无禁区、零容忍的坚定决心和坚强意志，传递了纪检监察机关果断清理门户，内强素质、外树形象的行动自觉。在《追逃》系列节目以及重大案件警示录中，也在对相关人员进行警示教育的同时，部分公开了纪检监察机关的机构设置、管理体制和运行机制，较好地回应了社会的关切。

特约监察员和公众开放日使部分人大代表、政协委员、社会公众等"零距离"接触纪检监察机关。国家和省级监察机关都建立了特约监察员制度。特约监察员来自人大、政协、专家、学者、社会知名人士等各个层面，他们被邀请走进监察机关，观摩信访部门信访件的处理、大致的办案流程等；定期与监察机关沟通，对监察机关提出意见和建议；接受监察机关的培训，了解国家廉政建设的方针政策，掌握监督必备的常识和方法；在社会上了解信息，及时传达公众的诉求；等等。公众开放日则"敞开"监察机关的大门，破天荒地让一般社会成员接近神秘而威严的反腐机构。虽然开放时间和开放场所都比较有限，但毕竟打开了社会监督的又一个窗口。反腐败斗争深入开展的同时，中央纪检监察机关的官方网站成为第一时间通报重大案件、第一时间公布违纪违法统计数据的最重要的媒介。官网以其信息的权威性、传播的时效性、思想的深刻性和内容的生动性等很快得到其他媒体和社会各界的认同，关注度和转载率大幅度攀升，成为全面展现纪检监察机关运行机制与行动能力的窗口。此外，许多省级纪检监察机关开办的微信公众号，定期披露当地的腐败案件、发布权威信息，在社会上也产生了不小的反响。所有这些富有创造性的、灵活多样的平台和方式，拉近了监察机关和社会公众的距离，使公众有机会了解反腐机构、关注反腐机构，从而部分地参与和监督反腐机构的行动。

但是，在接受舆论和社会监督方面，监察机关仍然面临一些深层次的矛盾和困境，主要体现在：封闭式运转与开放式监督的矛盾，超负荷运转与回应性监督的矛盾，反腐效率要求与监督权利诉求的矛盾，单向性传播与互动式监督的矛盾，等等。如果说反腐机构和其他机构有所不同的话，最根本的不同就是反腐机构具有封闭性，这是由反腐工作本身的特殊性决定的。反腐工作保密要求十分严格，保密纪律是反腐机构最严格的纪律。即使在部门之间、工作人员之间、分管领导之间也不能私自打听案情，相互串通信息，更不用说和外界的信息交流了。通常只有对犯罪嫌疑人正式立案或者正式处理结果出来之后，才会向外界公布信息。由于长期与外界"隔绝"，社会上总认为其是一个"神秘"而"高深莫测"的部门。但是，案件查处需要保密，接受舆论和社会监督又需要公开。特别是现代社会，"舆论监督是人民群众行使自己权利的有效形式。随着现代科学技术的发展和公

第五章　对监察权监督的整体性制度安排：破解"谁来监督监督者"难题

民文化素质的提高，新闻工具、民意调查、社会协商对话等日益成为连接公民和决策者之间的桥梁，从而使舆论监督成为人民行使其民主权利的最有效的形式"①。反腐机构的权力越大，越需要主动接受人民群众的监督，主动公开案件办理的法律和事实依据。如何在确保安全、保守秘密的前提下公开接受舆论和社会监督，是反腐机构必须面对的重大课题。

反腐机构处于超负荷运转状态。党的十八大以来，反腐败斗争不断向纵深方向推进，查处的腐败案件比以往大幅度增长。2013—2017年，全国检察系统立案侦查职务犯罪254419人，较前五年上升16.4%。查办国家工作人员索贿受贿犯罪59593人，查办行贿犯罪37277人，较前五年分别上升6.7%和87%。② 这仅仅是纪检监察系统运用"第四种形态"处理的人员总数，尚未包括数量更大的"前三种形态"的人员总数。国家监察体制改革之后，仅2017年1—8月，北京、山西、浙江三省市处分人员分别同比上升35.4%、11.7%、16.1%。③ 2021年，全国纪检监察机关共接收信访举报386.2万件次，处置问题线索182.6万件，谈话函询34.4万件次，立案63.1万件，处分62.7万人（其中党纪处分52.4万人）。处分省部级干部36人，厅局级干部3024人，县处级干部2.5万人，乡科级干部8.8万人，一般干部9.7万人，农村、企业等其他人员41.4万人。④ 如此大的办案数量，纪检监察系统的工作负荷可想而知。尽管有关方面在公职人员编制十分紧张的情况下，仍然从全面从严治党和国家监察体制改革的全局出发，想方设法从其他系统调剂、腾挪编制，在一定程度上缓解了纪检监察系统人手不够的矛盾。但是，和繁重的工作负荷相比，增加的人员编制也仅仅是杯水车薪。打造公开、

---

① 黄建明：《建立健全舆论监督机制　促进社会主义民主政治发展》，《时代论丛》1998年第4期。
② 曹建明：《最高人民检察院工作报告》，《人民日报》2018年3月26日第3版。
③ 《积极探索实践　形成宝贵经验　国家监察体制改革试点取得实效——国家监察体制改革试点工作综述》，《中国纪检监察报》2017年11月6日。
④ 《中央纪委国家监委通报2021年全国纪检监察机关监督检查　审查调查情况》，《中国纪检监察报》2022年1月21日。

透明、公正的反腐机构，不仅仅是监察机关宣传部门的职责，更需要机关全员参与；不仅仅是建立简单的公开渠道，更需要进行整体性设计、过程性渗透和无缝隙衔接。无疑，这需要足够的人力、物力、财力，特别是额外增加许多工作负担。然而，在人手紧张、任务繁重的情况下，监察机关根本无法有效地回应公众和媒体的监督需求，更没有精力策划和组织相关的对外开放活动，并与社会进行常态化、制度化互动。如何处理超负荷运转与回应性监督的矛盾，也是十分棘手的问题。

行政效率与公民权利本来应该是统一的。但是，对效率和权利的追求又难以做到完全平衡。有时，权力机关迫于重大改革需求或者重大紧急任务，会把效率作为首要的价值追求，公民的民主权利受到某种程度的影响或削弱；有时，为了尽可能减少分歧、达成共识、促进社会整合，权力机关又会把公民民主权利的维护作为优先考虑因素。因此，效率和权利的价值选择在理论上、应然上是完全一致的，但在行政实践中，又往往受行政目标、行政任务、行政环境等因素的影响和制约。与繁重的工作任务相适应，纪检监察机关面临着工作效率的挑战。没有高效率的工作方式，根本无法完成日常监督、线索处置、审查调查、案例审理、防逃追逃、专项治理等繁杂的任务。特别是事关当事人切身利益、事关党中央反腐政策落实和监察体制改革成效的立案调查工作，既要保证各项工作有条不紊的进行，又必须始终遵守法律法规的各项规定，严格依照法定的程序、内部的规章制度运行。而且，对办案效率的要求特别高。以办案中的留置程序为例，一般情况下，留置期限不得超过三个月，特殊情况可以延长一次，延长的时间也不得超过三个月。事实上，绝大多数案件，必须在三个月以内完成所有审查调查任务。这三个月并不是调查组完整的审查调查时间，还必须留给案件审理部门足够的时间进行审理以及办理案件移交手续，调查组一般必须在两个月内完成所有任务。对于办案人员来讲，这两个月的时间是非常紧张的，必须全身心投入、全天候工作，还唯恐出现延误或瑕疵。在高度紧张的工作情况下，履行内部各种审批手续、各种请示汇报、

第五章　对监察权监督的整体性制度安排：破解"谁来监督监督者"难题

各种内部监督措施已经十分不容易了，何况舆论和社会监督的介入呢？如果更加重视社会和媒体的监督权利，不仅要组织专门力量、遵照严格的纪律规定完成各种接待任务，还需要对许多工作流程进行适应性调整，使本来就已经比较烦琐的办案程序"雪上加霜"，从而在很大程度上影响监察机关的反腐效率。反腐效率要求与监督权利诉求的矛盾，委实是纪检监察机关面临的又一挑战。

权力机关往往习惯于单向传播。单向传播的信息是经过权力机关筛选的固定范围的信息，信息的来源、信息量的大小、信息传播的方式，都是由权力机关决定的。这样做的好处是，不会因为信息的不当披露使自己处于不利地位，不会在与媒体和社会的互动中处于尴尬境地。但是，随着民主政治的发展，公众越来越不满足于被动地接受权力机关单方面提供的信息。权力机关提供的信息，更多的是"想让公众知道"的信息，而"公众想知道"的信息甚少；权力机关提供的信息，更多的是"是什么"的信息，而公众想知道的"为什么"的信息甚少。如果权力机关长期停留于单向传播信息，公众就会与权力机关疏远，主动回避政府的信息提供，政府的公信力必然大幅度降低。纪检监察机关不同于一般的权力部门，其信息公开有着十分特殊的要求。它所披露的信息可能不仅仅是涉及某个人、某个单位，甚至涉及整个权力体系的运转。为了稳重起见，长期以来，纪检监察机关习惯于保密，习惯于简单地向外界提供信息。这样做的好处是不会随意泄露敏感信息，规避了可能存在的各种风险。但是，越是单方面公开信息，缺少公众的有效参与和互动，监察机关和社会之间的隔阂就会越深。当反腐败斗争需要公众和社会的参与、支持和协作时，社会力量参与的积极性、主动性难以得到激发，可能难以收到监察机关的预期效果。因此，监察机关要摆脱单向传播思维，尽可能与社会和媒体建立双向互动关系，共同推动廉洁政治的发展和国家的繁荣稳定。习近平总书记指出："舆论监督是加强党的建设和民主政治建设的一项重要内容。"[①] "各级领导干部都要欢迎舆论监督，主动接受舆论监

[①] 习近平：《摆脱贫困》，福建人民出版社1992年版，第61页。

督,通过运用舆论监督,改正缺点和错误,努力把工作做得更好。"①建立互动式、开放式监督平台,是完善社会主义民主制度、全面从严治党和全面依法治国的客观要求。

(四) 互动式开放式监督平台的建构:监察机关回应社会关切的必由之路

国家监察体制改革是一项具有里程碑意义的重大改革。既然我们已经在前进的道路上迈出了关键的一步、实现了历史性跨越,我们就应更好地完善监督机制、推动改革取得实效。建立开放式、互动式监督平台,汲取舆论和社会监督的磅礴力量,是监察体制改革的题中应有之义。从目前的情况来看,可以在完善网络信息公开、建立健全新闻发言人制度、挖掘深度案件报道、开辟互动栏目、推动案卷摘要和判决书公开等方面取得新的突破。

习近平总书记指出:"要把权力关进制度的笼子里,一个重要手段就是发挥舆论监督包括互联网监督作用。"② 网络成为当代公民参政议政的重要纽带和平台。我国是一个网民数量十分庞大的国家,大量的公众每日通过网络浏览信息、了解国内外大事、适时参与和监督各类公共事务。当代政府必须学会运用网络与社会公众进行有效沟通,充分发挥网络在当代政治生活中的传播信息、扩大影响、增加互信等功能。监察委员会作为一个崭新的、备受关注的专责反腐机构,更应该把网络作为一个重要的阵地来抓。虽然中央纪委、国家监委已经建立让人耳目一新的官方网站,但地方纪委监委的网站并没有同步发展。很多地方仍然恪守传统的保守观念,只在官网公开领导班子、法律法规、案情通报、举报渠道等十分有限的信息,而公众参与必须了解的机构设置与职能、统计数据、履职报告等,并没有得到较好的公开。官网是全面介绍自身情况、全面展示自身形象并获取社会支持

---

① 习近平:《之江新语》,浙江人民出版社2007年版,第55页。
② 习近平:《在网络安全和信息化工作座谈会上的讲话》,《光明日报》2016年4月26日。

第五章　对监察权监督的整体性制度安排：破解"谁来监督监督者"难题

的重要媒介，如果基本信息没有充分公开，只会拉开与公众的距离，谈何发挥应有的作用呢？因此，必须在国家监委的领导下，对各级监委官网的信息公开作出统一部署和明确要求，建设信息公开充分、登录快捷方便、功能健全多样、风格友好亲民的官方网站，全面展现反腐机构的良好形象，全面配合舆论与社会监督，为党风廉政建设的深入开展奠定更加坚实的社会基础。

新闻发言人制度最早产生于西方，但很快得到国际社会的公认，成为各国政府发布权威信息的正式通道。中国新闻发言人制度诞生于20世纪80年代，伴随改革开放不断发展壮大，在2003年的"非典"暴发之后得到快速发展。[①] 从2004年国新办首次公布了75个部委的新闻发言人名单开始，每年年底公布各部委、省（区、市）、最高检、最高法的发言人逐渐成了惯例，2010年中办首次公布了党中央系统13个有关部门的新闻发言人名单。[②] 新闻发言人制度的建立和完善是我国政府主动与国际社会接轨、推动治理体系和治理能力现代化的重要途径。新闻发言人充当了政府、媒体和公众之间的桥梁与纽带，在政策解读、信息发布、舆情引导、突发事件处置等方面发挥了重要作用。监察委员会职能、地位的特殊性，决定了其建立完善新闻发言人制度，让新闻发言人真正"从后台走到前台""从偶尔出现到定期出现"尤为重要。

监委新闻发言人至少要在以下几方面发声。一是重要法律法规、反腐政策的解读。重要的法律法规和反腐政策颁布以后，媒体和社会都十分关注。新闻发言人作出权威解读，可以帮助各个层面更好地理解、贯彻相关规定。二是重要节点。在春节、中秋等传统佳节和其他反腐的重要节点上，可以权威发布监委的反腐成就、对于违法违纪人员的处罚等，表明反腐态度，警示相关人员。三是重大案件。备受社会关注的重大腐败案件，时机成熟时，通过新闻发言人渠道公布案

---

① 王石泉：《多维视域下的中国新闻发言人制度建设》，《中国浦东干部学院学报》2018年第4期。
② 刘笑盈：《当前新闻发言人制度建设的进展与挑战》，《对外传播》2016年第12期。

情，回应社会关切，同时树立反腐机构"有腐必反""有贪必肃""有逃必追"的坚强决心。四是重大反腐行动。纪检监察机关开展的违规房地产交易、违规金融投资等专项治理行动，通过新闻发言人及时向媒体和社会通报，营造高压反腐态势，推动专项行动深入开展，同时接受媒体和社会各界的监督。

在挖掘深度案件报道方面，国家和省、市监委都作了许多探讨。中央纪委、国家监委录制警示教育片，通过中央级媒体播出，在广大干部群众中产生了较大的反响。部分省市纪委、监委与当地媒体合作，也推出了一些警示教育栏目，起到了较好的宣传、警示作用。但从总体上看，这些栏目内容偏少、功能有限，必须进一步挖掘完善。必须根据反腐败斗争深入发展的需要和社会舆论监督的需要出发，精准定位、系统设计、全面更新。

具体来说，要将四种功能有机结合起来：一是舆论宣传。任何政治活动离不开有效的宣传，通过宣传引导舆论、达成共识、进行社会动员，这是政治活动取得成功的重要保障。习近平总书记指出："党的新闻舆论工作是党的一项重要工作，是治国理政、定国安邦的大事。"① 反腐败斗争是一场艰难的政治斗争，必须运用思想和舆论武器，全面掌握斗争的主导权。和简单的宣传活动相比，腐败案件的深度报道对公众更具有吸引力和感染力，从而提升宣传效果。二是警示教育。媒体是面向所有社会受众的。开发有深度的警示教育专题片，不仅仅是针对领导干部，而且应针对所有社会成员。要让受众接受灵魂的洗礼，真切感受到正直做人、清廉为官的极端重要性。三是普法教育。通过以案说法，把法律法规的学习、讲解贯穿始终。廉政建设涉及的系列法律法规，领导干部未必烂熟于心。让办案人员、法学专家对案件进行剖析，释法说理、答疑解惑，是更加生动有效的学习方式。四是社会监督。平时，大量的案件调查、审理都是在封闭的环境下运行的。把案件办理的全过程真实地披露出来，让社会公众知晓反腐机构的运行机制、案件办理的流程、依据等，公众就能进行有效监

---

① 《习近平谈治国理政》（第2卷），外文出版社2017年版，第331页。

第五章 对监察权监督的整体性制度安排：破解"谁来监督监督者"难题

督。没有这样的过程，仅仅依靠内部监督，监察机关始终是一个"神秘"部门，其公正性、廉洁性往往受到社会质疑。正因为如此，与媒体合作的案件深度报道栏目不应只是"盆景"，而应成为"风景"。纪检监察机关办理有代表性的案件，只要不涉及个人隐私和国家秘密，原则上都应全过程记录、全方位接受舆论和社会监督。这样，办案人员本身有压力，也会不断提高办案质量，倒逼纪检监察机关业务水平和反腐能力的提升。

开辟互动栏目，就是在现有举报平台的基础上，通过报纸、电视、网络等媒介，主动就党风廉政建设中的重大问题与社会公众交流，主动听取各方面的意见和建议。电视上可以开辟专门的"廉政访谈"节目，让纪检监察机关负责人、专职纪检监察干部走上电视，与媒体、社会公众进行互动交流，彻底改变纪检监察系统"与外界隔绝""特立独行"的形象，让更多的人关心、参与廉政建设，关心、支持反腐机构工作。报纸上也可以定期刊登记者的系列访谈，及时就社会公众关心的问题采访纪检监察机关工作人员、公众代表、专家学者等。在网络上，则应在纪检监察机关官方网站开辟"意见建议专栏"，虚心听取各方面的意见、建议和批评，并定期进行梳理和汇总分析，对有代表性的意见诚恳回应。习近平总书记指出："对网上那些出于善意的批评，对互联网监督，不论是对党和政府工作提的还是对领导干部个人提的，不论是和风细雨的还是忠言逆耳的，我们不仅要欢迎，而且要认真研究和吸取。"① 用开放的心态、互动的方式、诚恳的态度对待舆论与社会监督，这是当代政治社会发展的客观需要，也是当前反腐败斗争取得压倒性胜利并全面巩固、建设清正廉洁的社会主义强国的必然要求。

政务公开是政治发展的前提和保障。改革开放以来，我国的政务公开工作不断向纵深方向推进，有力地推动了各项事业的发展和政治社会稳定。从村务公开、厂务公开到警务公开、法务公开，从办事流程、办事结果公开到"三公经费"公开、决策过程公开，不但公开

---

① 《习近平谈治国理政》（第2卷），外文出版社2017年版，第337页。

的事务不断增加，而且深度不断拓展。政务公开程度的不断提高，也反映了我国民主发展水平的不断提升。就监察委员会而言，在依法公开基本信息的基础上，为了更好地增强透明度、接受社会监督，必须逐步公开案卷摘要、处分决定书等，并在法院的共同努力下，公开判决结果。要让社会公众对违纪违法案件的事实依据、法纪依据全面了解，以公开促公正，以公开促监督。党的十八届四中全会指出："构建开放、动态、透明、便民的阳光司法机制，推进审判公开、检务公开、警务公开、狱务公开，依法及时公开执法司法依据、程序、流程、结果和生效法律文书，杜绝暗箱操作。加强法律文书释法说理，建立生效法律文书统一上网和公开查询制度。"① 既然生效法律文书统一上网和公开查询，法院关于渎职腐败案件的生效判决也应公开。而监察机关调查取得的证据，要经得起检察机关和审判机关的审查，符合刑事诉讼的证据标准。这样，经过法院审查认可的事实依据和具体案情，也应同时公开。这是监察机关接受法律专业人士、社会公众的深层次监督的重要途径和方式，必将推动监察机关的工作水平和我国廉政建设水平再上新台阶。

---

① 《中共中央关于全面推进依法治国若干重大问题的决定》，人民出版社2014年版，第24页。

第六章　领导与管理体制的整体性重构：建立党领导下的权威高效反腐机构

党的十八大以来，在以习近平同志为核心的党中央的坚强领导下，国家监察体制改革、纪检监察体制改革、纪检监察机关机构改革一体推进，形成了党的集中统一领导、权威高效的反腐新格局。党的集中统一领导体制全面落实，"以上级为主"的领导体制逐步具体化、程序化和制度化，跨层级、跨部门、跨区域的整体协作机制取得突破性进展，派驻机构统一管理体制基本建立。在党中央的统一部署下，各地结合自身实际，在纪检监察体制改革方面进行了大胆探索。巡视巡察联动、片区协作、室组地联合办案、县乡一体等改革具有开创性意义。为了深入推进党风廉政建设和反腐败斗争，切实将制度优势、体制优势转化为治理效能，必须不断完善党的集中统一领导体制和"以上级为主"的领导体制，进一步深化基层纪检监察体制改革，推进审计监督与纪检监察监督同频共振，重塑党政机关内部多元主体的合作治理结构等。

一　从统一领导、上级主导到整体行动：党的十八大以来的反腐体制改革

党的十八大以来，反腐领导与管理体制进行了许多重大改革，包括完善党的集中统一领导体制，深化双重领导体制改革，创新层级、部门与区域协作体制，深化派驻机构管理体制改革等。

（一）完善党的集中统一领导体制：廉政建设政治保障的巩固

全面加强党的领导，是社会主义建设取得最终胜利的重要保障，也是中华民族伟大复兴的必然要求。党的十八大以来，以习近平同志为核心的党中央十分重视对反腐败工作的统一领导。改革开放初期，各项事业方兴未艾，体制、机制、制度的探索无章可循，鼓励地方大胆探索、"摸着石头过河"成为我们改革的基本路径和主要方式。经过改革开放四十多年的发展，我国的经济社会发展取得了举世瞩目的成就，我们用几十年的时间走完了西方国家上百年甚至几百年走完的历程，创造了人类发展的奇迹。但是，在取得历史性巨大成就的同时，很多问题和矛盾已经开始凸显，例如贫富分化加剧、环境污染加重等。解决这些问题，已经不能"头痛医头，脚痛医脚"，而必须运用系统思维，对体制机制进行系统性、整体性重构。加强顶层设计，成为当今改革的基本思维方式。正是在这一背景下，新一届党中央将顶层设计放在十分突出的位置。2013年11月，党的十八届三中全会对全面深化改革进行顶层设计，纪检监察体制改革是其中的内容之一。2014年初，中央设立全面深化改革领导小组，定期讨论重大改革事项并作出决议。深改组设立了六个专项小组，党的纪律检查体制改革小组是六个小组之一。可见，中央把深化纪检监察体制改革以及整个反腐败领导体制改革摆在十分突出的位置。

国家监察体制，是在党中央的统一部署下展开的。国家监察体制改革是政治体制改革的重要组成部分，涉及面广、难度大、任务重、时间紧。在中央的统一部署下，各地按照中央的"施工图"进行施工，确保改革始终在正确的轨道上运行并取得预期效果。在省、市、县三级，由党委书记担任"施工队队长"，亲自动员、亲自部署、亲自督促，大大减少了改革的阻力和各种困难。各级监察机关顺利建立以后，中央对各级党委在廉政建设和反腐败斗争中的主体责任进行了明确。党委负主体责任，党委书记是第一责任人。因此，地方的政治生态建设和廉政建设，党委必须承担起主体责任，各级党委要定期召开专门会议研究党风廉政建设工作，切实解决党风廉政建设中的突出

第六章　领导与管理体制的整体性重构：建立党领导下的权威高效反腐机构

问题，出现严重腐败案件还要承担失察、失管的责任。

为了推动反腐败斗争的深入开展，习近平总书记多次发表重要讲话，认真听取中纪委的工作汇报，并对反腐败斗争中的重大问题亲自过问和解决。可以说，反腐败的各项工作都是在中央的坚强领导下进行的，党的统一领导是我国权力监督制度和反腐败工作的最大特色，也是深入推进党风廉政建设和反腐败斗争的最重要的保障。党的集中统一领导体现在政治领导、思想领导和组织领导上。在中央的领导下，各级党委也切实肩负起主体责任，统一领导、指挥和协调各地的党风廉政建设和反腐败工作。"党委书记定期研判问题线索、分析反腐形势、把握政治生态，第一时间听取重大案件情况报告，认真审核把关初核、立案、采取留置措施、作出处置决定……一环紧扣一环的改革举措，也从组织形式、职能定位、决策程序上将党对反腐败工作的统一领导具体化。"[1] 可以说，党的统一领导已经贯彻到廉政建设和反腐工作的各个方面、各个环节，充分体现了中国共产党的坚强领导力，体现了中国共产党自我革命、自我净化的勇气和意志。

（二）深化双重领导体制改革：上级纪检监察机关领导作用的强化

1945年4月，党的七大制定的党章正式明确党的监察委员会由同级党委产生，并受同级党委领导的单一领导体制。1980年2月，经中共中央批准，省、自治区、直辖市和省、自治区、直辖市以下各级党的纪律检查委员会的领导关系，由受同级党委领导改为受同级党委和上级纪委双重领导，以同级党委领导为主。1982年，党的十二大通过了修改过的党章，去除了"以同级党委领导为主"的表述，指出同级领导和上级领导各有侧重。[2]

双重领导体制最核心的内容是对纪委书记的提名和案件查处的领导。纪委书记的提名关涉人事权掌握在谁手里，谁掌握了人事权，谁

---

[1]　王诗雨：《以深化改革推进全面从严治党——党的十八大以来纪检监察体制改革综述》，《中国纪检监察》2018年第24期。

[2]　李雪勤：《中国共产党纪律检查工作60年》，中国方正出版社2009年版，第110页。

就掌握了对该部门的控制权。对案件查处的领导表面上是一项具体工作，实际上牵涉反腐工作的全局。可以领导指挥案件的查处，就可以把握反腐败斗争的大局。在以同级领导为主的体制下，纪委书记主要由同级党委提名，个人政治前途主要掌握在同级党委手中，要想主动、大胆地去监督同级党委，一般情况下是难以做到的。即使是同级党委的班子成员，监督起来也会有顾虑，更何况对党委书记进行监督。案件线索如何处置，是否立案、是否秉公查处，如果以同级领导为主，纪委书记只能接受同级党委的领导。如果腐败线索涉及的是党委书记提拔的人，或者是与党委成员关系密切的人，是否按照法律规定和正常程序进行查处，很可能由党委书记或者同级党委决定。对于反腐败工作而言，这是非常棘手的局面。

新的党中央敏锐地察觉到反腐体制存在的问题，并通过大胆地改革体制推动反腐败斗争深入开展。党的十八届三中全会对反腐领导体制作出重大创新，决定实行以上级领导为主的领导体制，推动双重领导的具体化、程序化和制度化。实行上级领导为主的领导体制，最关键的是做到"两个为主"，即各级纪委书记、副书记的提名和考察以上级纪委会同组织部门为主；查办腐败案件以上级纪委领导为主，线索处置和案件查办在向同级党委报告的同时必须向上级纪委报告。这样，纪委书记的人选实际上以上级纪检监察机关的提名为主，同级党委并没有实质性的决定权。纪委书记主要接受上级纪委的领导，而不完全是受同级党委书记的领导和支配，可以相对独立地开展工作，提升了纪委监委作为反腐机构的独立性和权威性。在重大案件的处置上，也可以进一步发挥上级纪检监察机关的领导作用，排除可能存在的各种干扰因素，依法依规进行调查和处置。

（三）创新层级、部门与区域协作体制：反腐机构行动能力的提升

党的十八大以来反腐败斗争和整个党风廉政建设取得突出成效，不仅是纪检监察机关本身的工作卓有成效，还与各个部门、各个层级的紧密协作有很大的关系。每一起重大腐败案件的查处，可以说是各个部门、各级纪检监察机关分工协作、联合行动的结果。这一协作在

第六章　领导与管理体制的整体性重构：建立党领导下的权威高效反腐机构

防逃追逃工作中体现得尤为充分。

党的十八大以前，由于防逃的体系不够完善，追逃追赃的机制运行不够畅通，许多腐败分子逍遥法外、逍遥境外，引起人民群众的强烈不满。2014年6月，经党中央批准，中央反腐败协调小组建立追逃追赃工作机制。由中央纪委国家监委牵头，最高人民法院、最高人民检察院、外交部、公安部、国家安全部、司法部、人民银行等为成员单位，共同组成统一协调、高效联动的防逃追逃追赃机制。[①] 与松散型协作不同，这是一种紧密型、无缝隙协作。在中央纪委、国家监委的统一领导下，只要有什么任务，各个部门会迅速行动起来，没有推诿、没有迟滞，如同一个部门的内部行动。以往，或许也建立了类似协作机制，但目标不明确、职责任务不明晰、合作的动力不足，行动起来要么请示汇报太多、要么相互推诿，效率低下、行动迟缓。这也说明，框架上的协作机制固然重要，但关键还是要靠高层铁腕反腐的决心和意志、牵头机构的统一指挥和协调、各参与部门的思想认识与合作意愿。在层级之间，各种壁垒明显已经被打破。只要发生了外逃事件，需要哪一层合作，信息立刻会传到指挥中心，指挥中心立马发出指令。中央和省级纪检监察机关拥有专业人员，防逃追逃相对比较容易。相比之下，市、县级纪检监察机关专业人员有限、可动用的资源也有限。当需要上级协作时，上级的反应速度和反应能力超出想象。防逃追逃涉及跨地区的协作，有的甚至涉及全国很多地方。如果当地不予协作或者协作不力，很多案件的查处可能会困难重重。现在，在中央纪委、国家监委的统一领导下，全国已经形成"一盘棋"，没有区域壁垒、没有行动障碍，让腐败分子无处藏身、无处可逃。

除了国内合作，我国还与许多国家、国际组织建立追逃追赃协作机制。习近平总书记非常重视追逃追赃工作，多次作出重要指示，并在许多外交场合亲自倡导和协调。2014年11月8日，亚太经合组织（APEC）部长级会议通过了《北京反腐败宣言》，习近平主席大力倡

---

① 《坚持党的领导　完善追逃追赃协调机制》，《中国纪检监察报》2020年8月6日。

导建立亚太经合组织反腐败执法合作网络。在二十国集团领导人第九次、第十次峰会上，习近平主席强调中方支持二十国集团加强国际追逃追赃务实合作。2016年9月，在二十国集团杭州峰会上，习近平主席呼吁深化二十国集团乃至全球范围内的反腐败合作，并促成了《二十国集团反腐败追逃追赃高级原则》的签订和G20反腐败追逃追赃研究中心在华设立。2017年9月，习近平主席主持金砖国家领导人第九次会晤，重申加强反腐败国际交流与合作，并将相关共识写入《金砖国家领导人厦门宣言》。[①] 目前，国际合作的网络越织越密，从2014年到2020年，我国与28个国家新缔结引渡条约、司法协助条约、资产返还与分享协定等43项，刑事司法合作条约缔结总数达到81国169项。[②]

在各方面的共同努力下，反腐败追逃追赃工作取得重大成果。2014年至2020年6月，共从120多个国家和地区追回外逃人员7831人，包括党员和国家工作人员2075人、"红通人员"348人、"百名红通人员"60人，追回赃款196.54亿元。[③] 增量明显减少，新增外逃党员和国家工作人员从2014年的101人降至2019年的4人。[④] 国际追逃追赃取得的重大成果，不仅对仍然逍遥法外、逍遥境外的腐败分子造成强大的威慑，而且有力地震慑了尚未被查处的腐败分子。这些年，许多腐败分子纷纷投案自首，与我们始终保持反腐高压态势、防逃追逃体系日趋严密也有很大的关系。

（四）深化派驻机构管理体制改革：从有形覆盖到有效覆盖

1983年3月，中央纪委印发《关于健全党的纪律检查系统加强纪检队伍建设的暂行规定》，指出："中央纪委派驻各部门的纪律检

---

① 赵秉志、张磊：《习近平反腐败追逃追赃思想研究》，《吉林大学社会科学学报》2018年第2期。
② 郭晓梅：《反腐败国际追逃追赃工作成果丰硕》，《中国纪检监察》2020年第16期。
③ 王博勋：《推动反腐败国际追逃追赃工作取得更大成果——全国人大常委会首次听取审议国家监委专项工作报告》，《中国人大》2020年第16期。
④ 郭晓梅：《反腐败国际追逃追赃工作成果丰硕》，《中国纪检监察》2020年第16期。

第六章　领导与管理体制的整体性重构：建立党领导下的权威高效反腐机构

查组和纪律检查员，在中央纪委直接领导和驻在部门党组指导下进行工作。"这是党中央最早提出对派驻机构实行"领导+指导"的双重管理模式。1993年5月，中央纪委、监察部下发《关于中央直属机关和中央国家机关纪检监察机构设置的意见》，明确了"派驻纪检监察机构实行中央纪委、监察部和所在部门党组、行政领导的双重领导，纪检监察业务以中央纪委、监察部领导为主"的领导体制。这是继1962年派驻机构建立之初实行这种管理模式以后，党中央再次提出对派驻机构实行"双重领导、一个为主"的管理模式。2001年8月，中央纪委印发了《中央纪委、监察部关于中央纪委、监察部派驻纪检监察干部管理暂行办法》，进一步明确"派驻纪检监察机构的干部由中央纪委、监察部和驻在部门实行双重管理，以中央纪委、监察部管理为主"。这是"双重管理、一个为主"的正式提出。[①]

双重管理体制在建立之初发挥了一定程度的作用。随着时间的推移，它的内在困境和冲突愈来愈明显。"同体监督"和"异体监督"的矛盾、下级监督上级的矛盾、对内负责与对外负责的矛盾、主业和次业的矛盾、履职期待与履职条件的矛盾等日益突出。

监督者与被监督者本应保持独立，不应存在从属关系与利益牵连。在双重管理体制下，监督者的工资、福利、工作经费、办公条件甚至职务晋升全部由被监督者安排。监督者受到被监督者的制约，毫无独立性可言。名义上是监督监察机构，实际上与其他机构没有本质差别，完全是被监督单位的一个普通的内设机构。受纪检监察机关委派进行"异体监督"的监督者，本质上从事的仍然是"同体监督"。

派驻机构负责人担任驻在部门班子成员，一般为分管纪检监察的副书记。派驻机构的重要职责之一是对驻在部门的领导班子进行监督。但是，担任班子成员以后，派驻机构负责人接受驻在部门党委的领导，行政级别低于驻在部门负责人。在集权体制下，"一把手"在权力结构中具有决定性地位，作为班子成员，派驻机构负责人必须遵

[①] 钟稳：《纪检监察派驻机构管理改革：演化、困境、展望——写在派驻机构统一管理制度走过10年之际》，《求实》2014年第8期。

守政治纪律，下级服从上级，少数服从多数，很难发表不同意见，更难对"一把手"和其他成员进行有效监督。于是，下级监督上级的尴尬局面得以形成，"将专门的监督机关置于监督对象领导之下的管理体制限制了监督的效能发挥"[1]。

派驻机构既要接受驻在部门的领导，维护驻在部门的利益，对驻在部门负责；又要接受纪检监察机关的领导，体现自身的派驻身份，对纪检监察机关负责。两个领导机构对案件查处、职能定位等如果存在不同的认识，向派驻机构下达的指令时常就会有冲突。派驻机构既要满足驻在部门领导维护单位形象、维护格局稳定的要求，又要贯彻纪检监察机关加大案件查处、推进廉政建设的基本精神。如何协调二者的关系，如何摆脱角色冲突，成为双重管理体制下派驻机构无法破解的难题。

派驻机构的主要职责是从事纪检监察工作。但是，在双重管理体制下，驻在部门给派驻机构安排了许多业务性、综合性工作。当职能部门业务繁忙时，派驻机构要承担部分业务工作；当新的任务没有合适的部门承担时，派驻机构成为领导的首选。为了配合驻在部门的中心工作，派驻机构往往承担项目进度监督或者具体业务工作，对真正的违纪违法监督着力甚少。在有些地方，派驻机构不是无事可做，而是十分忙乱，但整天忙于应急性、临时性任务，根本没有精力抓好纪检监察主业。

不是所有的派驻人员都没有事业心和责任感。相反，绝大多数派驻人员都认识到纪检监察工作的极端重要性，并希望在自己的工作岗位上有所作为，为遏制权力滥用和腐败现象贡献力量。但是，实现愿望的条件非常有限。派驻机构人员规模小，懂业务、有经验的人不多，很难开展业务性很强的监督监察工作和"培养行业反腐败专家"[2]；工作经费不足，很难自主地、经常性地开展各种监督监察活

---

[1] 何增科：《建构现代国家廉政制度体系：中国的反腐败与权力监督》，《广州大学学报》（社会科学版）2011年第1期。

[2] 过勇：《改进和完善我国反腐败体制机制的政策建议》，《中国监察》2009年第11期。

第六章 领导与管理体制的整体性重构：建立党领导下的权威高效反腐机构

动；侦查手段、技术以及侦查权限都受到限制，在信息获取和线索侦破中困难重重；等等。管理体制的束缚加上工作条件的制约，使得派驻机构很少能够卓有成效地开展工作。长此以往，倦怠心理日益突出，制度预期难以实现。①

2004 年，中央纪委、监察部对 36 个双派驻机构实行了统一管理。2005 年，又对 20 个单派驻机构实行了统一管理。② 党的十八届三中全会指出："全面落实中央纪委向中央一级党和国家机关派驻纪检机构，实行统一名称、统一管理。派驻机构对派出机关负责，履行监督职责。改进中央和省区市巡视制度，做到对地方、部门、企事业单位全覆盖。"③ 此次全会后，在向所有党政机关、国有企事业增加派驻机构、实现派驻机构"全覆盖"的基础上，派驻机构管理体制也实现了历史性突破。所有派驻机构由纪检监察机关统一管理，派驻人员的工资、福利、培训、组织关系等全部由纪检监察机关管理，不再由驻在单位负责；派驻人员的录用、晋升由纪检监察机关统筹，派驻人员不再担任驻在单位的职务。这样，派驻机构实现了从"同体监督"到"异体监督"的根本性转变，机构的独立性、权威性大大增强，成为有中国特色权力监督体系中的重要主体，在深化党风廉政建设和反腐败斗争中发挥着越来越重要的作用。

二 中央要求与地方实际的有机融合：地方纪检监察机关的体制创新

除了中央层面的统一改革，地方纪检监察机关根据中央的部署和要求，紧密结合当地的实际，在管理体制方面进行了大胆探索，在很大程度上解决了基层纪检监察的突出矛盾和问题。

---

① 陈宏彩：《地方纪检监察机关派驻机构制度创新研究》，中国社会科学出版社 2016 年版，第 40—43 页。
② 李至伦：《关于反腐倡廉的形势和任务》，《中国监察》2005 年第 16 期。
③ 《中共中央关于全面深化改革若干重大问题的决定》，人民出版社 2013 年版，第 37 页。

（一）巡视巡察联动：以联动提质扩面

巡视巡察是推动反腐败斗争的"一把利剑"。党的二十大报告指出：发挥政治巡视利剑作用，加强巡视整改和成果运用。落实全面从严治党政治责任，用好问责利器。①

从实践来看，巡视巡察联动的功能主要体现在以下方面。其一，全面彻底地查找问题，提升巡视巡察的整体权威。巡视主要由党的中央和省（自治区、直辖市）委员会进行，查找的主要是中央和省属机关、企事业单位以及市、县党政机关存在的问题。从覆盖面来讲，巡视制度还是有一定的局限性，不能覆盖所有层级。巡视巡察联动，可以实现纵向到底、横向到边全覆盖，全面彻底地查找问题、调查权力滥用和权力腐败线索。因此，巡视巡察联动会产生更为强大的威慑力和震慑效应，足以让各个方面、各相关人员感受到联动监督的力量，克服侥幸心理和对抗情绪，积极主动地查摆问题。其二，更好地实现优势互补，提升整体监督效能。巡视制度建立的时间较长，在长期实践中凭借出色的业绩和"尚方宝剑"享有很高的权威性，拥有充分的人力、物力、财力资源，但并没有太多的精力将触角延伸到基层。相比之下，巡察制度实施的时间较短。党的十八届六中全会通过的《中国共产党党内监督条例》首次明确规定："省、自治区、直辖市党委应当推动党的市（地、州、盟）和县（市、区、旗）委员会建立巡察制度，使从严治党向基层延伸。"巡察组熟悉基层情况，可以将触角直接延伸到最基层，甚至可以走村串户。但专业力量有限，专业人才明显不足，还有可能受熟人社会、人情社会的影响。如果巡视巡察联动，可以更好地发挥彼此的优势，最大限度地实现监督的整体效能。事实上，很多腐败案件都不是孤立的，可能涉及各个层级、各个方面的人员。巡视巡察联动，可以在短时间内全面掌握情况、全

---

① 习近平：《高举中国特色社会主义伟大旗帜　为全面建设社会主义现代化国家而团结奋斗——在中国共产党第二十次全国代表大会上的报告》，人民出版社2022年版，第66页。

第六章　领导与管理体制的整体性重构：建立党领导下的权威高效反腐机构

面动员部署，打一场"运动战""歼灭战"，降低行动成本，提高行动效率。其三，可以更好地掌握情况，提升权力监督的针对性和精准性。通过巡视巡察联动，可以更为全面地收集某个领域、某个地区的信息，并对该地区、该领域的廉政建设情况和政治生态进行全面分析，从而向相关方面提出更有针对性、系统性和可操作性的对策建议，防微杜渐，防患于未然。在扶贫领域的监督、扫黑除恶的监督之中，巡视巡察联动发挥了全面收集信息、精准打击、精准施策的重要作用。

近年来，浙江省在全面推动政治巡视的同时，积极探索省直单位巡察。根据巡视反馈意见开展"接力式"巡察，推动省委巡视、市县巡察、省直单位巡察联动共进。2020年下半年，省委巡视组对衢江区、开化县进行常规巡视期间，衢州市同步组建两个巡察组，分别对衢江区民政局党组、开化县池淮镇党委开展提级巡察。提级巡察组在对云溪乡敬老院进行延伸检查时，发现敬老院存在工作人员责任意识缺乏，上级拨付的空调、风扇、电视机等闲置未安装，管理不到位等问题，要求有关方面立即进行整改。随后，养老院副院长被辞退，衢江区民政局分管领导受到诫勉谈话处理。省委第九轮巡视组对诸暨市进行常规巡视期间，诸暨市同步组建5个巡察组对市教体局、人社局等9家单位的党组织开展巡察监督，诸暨市纪委、市监委"跟组联动"，组建4个执纪审查组全程配合巡视巡察联动工作，对问题线索快查快处、快办快结。省委第九巡视组进驻桐庐县不久，发现该县一家公司非法占用93.3亩农用地长达10年之久，一直得不到解决。这个问题很快被列入巡视巡察的攻坚重点，杭州市委专门组建提级巡察组进驻开展"机动式"巡察。最终，公安机关开展立案侦查，拘捕多名犯罪嫌疑人，有效遏制了当地非法占用农地问题，凸显了巡视巡察联动的监督权威。在总结经验的基础上，中共浙江省委专门印发《关于建立全省巡视巡察上下联动监督网的实施意见》，规定在省委巡视组巡视县（市、区）期间，全面采取省统筹指导、设区市主抓实施、县协同配合的方式，一体部署联动推进省市县三级巡视巡察。省市县三级一体研究制定巡视巡察工作五年规划，把村（社）、基层站所等基层党组织纳入全覆盖范围,推动巡察向基层延伸。①

作为一种新生事物,巡视巡察联动也存在许多问题和不足,例如启动机制不够规范、人才整合相对滞后、部门协调有待完善、成果共享和运用有待深化等。为了提升巡视巡察联动的制度绩效,必须更好地解决上述问题。在启动机制方面,可以建立常规机制和非常规机制。省委巡视组可以根据省委巡视工作的总体安排,制订巡视巡察联动的目标、任务和计划,根据计划具体实施。在巡视工作中,如果发现问题线索或者重大情况,相关巡视组可以提出申请,经批准后实施联动方案。两者都需要制度化、具体化、程序化,做到既符合规范、又提高效率。在协调方面,巡视巡察联动涉及省、市、县、乡、村各个层级的协作,也需要纪委监委、人事、财政、审计、信访等各个部门的协作。在工作中要进一步明确层级之间、部门之间的协同职责,尽可能地减少摩擦、增强合力。在人才整合方面,要建立省、市、县三级一体的人才库。巡视巡察同步进行,无论是对人员数量还是队伍素质都会提出新的挑战。这就要求建立三级一体的巡视巡察人才库,三级人才整体安排、统筹运用。这样可以让巡视队伍带动巡察队伍,让市县巡察力量在参与、合作中进一步提升业务水平和业务能力。在信息共享和成果运用方面,巡视巡察作为一个整体在联动,各方面的信息必须共享,不能因为信息的不对等增加工作难度,也不能因为信息的条块分割阻碍后期的整改和工作改进。在遵守保密规定的情况下,可以打破常规工作机制,探索巡视巡察联席会议制度,共同分析情况、商讨对策。巡视巡察联动的成果,必须最终转化为从根源上改进工作、改进监督的政策建议和制度完善方案,转化为某个地区、某个领域党风廉政建设的根本好转。"如果只注重对被巡察单位的问题整改,而不治理根源上的问题,巡视巡察的制度权威和治理效能便难以发挥。"②

---

① 戴睿云、颜新文等:《织密联动网 共下一盘棋 浙江着力构建巡视巡察上下联动格局》,《浙江日报》2020年11月6日。
② 张学龙:《整体性治理视角下的党内巡视巡察联动研究》,《理论与改革》2019年第6期。

第六章　领导与管理体制的整体性重构：建立党领导下的权威高效反腐机构 ◇◆◇

（二）片区协同管理：以协同改善绩效

乡镇纪检监察工作相对薄弱的状况引起了有关方面的高度重视，许多地方进行了大胆探索，积累了许多好的经验。为了认真贯彻党的十八大精神和中央纪委关于"转职能、转方式、转作风"的要求，进一步整合资源、强化力量，充分发挥基层纪检监察组织的职能作用，从2014年初开始，浙江省仙居县纪委在全县建立了纪检协作区模式。具体做法如下。①

（1）划分片区，整合力量。按照区域邻近等原则，将全县乡镇（街道）划分成4个纪检协作区，每个纪检协作区设立工作组，在县纪委的统一领导下开展工作。协作区设组长1名，由县纪委常委担任，副组长1名，由纪检协作区工作组所驻乡镇（街道）纪委（纪工委）书记担任，成员由协作区内其他乡镇（街道）纪委（纪工委）书记组成。纪检协作区工作组由所驻乡镇（街道）提供办公场所，配备办公设备、安排专职工作人员。

（2）统筹管理，完善机制。遵循现有管理体制，即保持乡镇（街道）纪检组织机构职能、职责、人员编制、工资、经费渠道不变的情况下，纪检协作区工作组对协作区内各乡镇（街道）纪检组织统筹协调，根据工作需要，定期或不定期集中办公。纪检协作区工作组主要履行监督检查、信访办理、案件查处等职责。

（3）各方联动，优势互补。县纪委各科室根据职能职责参与片区有关专项工作；纪检协作区工作组按照职责，推动协作区内党风廉政建设和反腐败工作；协作区通过区内乡镇（街道）党风廉政工作室密切协作，完成有关工作任务。

（4）建章立制，提高效能。通过建立工作例会制度、情况通报制度、互督互评制度、难题会商制度、检查考核制度等对协作区进行制度化、规范化管理，强化责任意识，提高执纪效能。同时，建立协作

---

① 根据实地调研资料整理。浙江省以及全国很多地方都在推行片区协作模式，仙居县的改革比较具有典型意义。

区审理员资格选拔制度、工作回避制度、业务培训制度等，不断提升基层纪委执纪能力。

2015年以来协作区通过建立"四联"工作机制，即"四风"联纠、信访联办、案件联查和联审，大幅度地提高了基层纪委的执纪问责能力。据统计，当年1月到10月，协作区组织开展正风肃纪专项行动93次，查处违纪党员干部50人，有效解决了乡镇纪委对本地违纪党员干部问责追责难等问题；共组织联合办理重大疑难复杂信访案件40起（办结20起）；成立案件联合调查组和案件联审组，共立案查办农村党员干部经济腐败案件45件，与上年同比增长了338%；联审案件30起。协作区模式是在全面加强党的建设，深入开展党风廉政建设新常态下基层纪律检查体制改革的有效尝试。它的创新意义体现在以下方面。

（1）通过资源整合突破了乡镇纪委人手不够的困境。长期以来，乡镇纪委都面临人手不够的矛盾，很多事情想做而做不了。乡镇纪委除了纪委书记，一般只配备专职人员1—2人。然而，农村"三农"资金配置激增，征地拆迁、集体资产处置等事务纷繁复杂，依靠有限的人力、物力和财力根本无法对广大干部进行有效监督，近年来频繁发生的"小官巨腐"现象就是这一矛盾的集中体现。仙居县乡镇纪委协作区模式将有限的资源进行优化组合，提高了资源配置效益，化解了基层执纪难的关键性矛盾。

（2）通过机制创新突破了人情因素影响执纪的困境。农村是熟人社会。在固定的乡镇范围内，纪委工作人员、被监督对象等其实都十分熟悉，有些甚至是亲戚朋友关系，人情因素往往对执纪监督造成直接或间接影响。协作区模式打破了地域界限，由协作区内的其他人员接手违纪案件的调查和处理，在很大程度上避免了人情因素的干扰。同时，协作区模式产生了良好的社会效果，无论是被调查者还是普通群众，都认为协作区的调查处理更为公平公正，基层纪委的良好形象进一步树立。

（3）通过体制创新突破了基层纪委权威性不强的困境。近年来查处的农村违纪违法案件中，村干部特别是"两委"主要干部成为被查处的主要对象。很多村干部都是当地颇有影响的"能人",对乡镇纪委的监督有时甚至毫不在乎,不予配合。协作区由县纪委组建,代表县纪委履行职能,在很大程度上提升了传统乡镇纪委的权威性和影响力。权威性和影响力得到提升以后,协作区可以大刀阔斧地开展各项执纪监督,切实把纪律和规矩挺在前面。

(4)通过标准化建设突破了基层纪委执法不规范的困境。以前乡镇纪委找被监督对象谈话,一般在办公室进行,执纪的规范化程度低,遇到投诉时调查取证难。协作区模式建立以后,在牵头乡镇建立了专门的案件审查室,配备了录音录像设备进行全程记录,制定了详细具体的案件查办制度,并对工作人员进行专门培训。因此,执纪监督的规范化、程序化、制度化得到提升,基层纪委的执纪能力和执纪水平产生质的飞跃。

(三)室组地联合办案:以联合彰显优势

国家监察体制改革后,派驻机构是否享有监察权,曾经是理论和实践部门讨论的热点问题。如果不赋予派驻机构监察权,派驻机构的监察权威会受到影响。它只能履行日常监督职能,没有实际上的案件调查处置权,显然不能产生足够的威慑力,日常监督也会松软乏力。如果赋予派驻机构监察权,它不能拥有和监察机关一样的办案条件,又会有权力成为摆设的可能。2018年,党中央深化派驻机构改革,明确赋予派驻机构处置违纪问题、违法问题和职务犯罪行为的权力,派驻机构的监察权得到明确。2021年,十九届中央纪委五次全会提出:健全"室组"联动监督、"室组地"联合办案制度机制,推动内设纪检机构、监管机构等形成监督合力。[①]

"室组地"联合办案机制的提出,显然是有关方面综合考虑各种因素的结果。派驻机构被赋予监察权后,原本属于监察机关办理的案

---

① 赵乐际:《推动新时代纪检监察工作高质量发展 以优异成绩庆祝中国共产党成立100周年——在中国共产党第十九届中央纪律检查委员会第五次全体会议上的工作报告》,《人民日报》2021年3月16日。

件可能直接由派驻机构办理。但是，派驻机构人手不够，没有规范的留置场所，没有专门的办案经验和业务水平，也缺乏和法院、检察院等司法机关常态化的沟通协调机制。相比之下，监察机关具备各种专业力量，有成熟的办案经验和制度化的办案程序，与公安、检察院、法院有固定的业务往来。监察机关的短板是，如果涉及行业性、专业性、技术性很强的腐败案件，可能会有新的挑战。这个短板恰恰是派驻机构的长板。派驻机构对行业情况比较熟悉，对驻在单位的政治生态、人员情况比较了解。如果涉及行业性、专业性很强的问题，派驻机构可以迅速调动相关的专业人员。而且，派驻机构可以接受与之联系的监督检查室的业务指导和协调，这就使得"室组地"的联动具备较好的条件，可以优势互补，形成合力。

"室组地"联合办案模式在中央和地方都有尝试。2019年2月，浙江省纪委、省监委驻省委组织部纪检监察组与杭州市西湖区监委对省直单位某处级领导干部严重违纪违法问题展开联合审查调查。这是浙江首次探索使用由省直派驻机构和地方监委"纪法分头立案、联合审查调查"的办案模式。双方在联合办案中分别发挥了各自优势，起到了优势互补的效果。派驻机构可以通过省纪委、省监委统一查询平台，集中查询银行开户信息及账单信息，还能通过相关纪检监察组的协助，很便捷地查询公安、民政、工商、社保等信息。地方监委内部审批程序相对便捷，在谈话和办案策略上也经验丰富。2019年上半年，省纪委、省监委派驻机构联合地方监委办案共18件，涉及19人。① 中央纪委、国家监委派驻机构与地方监委联合办案，也逐渐成为一种常态。例如，中华全国总工会中国财贸轻纺烟草工会全国委员会分党组成员、一级巡视员芮某涉嫌严重违纪违法，接受中央纪委国家监委驻中华全国总工会机关纪检监察组纪律审查和北京市监察委员会监察调查；中国核工业集团有限公司副总经济师刘某涉嫌严重违纪违法，接受中国核工业集团有限公司纪检监察组纪律审查和河南省监

---

① 吕玥、颜新文等：《"探头"升级靶向惩腐　浙江深化纪检监察派驻机构改革》，《浙江日报》2019年7月19日。

第六章　领导与管理体制的整体性重构：建立党领导下的权威高效反腐机构

委监察调查；中国石化纪检监察组与山东省东营市监委联合查办所属山东石油分公司副总经理赵某严重违纪违法案件；驻海关总署纪检监察组与广东省纪委监委、深圳市纪委监委联合办理汕头海关原党组书记、关长李某严重违纪违法案件；等等。①

"室组地"联合办案，不是将案件线索直接交地方监委即可，派驻纪检监察组必须参与主要过程，关键信息共享，重大问题相互协商，关键环节相互协助。当然，根据案件性质和特点，可以由地方监委为主办单位，派驻机构予以协助。或者设立双组长制度，共同分担案件的调查处理责任。监督检查室则需要对案件线索加强把关，统筹协调指定管辖，对案件查办方向、过程把控、整体进展、综合效果等进行指导，对难度较大的事项加强协调，确保案件办理的效率和质量。为了提高协作效率，有关方面正在探索如何建立常态化的协作机制。自2017年以来，中国石化纪检监察组主动对接20余家省市纪委、监委，联合查办严重违纪违法案件，初步构建了与地方纪委、监委协同开展审查调查的有效途径。从2019年开始，驻海关总署纪检监察组积极推进"组地关"合作，针对执纪审查配合、监察调查配合、日常监督及其他方面，督促全国47个直属海关单位与省市纪委、监委签订工作协作配合办法。②随着改革的深入，要尽快出台"室组地"联合办案的规范性文件，让这种新的协作机制规范化、程序化和制度化。

（四）县乡一体改革：以一体弥补短板

2018年8月，乌兰县先行先试，探索基层纪检监察资源优化途径，率先在全州推行县镇纪检监察工作一体化管理，实现镇纪检监察干部在县纪委、监委集中办公。纪检监察一体化管理工作采取统一集中办公、统一工作部署、统一学习培训、统一考核考评方式。这一做

---

① 王诗雨：《室组地为何需要加强协作配合——改革由问题倒逼而生》，《中国纪检监察》2021年第10期。
② 杨巨帅、高婧：《如何深化运用"室组地"协作配合机制——抓住关键推动高效运转》，《中国纪检监察》2021年第10期。

法得到了中央和省委领导的批示肯定。①

这一做法的优势在于以下几个方面。其一，提高了乡镇纪检监察干部队伍的整体素质。乡镇纪检监察干部处于最基层，长期缺乏相应的学习锻炼机会。将他们集中起来到县纪委、监委办公，统一参与县纪委、监委的各项业务活动并统一考评，可以在很大程度上提高他们的业务能力。经过较长时间的学习锻炼，如果所有乡镇干部的素质、能力都能与县级干部齐平，基层纪检监察干部队伍的整体素质将产生质的飞跃。其二，可以促进乡镇纪检监察干部的"三转"。受纷繁复杂的基层事务的影响，乡镇纪检监察干部很多都要参与基层各种各样的工作，有时候自身的工作甚至摆在次要位置。乡镇纪检监察干部统一在县里办公，则可以摆脱自身职责之外的事务的干扰，集中精力做好党风廉政建设和反腐败工作。其三，可以减少人情因素对查案办案的影响。县纪委、监委统筹人员安排，可以根据实际情况执行回避原则，乡镇纪检监察干部不参与属地范围内的案件的查处，从而避免了可能存在的人情干扰因素。其四，可以提高县域范围内的资源配置效益。乡镇干部苦乐不均、能力不均，有些可能因为当地案件少比较闲，有些可能因为不想监督、不会监督也比较闲。县纪委、监委统筹县域范围内的所有人力资源，可以在更大程度上优化资源配置、提高资源使用效益。当然，乡镇纪检监察干部不能因为在县里集中办公，就忽视了对属地范围内政治生态的了解和党风廉政建设的监督责任。在制度设计上，可以考虑乡镇干部每周一天在乡镇办公，了解乡镇干部的基本情况，深入村级进行调研，切实履行乡镇纪检监察机构的基本职责。

事实上，早在 2002 年，海南省澄迈县就开始试点不直接设立乡镇纪委，而以县委派驻的乡镇纪检监察组代替乡镇纪委。此前，江苏省东海县也进行了相关探索。2007 年 11 月，四川省南溪县将 15 个乡镇纪委撤销，成立 4 个片区纪委，每个片区纪委管辖 3—5 个乡镇的

---

① 海西州纪委监委：《深化基层纪检监察体制改革的"海西方案"》，《柴达木日报》2019 年 7 月 10 日。

纪检工作。后来，四川全省750多个乡镇先后推广南溪模式，占全省乡镇总数的17%，在理论和实务部门产生了一定影响。2011年6月7日，中纪委、监察部下发《关于加强乡镇纪委组织建设的指导意见》，明确提出乡镇应当设立纪委，并对乡镇纪委的组织建设、干部交流提出要求。2012年2月，四川省委省政府下发《关于加强乡镇纪检组织建设的实施意见》，要求全面恢复被撤销的乡镇纪委。①

可见，推动乡镇纪检监察改革，是形势所需、任务所迫，是一项系统性、长期性任务。但是，乡镇纪检监察改革不能走极端，不能以直接撤销乡镇纪委的做法"一蹴而就"。一方面，我们要改革乡镇纪检监察领导管理体制，通过体制改革增强乡镇纪检监察的队伍建设、业务水平和监督能力；另一方面，要从职能配置完整性、机构设置完整性的角度看待乡镇纪检监察机构，不能让党的基层组织建设、党的基层权力监督体系出现瑕疵或漏洞。

三 将体制优势转化为治理效能：深化反腐体制改革的根本路径

尽管我国纪检监察体制改革成绩斐然，但也存在部分不足。例如，以上级领导为主的体制如何进一步落实，如何与审计监督更好地衔接和联动，如何根据实践要求进一步深化县乡纪检监察体制改革，如何提升多元参与主体的协同性，等等。

（一）制度刚性与职责分工：落实以上级领导为主的体制

从相对均衡的双重领导体制到以上级为主的领导体制变革，无疑是我国纪检监察体制改革的历史性突破。"两个为主"的制度设计，是落实上级主导的关键举措。从实践来看，"各级纪委书记、副书记的提名和考察以上级纪委会同组织部门为主"，这个制度比较容易落

---

① 过勇、宋伟：《中国县级纪检监察机关改革研究》，清华大学出版社2014年版，第151页。

实，事实上也已经得到落实。"查办腐败案件以上级纪委领导为主，线索处置和案件查办在向同级党委报告的同时必须向上级纪委报告"这项制度落实起来有时会有些困难。假如案件线索向同级党委报告后，负责人认为不能调查处理，无论是委婉还是直接的表达，纪委书记都会掂量。一般情况下，纪委书记是班子成员，要和书记搞好团结，不太可能违背书记的意志向上级报告，除非有另外的原因。可见，是否向上级纪委报告、报告多少、何时报告，都有很大的自由裁量权。一般的案件，完全可以做到"在向同级党委报告的同时必须向上级纪委报告"；特殊的案件，则很难按照这一规则运行。这就是反腐败斗争中的一个漏洞，同级党委特别是同级党委书记对案件的查处事实上拥有较大的决定权，其影响甚至超过上级纪委。

  为了改变这一状况，一个可能的做法是，所有举报线索由上级纪检监察机关集中受理和处理。现在的信访举报不管来源于何种渠道，直接转到所属纪检监察机关处理。举报人其实有两个担忧：一是担心同级纪检监察机关泄露信息导致个人受到打击报复；二是担心同级纪检监察机关包庇嫌疑人或者处理不力。如果线索不直接转到同级纪检监察机关，而是由上级纪检监察机关受理，可以在很大程度上克服举报人的担忧，产生更好的激励效应。更为重要的是，线索处置完全掌握在上级纪检监察机关手中，可以由上级纪检监察机关决定如何处理，交给下级纪检监察机关去执行。案件办理的情况，上级纪检监察机关可以更好地掌控和监督。这就真正实现了"查办腐败案件以上级纪委领导为主"。也许有人会说，很多举报是直接到达同级信访部门的，上级纪检监察机关无法掌握。既然如此，另一项可能的改革就是，让信访部门直接接受上级纪检监察机关的领导和管理。这样，不管来源于何种渠道的信访举报，可以统一归口到上级纪检监察部门。这项改革或许难度较大，但是，如果深入推进反腐败斗争，必须真正做到"两个为主"，这样的改革又会具有特别重要的意义，完全可以在某些地方开始试点，在总结经验的基础上决定如何进一步完善。

  实现上级为主的领导体制，还要考虑到党风廉政建设和反腐败斗争中的主体责任与监督责任问题。各级党委必须对党风廉政建设承担

第六章　领导与管理体制的整体性重构：建立党领导下的权威高效反腐机构

主体责任，这是硬性规定，各级党委必须不折不扣地执行。如果不强调党委的主体责任，很多工作很可能力度就不一样，甚至会落空。因此，就党风廉政建设而言，各级党委要统抓统管，党委因不重视、只注重形式导致发生大的腐败案件，必须追究责任。反腐败斗争和日常的党风廉政建设遵循不同的逻辑，责任划分、工作难度等会有很大的不同。如果一味地强调接受本级党委的统一领导，会存在明显悖论：本级党委反腐败力度越大，越表明本地的党风廉政建设不到位，本级党委的失职越为突出。这就表明，反腐败斗争必须以上级纪委领导为主，以本级纪委的监督责任为主。如果腐败案件没有及时得到查处，本级纪委和上级纪委要承担责任。全面、彻底地推动反腐败斗争，必须强调党的统一领导。党的统一领导，不是各级党委的自主领导，更不是党委书记的自主领导，而应该是党中央的坚强有力的领导。片面地理解党的领导，将党对反腐败斗争的领导归结到各级党委的自主领导甚至党委书记的自主领导，只会导致反腐败力度逐级衰减或者为别有用心的人提供可乘之机。一般而言，地方领导从政府正职到党委正职，在某地至少工作了好几年的时间，该地的干部很多都是其提拔的，很多都和他有着很好的工作关系或友谊。地方上即将要查处的人，也许或多或少、或直接或间接地与主要领导有一定的关系。如果主要领导政治觉悟高、反腐力度大，案件依然会严肃查处；如果主要领导有更多的考虑或者个人利益的考量，案件查处可能会打折扣。从近几年查处的腐败案件来看，有些党委书记、纪委书记自身就是腐败分子，让他们去领导当地的反腐败斗争，效果可想而知。

由此可见，日常的党风廉政建设和反腐败斗争在责任划分、领导体制上还是要有所差别。前者主要是同级党委的责任，后者主要是上级纪委的责任；前者是基础性、建设性工作，后者通过问题查找和案件揭露检验前者的工作成效；两者职能职责相对分开，上级纪委对党委履行主体责任进行监督。坚持党对反腐败工作的统一领导，就要坚持党的反腐机构的权威性和相对独立性。党中央对全国的反腐败工作进行统一部署，中央纪委、国家监委认真执行党中央的反腐方针和政策。为了保证政策执行不走样、力度不减，必须强调上级纪委的权威。必要时，可以考虑省级以下垂直领导，减少地方上错综复杂的关系给反腐败斗争带来的不确定因素，不断巩固和拓展国家监察体制改革的成果，切实建设党和人民满意的统一、权威、高效的反腐机构。

（二）信息共享与联合行动：建立监察与审计同频共振机制

审计是国家权力监督体系中非常重要的组成部分。维护国家财政经济活动秩序、提高财政资金使用效益、促进国有资产保值增值、防止经济领域的违法乱纪行为，始终离不开审计监督的作用。审计监督以其独有的专业性、独立性和权威性在各国的政治生活中享有盛誉。为了凸显审计的职能与权威，很多国家甚至由立法机构领导审计署（审计委员会），让审计成为议会监督政府的有力武器。新中国成立以来，党和国家历来十分重视审计工作，审计监督在党和国家权力监督体系中的地位日益提升。国家监察体制改革将纪检监察机关、检察机关的反腐职能进行了整合，但并没有把审计机关整合进来。很明显，审计具有不可替代的作用，政府的任何经济活动、领导干部的经济行为，必须接受专业机构的审计监督。审计除了监督权力行使的合法性、合规性，还要监督各项经济活动本身的效益。"审计机关履行经济审计的专业监督职能与国家监察全覆盖的全面监督的功能定位符合功能主义权力配置原理，体现了权力分工协作关系。"① 因此，保留审计机构，增强审计监督的权威性，并使审计监督与党内监督、国家监察有机协调与贯通，成为国家监察体制改革以及党和国家机构改革的基本思路。

审计监督与纪检监察监督的协调贯通具有良好的基础。其一，两者的目标趋同。审计的主要任务是监督经济活动的合法合规性和投入产出效益，同时也对领导干部进行经济责任审计。在"经济体检"的过程中，审计部门很可能会发现领导干部的违纪违规线索，并将这些线索移交相关职能部门。所以，审计的目标不是单一的，也有揭露

---

① 周维栋：《功能主义视野下国家监察与审计监督的协同关系》，《时代经贸》2020年第6期。

第六章　领导与管理体制的整体性重构：建立党领导下的权威高效反腐机构

权力滥用和权力腐败现象、促进党风廉政建设的目的。从根本上讲，审计监督和纪检监察监督都是为了维护公共权力的合法、廉洁、高效运行，巩固党的执政基础，推动社会的全面发展与进步。其二，两者的性质趋同。审计机关是隶属于行政权的政府职能部门，是行政机关内部专责监督机关。2018年，党的十九届三中全会审议通过的《中共中央关于深化党和国家机构改革的决定》与《深化党和国家机构改革方案》明确提出要成立中央审计委员会。该委员会的定位是党中央决策议事协调机构，目的是加强党中央对审计工作的领导，以构建集中统一、全面覆盖、权威高效的审计监督体系。① 中央审计委员会的设立提升了审计机关的政治地位，审计不再是政府内部的事务，而是党的统一领导下的权力监督活动；审计机关也不是纯粹的行政机关，而是履行党的审计监督职能的政治机关。审计监督的根本属性和政治定位，为与纪检监察监督有机融合和有效贯通创造了条件。其三，两者的优势互补。审计机关拥有大量的训练有素的专业人才，熟悉财政经济活动，熟悉财务管理原理与实务，掌握经济活动稽查、财务审查的技能与方法。但是，审计机关更多的是经济审计、自然资源审计，并不擅长从政治效果、法纪效果、社会效果的统一看待和分析问题。纪检监察机关善于从全局思考，具有熟悉法律纪律的专业人才，与法院、检察院、公安等各方面建立了广泛的联系。在案件查处和巡视巡察中，纪检监察机关十分需要审计机关的参与。总之，"审计监督与党内监督目标一致、内容相关、对象交融、手段互补，推动审计监督与党内监督有机贯通、相互协调，有利于整合监督资源、形成监督合力，对于增强监督的广泛性、协同性、有效性，构建党统一指挥、全面覆盖、权威高效的监督体系具有重要意义"②。

审计监督与纪检监察监督的协调贯通，有关方面一直在探索和努力。早在2003年，中央纪委、监察部和审计署就联合发布了《关于

---

① 本书编写组：《深化党和国家机构改革方案辅导读本》，人民出版社2018年版，第30页。
② 吕劲松：《推动审计监督与党内监督贯通协调》，《中国纪检监察报》2020年5月7日。

纪检监察机关和审计机关在查处案件中加强协作配合的通知》。党的十九届四中全会指出:"健全党统一领导、全面覆盖、权威高效的监督体系,增强监督严肃性、协同性、有效性,形成决策科学、执行坚决、监督有力的权力运行机制";"发挥审计监督职能作用,以党内监督为主导,推动各类监督有机贯通、相互协调"。①从实践来看,审计监督和纪检监察监督在有些方面贯通较好,有些方面还有一定差距,主要体现在:工作的联动与统筹存在短板,信息共享不够充分,人才交流与一体培养亟待探索,等等。

  纪检监察机关和审计机关各有自己的工作体系和工作计划,缺乏应有的统筹和协调。被监督单位分别接受审计和巡察,每次都要做大量的准备工作,有时甚至日常工作的正常运行也受到一定影响。两者单独行动,还会导致有限的监督资源重复分配和浪费。审计机关和纪检监察机关在制订中长期工作规划和年度计划时,应尽可能地沟通协调,能够同时进行的尽可能同时进行。这样既可以节省资源,又可以通过"同时发力"增强二者的权威和影响力,还可以让监督更加全面和彻底。审计部门在从事审计活动中掌握了大量的经济活动信息和领导干部廉政状况的信息,这些信息及时向纪检监察机关提供,可以提高纪检监察监督的针对性。同时,纪检监察机关也掌握了大量的苗头性、倾向性的信息,可以供审计部门参考。二者可以建立专门的信息共享机制和大数据平台,只要不涉及保密信息,都可以共建共享。在人才利用方面,纪检监察机关要克服"临时借调"的惯性思维,建立联合开发、综合利用模式。可以建立双方人才交流、挂职锻炼、联合培养培训的模式,储备复合型、实用型人才。为了建立常态化的沟通协调机制,双方都可以根据实际情况出台专门文件、建立专门的议事协调机构。2020年,甘肃省制定出台《甘肃省纪检监察机关与审计机关协作配合工作办法(试行)》,明确了协作范围、责任部门和协作配合机制,要求双方在信息互通、线索移送、重要事项办理等

---

① 《中共中央关于坚持和完善中国特色社会主义制度 推进国家治理体系和治理能力现代化若干重大问题的决定》,《人民日报》2019年11月6日。

第六章　领导与管理体制的整体性重构：建立党领导下的权威高效反腐机构

方面进行协作配合，确定由纪检监察机关案件监督管理部门和审计机关综合管理部门分别负责有关协作配合工作。① 甘肃的做法具有较强的参考价值，在此基础上，甚至可以在领导层面建立专门的统筹协调机构，并且"建立重大监督事项会商研判、重要情况通报、线索联合排查、联合监督执纪、违纪违法问题线索移送等协同机制"②。

（三）层级贯通与资源整合：深化基层体制改革的要义

基层纪检监察体制改革是国家监察体制改革的重中之重。近几年来，随着农村经济社会发展格局的变化和中央乡村振兴战略、精准扶贫政策、公共服务均等化政策等的推进，各级政府向农村分配的资金越来越多。在缺乏有效监督的情况下，少数基层干部蚕食国家资源、危害民众利益，引起人民群众的强烈不满。越是基层的群众，对腐败的感受越深，感觉更敏锐。同样金额的贪腐行为，在其他地方群众可能感觉不明显，在基层却可能引起震荡，甚至引发社会不稳定因素。深化基层纪检监察体制改革，坚决防控基层干部权力滥用和权力腐败，是维护基层政治社会稳定、促进农村经济社会全面发展的重要任务。基层是我国纪检监察的薄弱环节，纪检监察干部队伍的整体业务水平、工作能力等与其他层级仍然有较大的差距，加上熟人社会、人情社会给基层纪检监察工作带来的影响和挑战，基层纪检监察体制改革尤为重要和紧迫。

党和政府始终十分重视基层纪检监察体制改革，在每一个重要的历史时期，都会根据对形势和任务的判断，对基层纪检监察工作提出新的部署和要求。在中央的统一部署下，各地也结合实际，创造性地进行了各种改革探索，取得了显著成绩，积累了宝贵经验。但是，与基层的反腐形势、党和人民的要求相比，基层纪检监察体制改革仍需不断推进。根据基层党风廉政建设的客观规律和纪检监察机关的运行

---

① 《甘肃：促进纪检监察监督与审计监督贯通》，《审计月刊》2020年第6期。
② 安晓宁：《加强审计监督与纪检监察监督贯通协调》，《中国纪检监察报》2021年8月5日。

状况，基层纪检监察体制改革主要应该解决层级协调问题、资源整合问题和人情干扰问题。要打破层级壁垒，建立县、乡、村三级纪检监察一体运作、统筹发展的模式。在资源有限的情况下，将三级人员作为一个整体对待，统一培训、统一调配、统一提升。在市、县巡察工作中，要广泛地开展交叉巡察、提级巡察，最大限度地减少熟人社会对纪检监察工作的干扰，提升监督监察的公平性、公正性、权威性。对于比较薄弱的乡镇，要广泛建立省、市纪委、监委联系帮扶制度，切实改变力量薄弱、监督乏力的状况。鼓励基层继续大胆探索，只要能系统解决基层层级协调问题、资源整合问题和人情干扰问题的体制、机制、制度改革与创新，都应给予充分的肯定和支持。

浙江省不断加大改革创新力度，探寻农村基层政权建设的新的增长点和突破口，打造基层政权建设的"浙江样本"和"崭新篇章"。诸暨市乡镇纪律检查体制机制改革是助推农村基层政权建设的重要举措，是有效防止"苍蝇式腐败"、提升基层战斗力的有益尝试。诸暨市的主要做法如下。其一，深化纪律检查体制改革，落实"两个责任"。健全纪检监察室业务联系制度，每个纪检监察室定向联系 6—7 个乡镇，强化对所联系乡镇查办案件工作的督促指导，对比较重要或复杂的案件协助做好初核、审查并提出处理建议。强化上下联动，当乡镇纪委展开自办案件调查时，市纪委"一案一人"跟踪指导把关。建立办案协作区制度，按照就近整合原则，将全市 27 个乡镇分为 9 个协作区，每个协作区设立包区指导组，由立案乡镇联系纪检监察室分管常委任组长、联系纪检监察室负责人为副组长，按照"今天我帮你，明天你帮我"的方式，统筹资源力量，加强乡镇之间的协作配合，有效解决乡镇纪委办案人手少的短板。其二，明确乡镇纪委职能，突出"主业主责"。开展乡镇纪委书记分工情况调查，市纪委向 18 个乡镇党委发出工作建议书，责令限期剥离乡镇纪委书记分管的大信访、招投标等无关兼职，全市 27 个乡镇纪委书记全部实现专职化。认真落实乡镇纪检干部专职专用要求，以市委办名义出台专门文件，要求乡镇纪委书记不得分管纪检监察工作以外的其他工作，6 个中心镇全部配备 1 名专职纪委副书记，每个乡镇配备 1 名专职纪检干

第六章 领导与管理体制的整体性重构：建立党领导下的权威高效反腐机构 ◇◆◇

部，凡不按要求配备或"明转暗不转"的，对乡镇党委实行党风廉政建设责任制考核"一票否决"，保证乡镇纪委聚焦主业主责。其三，创新乡镇纪委考核机制，倒逼"拍蝇治腐"。调整乡镇纪委业务考核办法，把纪检信访和执纪办案工作的分值大幅调整至80%，其他纪检业务工作占20%，同时，将业务考核结果作为市委对纪委书记实绩考核的主要依据，并与干部选拔任用、奖惩相挂钩，倒逼乡镇纪委主业主抓，把主要精力放在办信办案主业上。定期召开乡镇纪委办案工作会议，明确不同阶段的目标任务。深化"一周一案"通报制度，要求各乡镇每年必须以党委的名义，在市级媒体公布1例以上典型案件。其四，严格办案程序和要求，提升"作战能力"。加强乡镇办案队伍能力建设，要求乡镇党委将个人素质好、原则性强的年轻同志放到乡镇纪委办案实践中锻炼培养。市纪委每年组织纪检干部业务培训，对新进镇乡（街道）纪（工）委从事办案的人员实行"跟案学习"。严格落实依纪依法安全文明办案规定，要求每个乡镇都要建立规范的信访谈话室，安装防盗门窗，配备专用的信访谈话桌椅和高清摄像头、台式电脑、打印机、高清声控器等硬件设备，信访谈话时必须启动全程录音录像。对重点难点案件，一律集中到市纪委信访谈话点开展信访谈话。截至2022年底，已有20个乡镇到市纪委信访谈话点开展谈话，14名农村党员干部经审查交代了违纪违法情况，并被移送检察机关进一步侦查。①

诸暨市乡镇纪律检查体制机制改革的主要成效体现在以下方面。其一，有效落实了乡镇纪委的监督责任，同时倒逼基层党委主体责任的落实。诸暨市通过纪律检查体制机制改革，仅2015年第一季度，乡镇纪委共查办案件79件，其中自办案件46件，分别是上年同期的6倍和20倍，27个乡镇自办案件全部实现"零突破"。乡镇纪委的监督责任落实了，倒逼基层党委进一步落实主体责任，增强了各级党委狠抓廉政建设的压力和动力。其二，有效遏制了基层干部腐败现象，牢固建立起基层政权建设的"防火墙"。作为基层纪律检查机关，乡

---

① 根据调研资料整理。

镇纪委是直接监督管理基层党员干部、加强基层党风廉政建设最重要的力量。据统计，经过半年的改革，诸暨市店口镇纪委共立案40件，其中自办案件29件，包括17件贪污、受贿、侵占等经济案件，直接追回农村党员干部违纪款90余万元，有13人被开除党籍，2名农村党员干部被移送司法机关审查。这些案件的查处极大地树立了乡镇纪委的影响力和威慑力，在农村干部中产生了"不敢腐、不能腐"的强烈共识。其三，有效揭露了现有制度机制的不足，倒逼基层政权建设的改革与创新。乡镇纪委查处的每一起案件都会促使各有关部门反思问题产生的根源。为了填补制度漏洞，诸暨市各乡镇按照科学分权、合理明权、有效制权的要求，坚持体系建设和细化建设相结合，建立了规范权力运行的各项完整的制度体系。同时，指导、督促村级组织创新制度建设和民主管理，防止各种腐败现象发生。其四，有效净化了基层政治生态，激发出广大干部群众谋事创业的热情。广大干部群众反映，基层党风廉政建设的加强增添了他们对党的信心和谋事创业的信心；政治生态改善了，大家可以齐心协力搞建设、一心一意谋发展。基层反腐传递了满满的正能量，重新树立了干部群众的世界观、人生观和价值观，为农村各项事业的发展注入了新的生机和活力。

（四）有序参与与合作共治：完善多元主体的治理结构

多元主体合作共治是现代公共事务发展的必然要求。随着现代化、全球化的推进，人类面临越来越多的公共治理难题。气候变化、重大公共卫生事件、环境污染、毒品交易、弱势群体权益保护、权力腐败等，绝对不是政府单方面就能治理好的，虽然政府始终要发挥主导和关键作用。即使政府主导解决问题，也不是哪个层级的政府单兵作战就能够完全解决的。从地方到中央、从国内政府到国际组织，有关方面必须进行全方位、无缝隙协调与对接，才可能凝聚成解决问题的强大力量。实践表明，任何公共事务的处理，政府牵头固然重要，但企业、社会、公民积极参与和承担责任也很重要。政府要发挥政策制定和执行、资源组织与动员、日常管理和监督的根本性作用，要通

第六章　领导与管理体制的整体性重构：建立党领导下的权威高效反腐机构

过战略谋划防止重大社会问题的产生；企业要承担相应的社会责任，除了要坚决防止和纠正负外部性行为，还要积极主动地参与公益事业、推动社会发展；社会组织要有效地动员和组织各种社会资源，弥补政府失灵或者政府力量的不足；公民要摆脱狭隘的个人中心思想和利己主义，尽可能地承担公共责任，履行社会个体应尽的义务。各个主体分工协作、共建共治，是解决公共治理难题、建立人类命运共同体的根本路径，这一点已经形成广泛的社会共识。

同样，腐败的治理也需要在政府相关部门的主导下，企业、社会、公民积极参与，履行义务并分担责任。政府的主要责任是建立健全各种法律法规，优化权力结构、规范权力运行，严厉惩处各种腐败行为；企业的主要责任是坚守法律底线，不通过行贿手段或其他方式谋求非正当利益和不公平竞争；社会的主要责任是培育全社会的公正廉洁意识，积极监督举报违法乱纪行为、抵制各种不正之风，营造风清气正的社会环境；公民的主要责任是增强法律意识、权利意识、公正意识，依法、有序参与公共生活并履行监督责任。从长远来看，党风廉政建设的根本好转、反腐败斗争的深入推进、国家的长治久安，一定是各个主体积极参与、有效合作的结果。

党风廉政建设和反腐败斗争，关键在党、关键靠党政部门的通力合作。国家监察体制改革以后，我们已经改变了力量分散、资源分散的局面，建立起党集中统一领导的反腐机构和反腐体制。但是，党风廉政建设是一项系统性、长期性、复杂性工程，仅仅依靠纪检监察机关的努力显然是不够的。党中央强调，党委要负主体责任、纪委要负监督责任、党委书记是第一责任人、班子成员一岗双责。此外，纪检监察派驻机构、单位内部的纪检监察室、机关党委等都担负一定责任，共同组成党风廉政建设的行动主体。多元行动主体的优势是各自可以分担一部分责任，减轻总体压力。但是，在领导指挥体制失灵的情况下，又会造成另外一种局面：各个主体都在管，各个主体都期待对方管；各个主体都在承担责任，但责任心在共同负责中减弱，导致责任并没有真正落实。这就要求我们进一步理顺领导、组织、指挥体制，让各级党委特别是党委书记切实承担起党风廉政建设的总体责任，并像考核经济发展责任、社会治理责任、市场监管责任、生态保护责任一样严格考核廉政建设责任，因责任落实不力导致腐败问题产生的要终身追究责任。对于潜伏期较长的严重腐败案件，必须倒查时任党委书记、纪委书记的责任，让每位领导始终怀有责任意识，坚持不懈地抓好党风廉政建设的各项工作。在领导体制、问责机制重塑的基础上，进一步明确派驻机构、内设纪检监察室的职责和权力，并采取清单的方式加以执行。派驻机构管理体制改革以后，独立性明显增强，但绝对不能浮于表面，工作不深入、不细致，形成"悬浮式"监督。机关党委、内设纪检监察室要在上级部门和同级主要负责人的领导下切实开展工作，不能成为专司本单位和单位主要负责人廉政建设情况汇报的"秘书班子"，制造"公文式"监督。纪检监察机关的监督检查室要全面掌握联系单位和派驻纪检监察组的情况，通过实地走访、问卷调查、函询谈话等形式收集第一手资料和真实信息，而不能空头指挥、形式检查，形成"遥控式"监督。

第七章 监察体制改革绩效的整体性评估：以评估推进改革目标的达成

国家监察体制改革是一项重大的制度创新。对于这项重大的改革，必须适时进行全面、科学的绩效评估，以检验目标实现度、总结成功经验、及时发现问题、强化责任担当。监察体制改革的绩效评估指标主要包括内部运行指标、外部影响力指标和反腐绩效指标等。根据工作需要，可以由人民代表大会、监察机关自身或独立的第三方进行评估，评估方式包括问卷调查、深度访谈、实地考察、文本分析等。国家监察体制改革是中国特色社会主义政治制度建设的重要组成部分，是提升国家廉政建设能力、增强道路自信和制度自信的重大战略举措，也是举世瞩目、各界关注的系统改革工程。我们既要全面落实各项战略部署，又要科学严谨地跟踪改革进程和评估改革成效。

一 以评促改与以评促建：国家监察体制改革绩效评估的实践逻辑

绩效评估与管理是20世纪七八十年代以来西方新公共管理运动和政府改革浪潮的重要内容之一。政府的一般管理项目需要进行绩效评估，重大改革项目更需要进行评估。事实上，国外绩效管理的理念、技术和方法，许多已经被运用到我国的政府改革与服务之中。对于国家监察体制改革这样一个特别重大的改革项目而言，绩效评估更具有特殊意义。

(一) 检验目标实现度：绩效评估的基本目标

实时进行绩效评估，可以检验目标实现度。任何改革都有自己的预期目标，是在特定目标指引下的一系列革新性、创造性活动，国家监察体制改革也不例外。这项重大改革既有事关长远的战略目标，又有阶段性、具体化的战术目标。从长远来看，是为了建立党集中统一领导的、权威高效、运转协调、覆盖全面、法治规范的反腐败机构，建设清正廉明国家，为中华民族的伟大复兴和中国梦的实现奠定更加坚实的制度基础。从近期目标来看，需要在腐败预防和治理中不断取得新的进展，增强反腐机构的权威性与威慑力，提升人民群众对政府廉洁的感知水平与认同程度。尽管战略目标无法得到科学评估，但就战术目标而言，仍然可以设立一系列的子目标，分阶段、分项目进行评估，以检验改革成效和目标实现度。"如果缺乏有效的绩效指标体系，组织就难以知道当前的组织绩效是否得到提高，以及组织绩效与期望的绩效之间是否还存在着差距，就无法了解当前组织目标实现的程度如何。"[1]

(二) 总结经验与及时纠偏：绩效评估的闭环管理

科学进行绩效评估，可以总结经验与及时纠偏。改革的过程，既是按照既定目标有计划、有步骤推进的过程，也是自主探索、开拓进取的过程。改革进程中一方面可能会不断取得新的成效，发现事物发展的客观规律，积累宝贵的经验；另一方面，也可能不断遭遇新的情况、新的问题，影响事业的发展。这就要求我们本着实事求是、科学严谨的态度，对改革的成效进行测定。"若不测定效果，就不能辨别成功还是失败。"[2] 对于取得的成功不能进行肯定与鼓励，改革的动力恐怕难以持续，智力支持也会明显不足。"如果一个组织不去测定

---

[1] 刘旭涛：《政府绩效管理：制度、战略与方法》，机械工业出版社2005年版，第177页。

[2] ［美］戴维·奥斯本、［美］特德·盖布勒：《改革政府——企业家精神如何改革着公共部门》，周敦仁等译，上海译文出版社2006年版，第103页。

第七章　监察体制改革绩效的整体性评估：以评估推进改革目标的达成

效果，在出现成功时不能识别，那么，它怎么能从成功中学到东西呢？如果没有对结果的信息反馈，革新往往会夭折。"同时，对于改革中产生的问题和不足，更需要及时、敏锐地发现和诊断，以便于采取紧急措施。"评估的过程就是组织行为诊断的过程。通过评估，发现管理制度存在缺漏、时滞，就可以及时采取措施，补充完善；发现人力资源存在的素质和技能问题，就可以当即着手教育和培训；针对社会、公民反映的带有典型意义的热点问题，可以形成下一步工作重点的基本思路。可以说，绩效评估既是一个管理过程的结束，又是一个新的发展阶段的开始。"① 正是这种"改革—诊断—修正—改革"的周而复始的过程，新的经验不断得到累积、新的错误及时得到纠正、新的瓶颈不断得到突破，从而使改革始终沿着既定目标前进，最终圆满完成战略任务。

（三）强化责任与监督：绩效评估的应有之义

全面进行绩效评估，可以强化责任与监督。改革成功与否，既与改革目标是否合理可行、改革环境如何相关，也与改革者的责任心、积极性等密切相关。国家监察体制改革是一项重大的政治任务，虽然有党中央科学的顶层设计、巨大的政治勇气和坚强的改革决心为支撑，前进道路上也会面临前所未有的困难。如果没有强烈的事业心和责任感，很难保证改革的顺利进行。全面进行绩效评估，把各种情况真实呈现和反馈，有利于增强改革者的使命感和责任感。"绩效考评致力于提供关于项目和组织绩效的各种客观的相关信息，这些信息可以用来强化管理和为决策提供依据，达成工作目标和改进整体绩效，以及增加责任感。"② 国家监察体制改革事关国家的廉洁与发展，事关社会的公平与公正，事关人民群众的切身利益。因此，人民群众十分关注这项改革，期待改革取得预期成果。为了对人民群众负责，接

---

① 卓越：《政府绩效管理导论》，清华大学出版社2006年版，第309页。
② [美]西奥多·H. 波伊斯特：《公共与非营利组织绩效考评：方法与应用》，肖鸣政译，中国人民大学出版社2005年版，第4页。

受人民群众的评判与监督,也必须进行全面、科学的绩效评估,保障人民群众的知情权、参与权和监督权。"社会主义国家的公职人员失去人民的有效监督,就可能独断专行,甚至腐化堕落。因此,建立结构合理、配置科学、程序严格、制约有效的政府绩效评估机制,加强对政府权力的监督,保证把人民赋予的权力真正用来为人民谋利益,是社会主义民主政治的基本要求。"①

二 过程评估与结果评估的结合:国家监察体制改革绩效评估指标体系

虽然国家层面制定了国家监察体制改革的总体目标、路线图和时间表,但评估指标体系如何建立,尚未进行整体谋划,学界也没有进行深入探讨。"科学合理的指标体系反映了政府改革的方向,可以引领政府改革健康地进行。"② 根据党和国家确定的改革目标以及各国反腐机构高效运行的客观规律,国家监察体制改革绩效评估指标至少应包括内部运行指标、外部影响力指标和反腐绩效指标三个方面。

(一) 内部运行指标:评判组织架构与运行机制

反腐机构要取得预期的成效,首先必须保证机构本身制度完善、设置科学、管理规范、运转协调、制约有效。国家监察体制改革就是为了建立有中国特色的权威高效的反腐机构,对监察机关自身建设与运行提出了更高要求。具体而言,要重点考察以下指标。

1. 法律法规的完善性

为了保障国家监察体制改革有法可依,十三届全国人大一次会议已经通过了《中华人民共和国监察法》。该法对监察机关及其职责、监察范围和管辖、监察权限与程序、对监察机关和监察人员的监督及相应的法律责任等进行了明确规定。这是指导当前监察体制改革的根

---

① 范柏乃:《政府绩效评估理论与实务》,人民出版社2005年版,第39页。
② 周凯:《政府绩效评估导论》,中国人民大学出版社2006年版,第187页。

第七章　监察体制改革绩效的整体性评估：以评估推进改革目标的达成

本准绳，必须评估其在实践中是否得到全面认真的贯彻和执行。此外，对于一些具体的工作，各级监察委员会必须制定相应的实施细则，确保各项工作有章可循、有章必循、规范严谨。随着改革的推进，新的问题还会不断出现，也必须适时评估法律法规和各项规章制度的完善程度，以便查漏补缺，与时俱进。

2. 职责的明晰化与实现度

根据《监察法》的规定，监察委员会履行监督、调查和处置三项职责。这三项职责是推进反腐败工作标本兼治、综合治理的三个重要因素，共同构成完整的反腐策略。发达国家或地区的反腐经验表明，凡是坚持"三位一体"的反腐战略和工作方针，廉政建设就会不断取得新的进展。香港廉政公署常设机构分为预防处、社区关系处和执行处，就是把预防摆在头等重要的位置，通过预防降低腐败发生的概率，构筑反腐倡廉的第一道防线。在监察委员会机构设置中，监督部门占有相当的比重。如果监督部门扎扎实实地做好廉政教育，对一些苗头性、倾向性问题早发现、早处置，把日常监管、过程监控的实效充分体现出来，调查和处置的压力就可以大大减轻，就可以最大限度地降低腐败给国家、社会造成的损失。在评估中，必须认真检查三项职责的落实情况，是否顾此失彼、三者孰轻孰重，是否落实到具体机构、具体人员，是否分步推进、卓有成效，等等。

3. 运转的有效性与协调性

效率是衡量任何工作机构绩效的重要指标。监察委员会工作效率的最重要的保障是，始终坚持党的集中统一领导，在各级党委的统一领导、部署和协调下开展工作。但是，监察委员会的高效运行也面临许多挑战：各级监察委员会在转职能、转方式、转作风的背景下进行了大规模的机构调整和改革，机构之间的磨合需要时间；来自检察院的转隶人员知识结构、思维方式等与原有的纪委工作人员具有一定的差异，人员融合、优势互补同样需要时间；纪检监察机关既要执纪又要执法，如何做到法纪贯通、法法衔接，也是必须面对的挑战。因此，监察委员会的组织结构是否合理、各个内设机构工作效率如何、人员融合程度怎样，必须进行系统、科学的评估。组织结构的合理性直接影响系统权力的运行、组织职能的配置和组织目标的完成。"组织结构与职权形态之间存在着一种直接的相互关系。实际上，职权关系是组织结构的同义语。"① 当然，不是每项工作都可以量化评估，可以将过程评估和结果评估、定性分析和定量分析有机结合。除了强调部门内部的效率，还必须强调部门之间的协调，不能因为强调单方效率影响组织协调，也不能因为强调组织协调忽视单方效率。此外，各级监察委员会与人民法院、人民检察院、公安机关、审计机关等外部国家机关的协调性，也必须一并进行考察评估。

4. 内部权力制约的刚性

一个权威高效的反腐机构，必须依法拥有履行职责所必需的充分而有效的权力。特别是新建立的反腐机构，权力行使的广泛性、充分性直接影响其权威。但是，没有制约的权力必然产生腐败，内部权力腐败必然导致反腐机构的瓦解和崩溃。因此，必须将内部权力制约的情况列为国家监察体制改革绩效评估的重中之重。事实上，为了防止"灯下黑"，党的十八大以来，党中央对纪检监察机关内部领导体制和制约机制进行了大刀阔斧的改革。例如：各级纪委书记、副书记的提名和考察以上级纪委会同组织部门为主；查办腐败案件以上级纪委领导为主，线索处置和案件查办在向同级党委报告的同时必须向上级纪委报告；与执纪监督室不同，执纪审查室从事案件审查工作，不固定联系领域或地区；巡视巡察人员不固定、对象不固定，并且"一事一授权"；等等。为了加强内部权力的制约和监督，监察法作了更加严格具体的规定，例如：建立问题线索处置、调查、审理各部门相互协调、相互制约的工作机制；调查取证全过程录音录像制度；留置措施的集体研究决定以及相应的审批备案制度；设立内部专门监督机构；等等。在评估过程中，必须认真审视各项措施是否到位，整体制约效果如何并提出完善建议。

---

① ［美］弗莱蒙特·E. 卡斯特、［美］詹姆斯·E. 罗森茨韦克：《组织与管理：系统方法与权变方法》（第4版），傅严、李注流等译，中国社会科学出版社2000年版，第285页。

(二) 外部影响力指标：评判公众感知和社会影响

反腐机构的公信力和执行力，必须得到外部的肯定和认可。从国家监察体制改革的实际情况来看，必须综合考虑以下几因素。

1. 在监察对象中的影响力

权威的反腐机构的运行，必须在全体监督对象中产生广泛而深远的影响力，使监督对象心生敬畏甚至闻风丧胆，从而形成不敢腐、不能腐的环境氛围。如果连直接监督对象都对反腐机构嗤之以鼻或者不屑一顾，反腐机构的权威和绩效是值得怀疑的。国家监察体制改革已经将全体行使公权力的公职人员纳入监察范围，各级监察委员的监察范围更为广泛，监察任务成倍增加。能否在所有监察对象中树立足够的权威，必须纳入国家监察体制改革的绩效评价中。习近平总书记指出："深化国家监察体制改革的初心，就是要把增强对公权力和公职人员的监督全覆盖、有效性作为着力点，推进公权力运行法治化，消除权力监督的真空地带，压缩权力行使的任性空间。"[1] 从实际运行来看，全覆盖既包括作为主体部分的党政领导干部，又包括国有企业、事业单位、社会团体以及基层组织中行使公权力的人员。评估监察体制改革在监察对象中的影响力，必须把这两部分人员都包含在内。特别是针对新的群体，监察机关要通过办理案件、廉政教育等方式不断拓展新领域，取得廉政建设的新成效。监察体制改革的绩效评估，必须全面、科学测量改革在各个群体中产生的影响力、权威性和威慑力。

2. 在社会公众中的影响力

国家监察体制改革从一开始就受到社会各界的广泛关注。由于腐败是政治的毒瘤，为各国人民深恶痛绝，反腐机构的一举一动从来都成为社会关注的热点和焦点。反腐机构是否行动有力、是否公正廉明，会通过各种途径在社会公众中产生影响。因此，社会公众的评价是反腐机构绩效评价的重要指标。重视社会公众的评价，也是尊重和

---

[1] 习近平：《在新的起点上深化国家监察体制改革》，《求是》2019年第5期。

保障公众的知情权、参与权、监督权等民主权利的需要。社会公众有权利知道国家的廉洁程度如何、反腐机构的成效怎样、未来有哪些对策措施等。更何况，廉政建设的深入推进，本身需要不断提高公众的认知水平和参与程度，反腐机构也应担负这方面的职责。有些国家（地区）把廉洁正直教育写入学校教材，反腐机构与公益组织、社区等联合开展反腐倡廉的动员教育等，既扩大了反腐机构的社会影响力，又增强了全社会的思想觉悟、廉洁意识和参与热情。评估监察体制改革在社会公众中的影响力，也必须对以上各个方面进行综合评判。

3. 在国际社会的影响力

成功的反腐机构不仅在国内产生重大影响，而且在国际社会声名远扬。中国香港廉政公署、新加坡腐败行为调查局，就是这样的大名鼎鼎的机构。那么，我国的监察委员会有无可能取得这样的成效呢？不仅可能，而且已经锋芒初露。其一，我们查处了一大批大案要案，查处的腐败分子的级别之高、数量之大，为历史上所少见。每一起大案要案的查处通过国内外重要媒体广泛传播，在国际社会产生了广泛影响。党的十八大以来"打虎拍蝇"的成果得到全世界公认，中国反腐机构铁腕反腐、砥砺前行的形象已经初步树立。其二，我们开展了前所未有的追逃追赃工作，赢得了国际社会的支持和赞赏。在"百名红通人员"追逃行动中，不管是邦交国还是非邦交国、不管是加勒比海地区还是北美洲，我们克服重重困难，创造性地建立了多种国际合作模式，取得了跨国行动重大成果。中国反腐机构的坚定决心、坚强意志和卓越能力得到国际同行的广泛赞誉。其三，我国是《联合国反腐败国际公约》的重要成员国，并在 G20 杭州峰会倡导建立了《二十国集团反腐败追逃追赃高级原则》，充分彰显了我国在国际反腐败领域的主导权和领导力。① 中央追逃办数据显示，2018 年，我国对外新签署 5 项引渡条约和 4 项司法协助条约，对外商签 4 项金融情

---

① 蒋来用、冯留建、庄德水等：《彰显我国在国际反腐败领域的主导权和领导力》，《光明日报》2016 年 9 月 25 日。

第七章 监察体制改革绩效的整体性评估：以评估推进改革目标的达成

报交换协议；与泰国、阿根廷、白俄罗斯等6个国家签署反腐败合作谅解备忘录；通过出访和接待来访与美国、新西兰、加拿大等50多个国家磋商了反腐败合作。随着反腐败国际执法合作不断深化，我国反腐败朋友圈和影响力进一步拓展。[①] 我们坚信，随着我国反腐行动的深入开展和反腐败国际合作的日益扩大，我国反腐机构将成为受到国际社会广泛认可和尊重的重要机构，中国的反腐制度、反腐经验将成为世界许多国家学习借鉴的样本。这些也是国家监察体制改革取得成功的重要标志，值得进行客观、公正的评估。

（三）反腐绩效指标：评判工作力度与治理效能

世界上的反腐机构很多，有些以高效权威著称，有些则绩效平平。根据国际社会普遍的做法和经验，结合我国的实际情况，国家监察体制改革的绩效评价必须纳入反腐绩效指标，主要由以下几方面构成。

1. 国际公认的清廉指数

国家监察体制改革的根本目标就是建立有中国特色的权威高效的反腐机构，提升国家的廉政建设水平和廉洁程度。如果国家的清廉指数不断提高，改革就已达到预期目标。反之，如果清廉指数没有实质性的提升，改革就没有取得预期成效。当然，审视清廉指数时，必须处理好短期和长期、表象和实质的关系。当反腐败深入开展，一大批腐败案件被查处时，可能会给国际社会造成"腐败程度加深"的错觉。事实上，并非短时期内出现增量，而是对以往存量的消化，不能依此得出"越反越腐"的结论。只要在减少存量的同时，采取有效措施遏制增量，经过一段时期的发展，清廉指数肯定出现大幅度提升。我们既可以参照国际社会已经比较成熟的清廉评价指数，也可以建立符合国情的、科学合理的我国清廉指数评价体系，对国家监察体制改革的整体成效进行客观公正的分析。

[①] 朱基钗：《为反腐败斗争压倒性胜利提供有力支撑——写在中央追逃办成立五周年之际》，《党的生活》（黑龙江）2019年第7期。

2. 公众的腐败感知度

如果说国际公认的清廉指数是一种通过国别比较得出的相对客观的评价指标，通过自身途径获取的国内公众的腐败感知度则是比较主观的评价指标。两者有一定相关性，但又不完全相同。公众要经常和公共权力部门打交道，对权力部门和行使公权力的人员是否清正廉洁会有一些直接感受，也会通过其他途径间接了解相关情况。反腐机构的工作目标之一是，通过反腐行动和其他努力，最大限度地清除腐败现象，降低腐败对社会公众造成的利益损害、价值冲突与心理影响。腐败特别是群众身边的腐败直接影响群众的切身利益，影响社会的公平与公正，影响人们的世界观、价值观和人生观。反腐败必须重视人民群众的感受，增强人民群众的认同感和获得感。随着反腐败的深入开展和国家法治建设的加强，人民群众对腐败的认识愈来愈趋于理性。最初人们对"老虎苍蝇"的查处或许有些非理性、情绪化表达，经过一段时期的发展，人们的认知日益理性，对权力监督中的体制改革、制度建设等寄予更多的期望。因此，只要具备符合统计学要求的样本数量和样本结构，完全可以比较真实地体现公众对腐败的感知与认识。

3. 腐败案件查处力度

很多新成立的反腐机构都是因为对大案要案的查处或者前所未有的"反腐风暴"声名鹊起的。同样，反腐机构持续的影响力和权威性，也始终离不开对腐败案件的查处力度。这里既包括那些特别有影响力的案件，也包括群众身边的"微腐败"案件。随着国家监察体制改革的推进，我国的反腐败斗争和廉政建设已经进入战略决胜期。监察委员会对腐败案件的查处是否真正做到零容忍、全覆盖、无死角，直接影响国家监察体制改革的成效和清廉国家建设的进程。当然，我们已经取得反腐败压倒性胜利并全面巩固，从客观规律来讲，今后查处的大案要案肯定愈来愈少。在这种情境下，如何体现反腐力度不减、节奏不变、尺度不松呢？我们认为，主要应从三个方面加以评判。一是腐败行为的发现率。腐败行为的发现率越高，造成的威慑力越强。如果腐败行为能够得到百分之百的查处，很多人的侥幸心理就不存在了，权力任性的概率就

第七章 监察体制改革绩效的整体性评估：以评估推进改革目标的达成

会不断降低。二是腐败行为的潜伏期。过去，腐败案件的潜伏期有的长达七八年，有的甚至十几年。潜伏期越长，造成的危害愈大，腐败分子的气焰越发嚣张。强力反腐，就是要让腐败分子毫无藏身之地，一腐必败，一腐速败。三是腐败行为的成本。在新加坡，行贿几十元钱会比逾期居留、酒醉驾车遭到更为严厉的惩罚。① 而收受贿赂的人，哪怕仅仅是最低数额，也会面临牢狱之灾和丰厚的廉政金的罚没，可以说代价惨重。正是始终把持力度，换来了反腐机构雷厉风行、执法如山的声誉。我国的监察体制改革要取得巨大成功，也要借鉴其他国家的先进经验，始终保持反腐高压态势。腐败案件查处力度的评估，对于改革成果的巩固与拓展尤为重要（见表7-1）。

表7-1　　　　国家监察体制改革绩效评估指标体系

一级指标	二级指标	三级指标
内部运行指标	法律法规的完善度	法律法规是否完善
		规章制度是否完善
	职责的明晰化与实现度	职责配置是否合理
		职责落实是否到位
	运转的有效性与协调性	坚持党的集中统一领导
		"两个为主"落实情况
		内部运转是否顺畅
		法法衔接是否到位
	内部权力制约的刚性	内部制约机制是否健全
		专职监督机构是否得力
		执纪执法程序是否落实
外部影响力指标	在监察对象中的影响力	监察对象是否全覆盖
		监督对象的认同度
	在社会公众中的影响力	社会公众的知晓度
		社会公众的认同度
		社会公众的参与度
	在国际社会的影响力	国际社会的评价
		参与或引领国际组织

---

① 吕元礼：《新加坡治贪为什么能？》，广东人民出版社2011年版，第126页。

续表

一级指标	二级指标	三级指标
反腐绩效指标	国际公认的清廉指数	国际清廉指数得分情况
		国家清廉指数变化情况
	公众的腐败感知度	公众对反腐力度的评价
		公众对腐败程度的评价
	腐败案件查处力度	腐败行为的发现率
		腐败行为的潜伏期
		腐败行为的成本

资料来源：作者自制。

三 自评与他评的结合：监察体制改革的评估主体

评估指标体系回答的是评估什么的问题。指标体系建立以后，还必须明确由谁评估、如何评估的问题。根据国际经验和中国国情，监察体制改革的绩效评估主体包括各级人民代表大会、监察机关自身以及第三方评估机构等。

（一）人民代表大会评估：彰显法定监督权威

人民代表大会制度是我国的根本政治制度。根据宪法和法律的规定，各级监察委员会应当接受本级人民代表大会及其常务委员会的监督。监察机关作为在行政机关、审判机关、检察机关之外产生的一个新生的国家机关，更应接受人民代表大会的全方位监督，从而在国家权力结构中发挥应有的作用。各级人民代表大会及其常委会通过审议本级监察委员会的专项工作报告，组织执法检查，就有关问题提出询问或者质询等对监察委员会的工作进行监督。为了使监督更加全面、准确，人民代表大会及其常委会也可以通过绩效评估的方式履行自己的职责。这是全面依法治国、全面从严治党背景下人大监督方式的创新，也是增强监察机关权威性的重要途径。就人大而言，如何在党的领导、人民当家作主、依法治国之间寻找契合点和突破口，完善监督

第七章 监察体制改革绩效的整体性评估：以评估推进改革目标的达成

制度、创新监督方式、提升监督质量，是新时代人大工作面临的重大课题。对监察机关进行绩效评估，正是在此方面进行有益的探讨和尝试，也为加强和完善人大监督积累宝贵经验。就监察机关而言，主动接受人大监督是法定义务。通过人大的绩效监督，可以为不断深化改革、改善制度绩效提供强大的动力与压力。监察机关组建之初，能够得到各级人大的如此重视，可以迅速提高监察机关的政治地位和社会影响力，为全面贯彻党中央的重大决策部署、推动新生机构的成长和发展创造更加有利的政治社会环境。

（二）监察机关自我评估：彰显自我变革力量

各级监察委员会始终存在评估的需求：每年向人大汇报工作需要进行自我评估，明晰改革的成效和问题需要进行评估，系统内的绩效比较需要进行评估。即使没有进行全面的绩效评价，也会在工作总结中就某个方面的问题进行评判分析。2019年7月，中央纪委、国家监委印发《纪检监察统计分析指标体系（试行）》，构建贯通监督检查、审查调查全流程，涵盖"四个监督""四种形态"各方面，体现政治效果、纪法效果、社会效果相统一的指标体系。此次指标体系的设立坚持反映整体工作和反映重点工作相结合，既设立监督检查、审查调查、问责等反映整体工作成果的指标；又突出重点，设立严明政治纪律、查处违反中央八项规定精神问题、查处群众身边腐败和作风问题、国际追逃追赃、自我监督等反映重点工作成果的指标，全面系统反映纪检监察工作成果。可见，中央纪委、国家监委事实上在进行自我评估，探索建立科学合理的评估指标体系，反映全国纪检监察工作的绩效与不足，通过评估推动各项工作的开展。全国纪检监察系统的自我评估于2020年正式实施，各项工作正在有序推进。自我评估的优势在于，内部情况熟悉，外部人员无法获取的某些信息，系统内部可以准确收集。也正因为如此，自我评估的客观性、公正性往往受到质疑。系统内部可能尽量收集对自己有利的数据，而对那些不利的数据或信息尽量不予采用或者进行技术化处理。此外，自我评估还可以充分发挥组织优势，通过内部管理体制和运行机制，将任务层层分解，落实到部门、落实到个人，贯穿到整个管理过程，从而将绩效评估与绩效管理有机结合，更好地实现组织目标。当然，自我评估并不一定所有的活动都由系统内部完成。涉及内部运行情况的指标，可以依靠系统力量完成。而涉及监察体制改革在监察对象、社会公众中的影响力指标，可以依托专门的民意调查机构进行。

（三）第三方评估：彰显独立公正元素

第三方评估因为其特有的专业水平、机构的相对独立性和评估结果的客观公正愈来愈受到青睐。第三方评估包括独立第三方评估和委托第三方评估，评估机构包括行业协会、高等院校、科研机构、相关社会组织等。在国外，公共管理和公共服务的第三方评估起步较早、发展较快，在很多方面已经制度化、规范化、法治化和常态化。随着绩效评估理论、制度和方法在我国的推广和应用，第三方评估不断出现在各级政府的议事日程中。近年来，受国务院委托，中科院、社科院、全国工商联、中国行政管理学会、国家行政学院、中国国际经济交流中心及相关高校、研究机构等对简政放权和放管结合、支持小微企业、金融服务实体经济、区域协同发展、棚户区改造、营业税改增值税、重大水利工程建设、精准扶贫等政策落实情况作了第三方评估。这些评估帮助国务院掌握了政策的实施情况，促进了各地相关工作的开展，在社会上产生了很好的反响。在国务院的示范带领下，地方政府也将一些重大的改革项目委托第三方进行评估，开创了政府督查的又一途径。国家监察体制改革政治要求高、涉及面广、专业性强，可以委托高等院校、研究机构、专业学会等进行权威的第三方评估。

第八章　超越监察体制改革：清廉国家的整体性系统性建设

清廉国家的建设不是单方面因素作用的结果，而是廉政建设体系整体作用的结果。从国际经验来看，廉政建设体系主要包括完备的法律法规体系、规范透明的政务公开体系、强有力的责任追究体系、多元化的社会监督体系等。新中国成立以来，我国在廉政建设体系建设方面进行了艰苦的探索，取得了一系列的制度成果和实践经验，主要包括廉政建设制度体系初步建立、权力监督制约机制日益完善、廉政参与体系逐步拓展等。国家监察体制改革是廉政体系建设的重大举措，必将对我国的廉政体系建设产生重大而深远的影响。但是，从整体性治理的角度来看，仍然需要超越国家监察体制改革，全方位、系统性进行廉政体系建设。

一　清廉国家的体系建构：域外探索及其经验借鉴

国家廉政体系是透明国际于20世纪90年代提出的概念，反映国家在反腐败建设中所作的一系列制度设计和安排。国际反腐败专家杰瑞米·波普认为，国家廉政体系包括两个方面：一是支撑国家政治廉洁的一系列机构性支柱，包括行政机关、立法机关、司法机关、审计部门、反腐败机构、大众媒体、公民社会以及国际联合行动者等；二是保障机构性支柱均衡发展的核心规则。① 长期以来，西方国家注重制度反腐，在反腐败和廉政建设方面积累了丰富的经验，为我国廉政建设和反腐败斗争提供了借鉴。它们主要从完备的廉政法律法规体系、相对分散和相互制约的权力规制体系、强有力的反腐监督和追究体系、以政务公开为核心的权力运行体系等五大方面建构国家廉政建设体系。

（一）完备的法律法规体系：廉政建设的制度基石

研究廉政体系离不开法治。法治传统是西方政治文化传统中的显著特征，法律是法治的基础，现代社会生活的规范和秩序有赖于法律的引导和保障，以廉政建设为核心形成的反腐败法律体系为国家政治文明发展提供根本遵循。通过立法使廉政建设法制化，是发达国家廉政建设制度化中最大的特点。② 从各国廉政建设的法律体系来看，涵盖四个方面。

一是制定反腐防范性法律约束腐败行为。新加坡创建了完整有效的反腐败法律体系，包括《预防贪污贿赂法》《公务员惩戒规则》和《防止贪污法》等法律。新加坡的《防止贪污法》规定：控方一旦证明被告生活阔气，超过他的收入所能承受的程度，或是拥有同收入不相称的财产，法庭就可以此作为被告已经受贿的佐证。该法对贿金没有作最低限额的说明，所以即便被认为收受最少的贿金，也可作为贪污受贿处理。③ 1889 年英国政府颁布首部反腐败法律《公共机构腐败行为法》，随后又颁布《防止腐败法》，2003 年 3 月，布莱尔政府又公布了新的《反腐败法》。长期以来，英国在透明国际廉洁指数均比较靠前，这是英国加强制度建设的结果。④

---

① ［新西兰］杰瑞米·波普：《制约腐败——建构国家廉政体系》，清华大学公共管理学院廉政研究室译，中国方正出版社 2003 年版，第 53—59 页。
② 刘波：《廉政建设的全球化逻辑与地方知识：国外的经验及启示》，《学习与实践》2013 年第 5 期。
③ 姜跃：《国外廉政建设的经验与启示》，《中共天津市委党校学报》2011 年第 1 期。
④ 北顾：《英国如何把权力关进制度的笼子》，《决策探索》（下半月）2013 年第 9 期。

第八章　超越监察体制改革：清廉国家的整体性系统性建设

二是制定惩戒性法律保障规定执行。惩戒使任何公职人员的腐败行为都要付出成本代价，这是廉政性法律得以遵守的保障。如芬兰的《公务刑法》明确规定：政府官员不得接受贿赂，绝对禁止公务员利用职权谋取任何好处，否则将以受贿罪被处以罚款直至被判处徒刑，行贿受贿受到的惩罚以罪行严重程度划分，从一般性罚款到判处最高达 4 年的监禁。公务员如果被指受贿，一旦罪名成立，将被立即免职。[①]

三是制定监督性法律督促纠正脱离轨道的行为。国外政府为遏制腐败颁布了大量的法律条文，旨在使公职人员依法行政，严格规范其权力行使，这是政府廉政体系得以建立的基础与前提。[②] 如法国颁布《政治生活资金透明法》《预防腐败和经济生活与公共程序透明法》等，新加坡制定《公务员行为与纪律条例》、韩国实施《公职人员道德法》，德国先后出台《德国公务员法》《公务员廉洁法》和《联邦政府关于在联邦行政机构防范腐败行为的条例》。

四是吸收国际反腐败立法成果。《联合国反腐败公约》是联合国历史上第一部指导国际反腐败斗争的法律文件，对世界各国加强反腐行动、提高反腐败效能、促进国际反腐合作具有重大意义。2003 年我国签署《联合国反腐败公约》，其中关于跨国刑事犯罪的规定为刑法的进一步完善提供了参照。作为引渡、司法协助和执法合作的法律依据，[③]《联合国反腐败公约》推动中国建立区域反腐败合作网络，促进国际反腐败事业发展。

（二）规范透明的政务公开体系：腐败防控的内在屏障

行政公开制度是民主政治发展的产物，是现代行政程序中的主要制度之一。行政公开强调的政治透明度是社会监督的必要条件，其内容是各种权力运行必须规范透明。这是遏制行政权力腐败的重要途

[①] 姜跃：《国外廉政建设的经验与启示》，《中共天津市委党校学报》2011 年第 1 期。
[②] 董娟：《国外政府廉政镜鉴》，《行政管理改革》2012 年第 4 期。
[③] 梅芬：《〈联合国反腐败公约〉走过 15 年——合作应对腐败 中国步履坚实》，《中国纪检监察》2018 年第 21 期。

径，也是廉政建设的制度保障。"廉政体系的核心是建立透明公开的政务系统，让国家权力的运行和官员的行为暴露在公众面前，接受公众舆论的批评和监督。"①

一是通过建立透明公开的政务系统接受公众监督。媒体时代、数据时代为公民参与权力监督提供了广泛的渠道和便捷的手段，国外也十分重视通过政务公开鼓励公民监督。比如，北欧政务系统的公开透明主要是通过公众信息获取制度的普遍建立而实现。信息公开内容广泛，包括政府预算在内的财政信息都需要公开，便于公民监督政府花钱。丹麦的公务员行为准则要求所有一定级别的公务员，如部长，每月就其公务消费和接受礼品或宴请款待等情况进行公布，而瑞典的公民有权随时申请查阅有关官员的消费和支出清单。

二是建立信息公开制度为公众参与反腐败提供制度上的保障。瑞典、美国、新西兰、英国等国都从法律制度层面详细规定政府信息公开的方式、程序等，保障公众的知情权，为公众参与反腐败畅通渠道。② 瑞典在信息公开方面一直走在世界前列，1776年，瑞典就颁布了《出版自由法》，规定政府部门要向公众公开记录和档案，公众有权利获取政府的文件和记录，并且可以自由出版和发表评论。公职人员掌握着国家的各种权力，他们比一般的民众更有机会将权力转化为财富，为了加强对他们的监控，防止其以权谋私，美国一直在推动透明政府建设。1946年美国颁布《行政程序法》，其中规定政府的文件必须公开，除非出于公共利益考量或者有其他合适理由；在此基础上，美国于1966年颁布《情报自由法》，对政府信息公开进行系统规定；1978年美国制定了要求其政府官员进行财产申报的《从政道德法》。根据这一法律，一定职位以上的公职人员都要依法申报个人财产状况并接受监督。③

---

① 韩阳：《北欧廉政制度与文化研究》，中国法制出版社2015年版，第12页。
② 李景平、雷艳、韩锐：《公众参与反腐败的国际比较》，《行政管理改革》2012年第4期。
③ 宋振国、刘长敏：《各国廉政建设比较研究》，知识产权出版社2013年版，第216页。

第八章 超越监察体制改革：清廉国家的整体性系统性建设

（三）强有力的责任追究体系：铲除腐败的必经途径

纵观世界各国的廉政建设，尽管从反腐机构名称、职能到隶属关系以及权威性各不相同，但普遍都建立了体系完备的反腐败机构和高效权威的反腐体制。

一是成立反贪污机构并确保独立性、权威性。建立独立的反腐败机构是廉政建设的重要前提和保障，新加坡贪污调查局不但拥有很大的权力，而且在管理体制上直接隶属政府首脑，拥有独立而不受政府官员干扰、不受任何力量左右的法庭作支援。新加坡贪污调查局的职能包括：接受举报和调查相关情况；调查公职人员的腐败行为；通过审查公共部门的工作方法和程序发现存在的问题来预防腐败。新加坡清廉国家建设在世界上排在前列，"大权在握"的反贪污调查局发挥了至关重要的作用。[①] 可以说，没有反贪污调查局的卓越行动，就没有新加坡的清廉与高效。瑞典也于2003年成立国家反腐败办，专门负责调查政府腐败和各种贿赂案件。

二是设立行政监察官制度监督行政行为。1809年，瑞典议会任命了一位公共官员（Ombudsman），代表议会来监督政府官员，调查公民对法院和行政机关的投诉，在世界上首先建立了行政监察专员制度。行政监察专员以其独特的身份，独立行使调查权、批评警告权、建议权和起诉权，在瑞典的政治生活中产生了广泛而深刻的影响，并且越来越引起其他国家的关注。日本行政监察机关是独立于政府其他部门以外的专门检察机关，其主要特点在于独立性、广泛性和公正性，同时又有法律和制度作为切实保障。

三是建立审计机构促进廉政建设。从世界各国反腐败成功经验来看，审计作为一种权力监督机制，在反腐斗争中起到了重要的作用。英国各政府部门和公共机构大多也有内设的审计和投诉部门，成为政府内部反腐的重要渠道。例如，英国国民医疗服务体系设有审计委员

---

① 孙明霞：《新加坡贪污调查局对我国的启示》，《产业与科技论坛》2009年第12期。

会和反欺诈服务处，以此确保腐败行为无处可逃。① 审计部门是国家的"守门人"，对于建设高效、廉洁的政府有着至关重要的作用。

（四）多元化的社会参与体系：廉政文化的生成基础

发达国家的廉政建设经验证明，广泛的社会监督是防腐反腐体系中的重要组成部分，是权力机关反腐的补充和推动力量，其要义包括新闻舆论监督、公众监督和选举监督等。②

一是实行保护举报人制度，保障公民个人监督权利。如果举报人有担心受到打击报复的顾虑，反腐的社会参与几乎难以实现。美国、德国、澳大利亚、芬兰等国都有举报人、证人保护法来保障公众参与反腐败的权利。新加坡公民通过匿名信或匿名电话的方式举报政府官员的腐败线索。新加坡的做法尤为完善，新加坡贪污调查局要求接到公众检举的贪污投诉后，必须在一个星期内给予答复；遇亲自上门举报者，须当场答复。为保护举报人的人身安全，在腐败案件的公诉和审理过程中，如未征得举报人同意，不得泄露举报人的姓名和住址，若有关证据或材料含有举报人的姓名、特征等信息，法庭必须将这类材料隐瞒。③

二是以新媒体为主的新闻舆论监督发挥"第四种权力"作用。以电视、网络媒体为代表的大众媒体监督，被称为立法、行政、司法监督之外的"第四种权力"。20 世纪 90 年代，外交部部长迪马接受贿赂，媒体揭露之后不得不辞去国家宪法委员会主席的职务。美国的反腐机构通过互联网进行交流和组织活动，广泛地调动起了社会民众参与监督政府的活动的积极性。

三是公众参与反腐败预防教育，全社会营造反腐败氛围。清廉程度较高的国家，普遍重视建立系统的廉政教育体制。英国通过学校阶段和职业教育阶段进行一系列的道德教育，树立公民诚信、守

---

① 包尔文、陈静：《中国反腐能从世界借鉴什么》，《新华每日电讯》2014 年 12 月 12 日。
② 姜跃：《国外廉政建设经验谈：以权利监督权力》，《学习时报》2010 年 7 月 21 日。
③ 赵增彦：《新加坡如何反腐倡廉》，《理论导刊》2006 年第 5 期。

第八章　超越监察体制改革：清廉国家的整体性系统性建设

法、公正的品格，以形成全社会的反腐共识。加拿大、德国、新加坡等国通过学校、家庭、专门的机构以及大众传媒等方式对公众进行道德、法律等方面的教育，培育公众的廉洁意识，营造远离腐败、拒绝腐败、谴责腐败的社会舆论氛围，从而达到抑制腐败的目的。① 多元化的社会力量是一种体制外的监督，尽管社会监督力量具有分散性、自组织性弱等特点，但在政治生活中仍是反腐治贪的重要手段和重要力量。

"腐败"是困扰世界诸国政治文明的共同"难题"。西方发达国家通过长期的历史实践和探索，立足国情走出了一条与国家治理共发展、符合本国特色的廉政道路，如清廉指数排名基本第一的丹麦以严谨而严密的法制体系著称，挪威则有廉洁奉公的公务员队伍和公共部门信息的高度透明，新加坡以强大而独立的反腐败机构为特色，新西兰则以完善独立的监督机构和对公务员细密严苛的规定为特点等。② 虽然世界各国的政体不尽相同，反腐败形势严峻不一，但是普遍通过从历史文化传统中汲取廉政智慧，以法治构建廉政建设体系，重视建立权力监督和制约机制，注重制度改革和体制建设，培育清廉清朗的社会文化，厚植崇廉鄙贪的民间土壤等，形成了各具特色的廉政文化。清廉国家为世界反腐败和廉政建设作出了努力和贡献，共同推动人类政治文明发展和进步。

二　新中国的廉政体系建设：历史演进与主要成就

我国廉政建设和反腐败斗争经历了曲折的发展历程，在中国共产党领导下，经过多年的探索与实践，通过系统性构建反腐倡廉的制度体系，形成了比较完备的廉政法律体系、相对健全的廉政监督体系、

---

① 李景平、雷艳、韩锐：《公众参与反腐败的国际比较》，《行政管理改革》2012 年第 4 期。
② 张桂林：《国家廉政体系的基本认知与构建中国特色监督体系》，《政治学研究》2019 年第 5 期。

多层次协同反腐体系及预防与惩治腐败机制、规范透明的权力运行体系等。新中国廉政体系建设按照战略上总体部署、战术上分阶段推进，大体分为四个历史阶段：一是社会主义革命、建设时期（1949—1978年）；二是社会主义改革时期（1979—1991年）；三是社会主义市场经济建设时期（1992—2012年前后）；四是新时代中国特色社会主义阶段（2012至今），经历了从初步探索、重创恢复到建立发展、逐步完善的历史演进，以及从单一到综合、从人治到法治、从惩治为主到惩治预防兼顾的转变过程，廉政建设的法律法规不断健全，内外部监督机制逐渐趋于完备，公共行政进一步公开透明，公务员廉洁自律意识大幅度提高，反腐败工作体制机制成效显著，总体上取得了一系列令人瞩目的成就，为全面深化改革提供了坚实保障。

（一）从党内规章到国家法律：廉政建设制度体系初步建立

新中国成立后，我国建设了一整套廉政法律体系，在反腐斗争和国家廉政建设中做到了有法可依、有法可循。一是法律法规逐步完善，形成了标志性的廉政法制规范。据不完全统计，改革开放以来，全国人民代表大会及其常务委员会已通过有关惩治腐败、加强廉政建设的法律、决议、决定近200件，国务院制定近30部廉政方面的行政法规。① 1952年，中央人民政府公布施行我国第一部反腐败法规——《中华人民共和国惩治贪污条例》，对贪污罪以及量刑标准作出了明确的界定。1979年《刑法》对国家工作人员挪用公款、收受贿赂等犯罪行为的定罪量刑问题作出了具体的规定。1982年通过《关于严惩严重破坏经济的罪犯的决定》，对《刑法》中的有关条款作了进一步的修改和补充，加大了对国家工作人员索贿、受贿的处罚力度。1988年初，通过了《关于惩治贪污罪、贿赂罪的补充规定》。1997年3月，《刑法》对"贪污贿赂罪"设专章加以规定。② 1997年

---

① 夏赞忠：《中国廉政法律制度研究》，中国方正出版社2007年版，第9页。
② 徐大勇：《法治语境下的廉政建设：中国的实践》，《江苏社会科学》2008年第2期。

第八章 超越监察体制改革：清廉国家的整体性系统性建设

和 1999 年分别颁布了《行政监察法》和《行政复议法》。这些法律的颁布为惩处贪污贿赂等犯罪行为提供了重要依据，成为廉政法制建设的标志性规范。二是建立教育、惩治、预防"三位一体"的法律法规。2013 年出台了一系列反腐文件，如《关于在党的群众路线教育实践活动中严肃整治"会所中的歪风"的通知》《党政机关国内公务接待管理规定》《中央和国家机关培训费管理办法》等，从细节和日常工作中杜绝腐败的发生，促进党风廉政建设顺利推进。党的十六大后，将教育、监督、惩治、改革等几个方面联合进行，全方位、多层次、有重点地制定反腐法律法规，相继颁发了《中共中央纪委关于严格禁止利用职务上的便利谋取不正当利益的若干规定》《建立健全教育、制度、监督并重的惩治和预防腐败体系实施纲要》等。三是行政法律法规逐步健全，公务员廉洁从政意识逐步提高。公务员廉洁行政法律法规构成自我监督的重要组成部分，对规范行政机关公务员的从政行为，严肃行政机关纪律，保证行政机关及其公务员依法、廉洁、高效履行职责等具有重要作用。《国家公务员法》《中国共产党党员领导干部廉洁从政若干准则（试行）》先后颁布实施，对党员领导干部廉洁自律、廉洁从政作出了比较全面的规定，成为考核领导干部是否廉政的基本依据和标准，促进公务员正确履职尽责、廉洁行使权力。

新中国成立后，在中国共产党和全体人民的共同努力下，经过多年的探索与实践，逐渐建立起完备的廉政监督体系，逐渐形成法制健全完善、社会公平正义、监督保障有力、政务公开透明等的治理格局，其中关于公权力运行的各类制度规范为腐败防控和廉政建设提供了重要支撑。一是完善政务公开制度，加强权力制约保障公民权利。政务公开是实现透明政府的重要制度之一，政务公开有助于监督保障机制的实现。2000 年前后，我国在政府机关、国有企业和农村基层开展了"政务公开、厂务公开和村务公开"工作。"三公开"的推行对于规范公共部门的权力，建立廉洁、高效、透明的政府，保障公民的知情权、表达权、参与权与监督权等具有重要的作用。2008 年，国务院颁布实施《政府信息公开条例》，从信息公开的范围、程序、方式等方面对政务信息公开作出明确规定,① 2019 年该条例得到进一步修订完善,对于建设法治政府、廉洁政府具有重要意义。二是政府采购制度进一步法治化规范化,减少权力设租寻租空间。公共采购通常是各国腐败易发高发的地带,中国政府亦不能幸免,"公共采购,特别是建设项目招标过程中的腐败,已经大约占到中国政府腐败总量的三分之一"②。为了规范政府采购行为,特别是工程发包的程序,1999 年和 2000 年我国先后颁布了《招标投标法》和《政府采购法》。这两部法律的出台极大地增加了政府采购的规范性、公平性和透明度,推动了市场经济良性发展。③ 三是完善各权力主体制度规范,通过制度创新遏制腐败。在廉政制度建设方面,先后建立公共财政制度、审计制度、干部收入申报制度、党员干部廉洁自律制度、人民监督员制度、群众举报制度、巡视巡察制度、干部交流制度和任职回避制度、干部责任追究制度、政务公开制度、舆论监督制度等。客观地说,中国政府一直在加大反腐败的力度,采取了许多有效的措施,也取得了一些重大成果。但腐败现象依然相当严重,以制度创新遏制腐败,建设清正廉洁政府,仍然是中国未来治理改革的重点内容。④

随着经济进一步全球化,我国积极主动与国际反腐接轨,在全球反腐败治理中发挥主渠道作用。我国于 2005 年加入《联合国反腐败公约》,与 68 个国家和地区签订了 106 项各类司法协助条约。2006 年我国颁布《中华人民共和国反洗钱法》,旨在遏制洗钱相关犯罪,并先后加入 4 个与反洗钱相关的国际公约,成为金融行动特别工作组、欧亚反洗钱和反恐融资组织、亚太反洗钱组织的成员。2007 年成立国家预防腐败局,开展预防腐败的国际合作和技术援助。⑤ 2021

---

① 杨强:《国务院发布修订后的政府信息公开条例》,《政府法制》2019 年第 13 期。
② 胡鞍钢:《反腐败必须构建中国特色国家廉政体系》,《检察日报》2007 年 5 月 29 日。
③ 李平贵:《建构与嬗变:建国以来国家廉政体系的历史考察》,《云南行政学院学报》2002 年第 2 期。
④ 李平贵:《建构与嬗变:建国以来国家廉政体系的历史考察》,《云南行政学院学报》2012 年第 2 期。
⑤ 中央纪委国家监委国际合作局:《在百年变局中开创反腐败国际合作新局面》,《中国纪检监察》2022 年第 5 期。

第八章　超越监察体制改革：清廉国家的整体性系统性建设

年我国参加了首次联合国反腐败问题联大特别会议，加强反腐败国际合作达成重要共识并取得新的进展。① 通过国际国内双向联动，进一步加强国际合作，巩固反腐败成果，为推动国际社会政治文明的发展贡献中国力量。

（二）从普遍监督到重点监督：权力监督制约机制日益完善

孟德斯鸠指出："从事物的性质来说，要防止滥用权力，就必须以权力制约权力。"② 经过多年的实践，我国逐步构建相对科学的权力监督制约机制，构建不能腐的管理体制和运行机制。

一是从预防和惩治角度，构建预防和打击腐败的制度体系。改革开放初期，邓小平指出："制度好可以使坏人无法任意横行，制度不好可以使好人无法充分做好事，甚至会走向反面。"③ 党的十一届三中全会以后，党和国家一直把强化廉政监督和权力制约的制度体系建设作为反腐和廉政建设的重点，先后颁布实施了《关于党内政治生活的若干准则》（1980年）、《关于加强党同人民群众联系的决定》（1990年）、《中华人民共和国行政监察法》（1997年）及其实施条例（2004年）、《中国共产党党内监督条例（试行）》（2003年）等一系列法律法规和制度，逐步构建了加强党内监督和行政监督、强化人大法律监督和政协民主监督、重视民主党派监督和群众团体监督、充分发挥社会舆论监督和人民群众监督作用的监督制约体系。④

二是从规范权力运行角度，建立、健全权力运行的监督体系。2005年，中共中央颁布了《建立健全教育、制度、监督并重的惩治和预防腐败体系实施纲要》，党的十七大报告提出，"要坚持用制度管权、管事、管人，建立健全决策权、执行权、监督权既相互制约又

---

① 彭新林：《2021年全球反腐败脉动透析》，《廉政瞭望》2021年第24期。
② ［法］孟德斯鸠：《论法的精神》（上册），张雁深译，商务印书馆1997年版，第154页。
③ 《邓小平文选》（第2卷），人民出版社1994年版，第333页。
④ 徐大勇：《法治语境下的廉政建设：中国的实践》，《江苏社会科学》2008年第2期。

相互协调的权力结构和运行机制"①。2007年国家预防腐败局正式成立。反腐败包括预防腐败和惩治腐败两个方面，预防机构和惩治机构协同合作，构成国家廉政体系的重要特征。2016年试行国家监察体制改革，随后全面铺开并不断深化，其最大亮点是强化对公职人员的日常监督，改变了公权力监督乏力的状况。

三是强化对主要领导干部的监督，把权力关进"制度的笼子"。虽然监察体制改革强化了上级监督部门对下级的垂直领导和管理，使其在一定程度上避免了受同级党委的制约和干扰，对同级"一把手"的监督仍然存在偏软偏弱的现象。②党的十七大报告强调："重点加强对领导干部特别是主要领导干部、人财物管理使用、关键岗位的监督，健全质询、问责、经济责任审计、引咎辞职、罢免等制度。"③同时，对"一把手"的监督不断落到实处。习近平总书记指出："要强化监督，着力改进对领导干部特别是一把手行使权力的监督。"④2021年3月，党中央针对"一把手"和领导班子监督出台首个专门文件——《中共中央关于加强对"一把手"和领导班子监督的意见》，对主要领导的监督迈出新的步伐。

（三）从监察机关到人民团体：廉政参与体系逐步拓展

新中国成立后，我国实行高度集中统一的计划经济体制，随着行政管理体制改革和社会发展进步，原来科层制金字塔组织结构向扁平化、网络状结构转变，反腐模式也发生了积极变化，由过去以部门为核心的办事方式转变为以业务为核心的办事方式，信息和资源突破传统职能（条条）和辖域（块块）分割的权力壁垒，形成随需而变的业务流程和跨部门协作的工作机制，从而对反腐败清廉体系构建产生

---

① 胡锦涛：《高举中国特色社会主义伟大旗帜　为夺取全面建设小康社会新胜利而奋斗——在中国共产党第十七次全国代表大会上的报告》，人民出版社2007年版，第33页。
② 张桂林：《国家廉政体系的基本认知与构建中国特色监督体系》，《政治学研究》2019年第5期。
③ 胡锦涛：《高举中国特色社会主义伟大旗帜　为夺取全面建设小康社会新胜利而奋斗——在中国共产党第十七次全国代表大会上的报告》，人民出版社2007年版，第33页。
④ 《习近平关于全面从严治党论述摘编》，中央文献出版社2021年版，第392页。

第八章 超越监察体制改革：清廉国家的整体性系统性建设

深刻影响。

一方面，整合各种反腐败机构职能，形成统一的强有力的反腐力量。我国的反腐机构可以分为纪检、监察、审计、检察等系统。其中，纪检属于党内反腐部门，监察属于行政反腐部门，检察属于司法反腐部门，而审计全面配合这几个部门工作。从历史发展脉络来看，1949年设立的中央纪律检查委员会是我国最早的反腐机构。与此同时，人民监察委员会成立，负责行政监察工作。1954年，监察部成立，隶属于中央行政机构，同时取消人民监察委员会。"文化大革命"期间，这两个机构都被撤销，"文化大革命"结束之后又被恢复。1993年，中纪委和监察部合署办公，实行"一套工作机构、履行党的纪律检查和行政监督两项职能"的管理体制。这两个机构成了中国反腐的主力。1995年，最高人民检察院成立反贪污贿赂总局，专门侦办国家公职人员的贪污贿赂案件，结束了之前司法机构中没有专业的反贪部门的状态。[1] 中国的反腐机构形成了党内、行政、司法三股力量。2007年，我国成立了国家预防腐败局，直属国务院，工作重点是制度性预防腐败以及开展打击腐败的国际合作。[2] 该局和外事局合并，更名为国际合作局，设立国家预防腐败局办公室，国际合作局职能转变为国际追逃追赃。

另一方面，推进监察体制改革，实现派驻监督全覆盖。巡视制度一直是反腐倡廉制度体系的重要环节。中国共产党的巡视制度始于1996年，中央巡视工作启动于2003年。[3] 经过近二十年发展，巡视制度作用凸显并日臻完善，尤其是党的十八大以来，巡视工作不断加强，中央先后派出巡视组对地方、国家机构进行巡视，实现对省区市巡视工作全覆盖。从改革开放一开始，遏制腐败、建设廉洁政府成为中国政府治理改革的重点内容。在廉政机构的设置方面，1978年12

---

[1] 《百年党史中的检察档案：最高人民检察院反贪污贿赂总局成立》，《检察日报》2021年9月17日。
[2] 刘君祥：《国家预防腐败局挂牌成立》，《农民日报》2007年9月14日。
[3] 朱昔群、胡小君：《中央巡视反腐的示范效应与制度化》，《领导之友》2014年第2期。

月党的十一届三中全会成立了中央纪律检查委员会,1983 年 9 月成立了中华人民共和国审计署,1986 年 11 月第六届全国人大第十八次会议决定恢复监察部和各级人民政府的监察机关,1993 年 1 月中央纪律检查委员会与监察部合署办公,1996 年中纪委监察部开始试行巡视制度,2003 年中纪委和中组部正式组建巡视机构,2007 年 9 月设立国家预防腐败局。① 围绕监察机构的设立进一步深化腐败治理体系,监察对象覆盖更加全面,监察机构运行更加高效。

我国的国体和政体决定了人民的主体地位,宪法从根本上赋予了人民享有管理国家和监督公职人员的权利。在社会主义建设的不同阶段,发挥人民群众在反腐倡廉建设中的作用,是取得反腐倡廉建设成就的重要保证。在新中国成立初期,毛泽东同志在回答黄炎培先生提出的历史周期率问题时说,我们已经找到了跳出周期率的新路,这条新路就是民主。只有让人民来监督政府,政府才不敢松懈。只有人人起来负责,才不会人亡政息。② 同时,新中国成立不久后发布的《关于在报纸刊物上展开批评和自我批评的决定》,体现了社会舆论监督的重要性,使人民群众更好地参与反腐肃贪斗争。十年"文化大革命"的教训十分深刻,让我们深刻认识到必须发挥群众在反腐倡廉建设中的重要作用,反腐倡廉从根本上讲要依靠社会主义民主和法治,必须在社会主义民主和法治的轨道上有领导、有秩序、有步骤地进行。改革开放以后,我们党虽然不再采取"群众运动"的激进方式来推进党的建设,但仍然坚持依靠人民民主的方式来推动反腐败斗争。党的十七大指出:"人民当家作主是社会主义民主政治的本质和核心。要健全民主制度,丰富民主形式,拓宽民主渠道,依法实行民主选举、民主决策、民主管理、民主监督,保障人民的知情权、参与权、表达权和监督权。"③ 党的十八大指出:"让人民监督权力,让权

---

① 俞可平:《中国治理变迁 30 年(1978—2008)》,《吉林大学社会科学学报》2008 年第 3 期。
② 杨永华:《中国共产党廉政法制史研究》,人民出版社 2005 年版,第 2 页。
③ 胡锦涛:《高举中国特色社会主义伟大旗帜 为夺取全面建设小康社会新胜利而奋斗——在中国共产党第十七次全国代表大会上的报告》,人民出版社 2007 年版,第 29 页。

第八章 超越监察体制改革：清廉国家的整体性系统性建设

力在阳光下运行。"① 人民群众积极参与反腐败斗争，有利于更好实现党的十九大提出的反腐败斗争压倒性胜利的根本目标，也为党的十九届五中全会提出的 2035 年基本实现社会主义现代化远景目标提供了重要保证。党的二十大指出："人民民主是社会主义的生命，是全面建设社会主义现代化国家的应有之义。全过程人民民主是社会主义民主政治的本质属性，是最广泛、最真实、最管用的民主"② 充分发挥社会主义民主优势，让人民监督权力为健全权力监督制约机制、推进廉政法制建设指出了明确方向。近年来，随着数字技术的迅猛发展，借助先进技术工具进行投诉、举报等网络监督使人民群众充分行使监督权，大大加强了对国家机关工作人员违法、失职行为的依法监督。互联网的普及加上社会民众的广泛参与，使得"网络反腐"成为一种新型的反腐模式，并在实践中取得了丰硕的成果，被政府和社会所认可，成为舆论监督的一种重要形式。2003 年最早的官方网络举报平台在最高人民检察院建立。2005 年 12 月，中纪委、监察部分别公布了中纪委信访室、监察部举报中心的网址，标志着网络举报正式纳入官方反腐渠道，网络反腐成为反腐败工作的一大亮点。之所以重视网络监督，是由于腐败具有较强的隐蔽性和区域性，充分调动人民群众的积极性和主动性在反腐败工作中具有不可替代的作用。

三 廉政体系建设中的国家监察体制改革：制度绩效与功能局限

在新中国的廉政体系建设史上，国家监察体制改革无疑迈出了具有历史意义的一步。监察体制改革巩固和拓展了党在反腐败斗争和廉政建设中的领导地位，建立了权威高效的反腐机构，推进了反腐败斗争的法治化建设。同时，我们也应当看到，从国家廉政建设体系来

---

① 《十八大以来廉政新规定》，人民出版社 2020 年版，第 158 页。
② 习近平：《高举中国特色社会主义伟大旗帜 为全面建设社会主义现代化国家而团结奋斗——在中国共产党第二十次全国代表大会上的报告》，人民出版社 2022 年版，第 37 页。

看，仅仅推进国家监察体制改革是远远不够的。

（一）国家监察体制改革的制度绩效：体制机制法治的历史性突破

在对人类的经济发展史进行深入考察以后，诺思提出了以产权为基础的国家制度在经济发展中的决定性作用，并明确指出："国家的存在是经济增长的关键，然而国家又是人为经济衰退的根源。"[①] 国家的基本制度对经济发展如此重要，同样，对于廉政建设而言，以权力主体的相互关系为主的基本政治制度同样具有非同寻常的作用。制度建设的成效，直接关系到国家的廉洁程度与水平。

国家监察体制改革从根本上改变了我国的权力结构，重塑了制度化的权力关系。在议行合一的总体权力架构下，我国的权力主要分布在人大机关、行政机关和司法机关，监察权是行政权中的一个分支。国家监察体制改革将监察权的位阶提升，建立了专门的监察机关，并使之与政府、法院、检察院平行，从而搭建起"一府一委两院"的新的权力架构。在纪检监察机关内部，再次凸显上级主导的领导和管理体制，改变了反腐过程中的上下级权力关系。权力结构的深刻变化，直接影响了各类权力的运行，也将让监察权力真正发挥监督控制作用，维护整个权力体系的正常运转。

国家监察体制改革顺应反腐形势的需要，建立了权威强势反腐机构。纵观人类的政治发展，就腐败与反腐败而言，可以得出两个基本结论。其一，腐败是政治的毒瘤，关系到民心向背和政权存亡。不管是哪个国家，不管是哪个时期，只要公私不分、腐败蔓延，民众就会强烈不满，政权就会面临被颠覆的危险。对此，新中国历代领导人都有非常清醒的认识。习近平总书记多次强调："必须从关系党和国家生死存亡的高度，以强烈的历史责任感、深沉的使命忧患感、顽强的意志品质推进党风廉政建设和反腐败斗争。"[②] 其二，反腐败必须建

[①] ［美］道格拉斯·C. 诺思：《经济史中的结构与变迁》，陈郁、罗华平等译，上海三联书店、上海人民出版社1994年版，第20页。

[②] 《习近平关于全面从严治党论述摘编》，中央文献出版社2021年版，第368页。

第八章　超越监察体制改革：清廉国家的整体性系统性建设

立强有力的反腐机构，没有这样的机构无法完成反腐任务。历史上从"腐败重灾区"走出来的新加坡、中国香港，无不是在建立了独立、权威、高效的反腐机构之后出现历史转机。反之，那些至今身陷腐败泥沼的落后国家，没有一个国家的反腐机构是得力的。国家监察体制改革汲取人类反腐的经验教训，果断建立党集中统一领导、权威高效的反腐机构，为反腐肃贪建立了坚强的组织保障。

国家监察体制改革正确处理执纪执法关系，开创了法治化反腐的崭新局面。中国是一个世界大国，中国共产党是一个世界大党。正确处理好党政关系，是各个领域、各个方面必须认真对待的问题。在党风廉政建设方面，我们坚持纪委、监委合署办公，坚持执纪执法并重，提供了处理党政关系、解决纪法问题的中国智慧、中国方案。特别是我们让坚持多年的"双规"措施退出历史舞台，建立专门的符合执纪执法需要的系列法律法规，让反腐迈入法治化运行的轨道。尽管相关的法律法规还不够完善，但法治反腐成为主流，成为中国新的国际形象，成为全社会的共识和历史发展的必然趋势。

国家监察体制改革改变了民众认知，提振了民众的制度自信和道路自信。伊万·奥斯本（Evan Osborne）则认为，反腐绩效是治理现代化的组成元素和重要标志，它促进了收入分配的变化和城镇化的实现。① 从现代化的视角审视，腐败侵蚀了资本的累积，影响工业化和现代化进程，成为国家现代化（modernizing the country）的直接障碍。② 就发展中国家而言，发展经济、改善生活是一项非常紧迫的任务，经济发展速度和增长质量、现代化水平和程度等直接影响人们的生活水平，影响政权的合法性和制度的合理性。因此，腐败对经济发展和现代化转型造成的影响，直接影响人们的制度自信。腐败侵蚀政治经济社会生活的方方面面，阻碍政治经济社会的全面发展。控制腐

---

① Evan Osborne, "Corruption and Technological Progress: A Takeoff Theory of Good Governance", *Atlantic Economic Journal*, Vol. 34, No. 3, February 2006, p. 289.
② L. Grigor'Ev and M. Ovchinnikov, "Corruption as an Obstacle to Modernization: An Institutional Approach", *Problems of Economic Transition*, Vol. 51, No. 11, March 2009, p. 49.

败,有利于促进经济增长、保障公民权利、维护公平正义,提升道德水准等。这些功效是社会前进发展的基础,也是制度自信的现实基础。① 曾经一段时期,政法系、石油系、交通系腐败严峻复杂,腐败分子结成强大的利益集团,恣意侵吞国有资产、践踏公平公正底线,引起人民群众强烈不满,动摇了人们对党和国家的信心。党的十八大以后特别是国家监察体制改革后,反腐力度和反腐成效空前,恢复和提振了全社会的信心。

(二) 国家监察体制改革的功能局限:以清廉国家体系建设为视角

作为一项重大的政治体制改革和反腐制度变迁,国家监察体制改革必将载入史册。站在清廉国家建设的高度,以整体性治理为视角来看,这项改革也有其局限性,并不能在廉政建设中充当包治百病的"灵丹妙药"。

国家监察体制改革重塑了国家权力结构,调整了纪检监察系统的领导和管理体制。但是,它没有从根本上调整各个领域存在的较为集中的权力结构。集权和分权各有利弊,对二者全盘肯定或全盘否定并不符合辩证唯物主义和历史唯物主义思维方法。正确的方法是,根据二者的优势和弊端,在不同的社会条件下采取不同的权力运行模式。从我国的国情来看,我们将在相当长的一段时期内保持相对集中的权力结构,以统一思想、集中力量、提升效能。这就给权力监督和权力制约带来不小的挑战。国家监察体制改革以后,各级监察机关已经从外部对各种相对集中的权力形成监督和制约。但是,各个系统内部的监督制约机制,不是监察机关能够替代的。

国家监察体制改革建立了强势反腐机构,但从本质上讲,监察机关只是反腐执行机关。建立强有力的反腐执行机关是反腐的必要条件,但未必是充分条件。在腐败程度较深、扭转局势的任务异常繁重的时期,反腐机构的重组和高效运转能够起到立竿见影的效果。但是,腐败与反腐败总会处于胶着状态,当初级阶段的目标完成之后,

---

① 陈宏彩:《通过完善权力监督机制增强制度自信》,《中州学刊》2014年第12期。

第八章 超越监察体制改革：清廉国家的整体性系统性建设

面临的形势和挑战将会发生较大的变化，反腐机构的作用发挥可能没有当初那样明显和引人注目。这就表明，除了强有力的执行机构，还必须依赖决策机构的意志、担当和智慧。如何让反腐机构的力度不减，让决策机构的意志和担当不减，这也不单是国家监察体制改革就能够实现的。

国家监察体制改革开启了法治反腐的新征程，但法治国家、法治社会的建设任重道远。清廉国家的建设，从根本上讲，是权力行使的法治化、规范化、透明化问题。离开了法治，任何反腐只不过是治标而不治本的权宜之计。反腐败斗争的法治化，为整个国家的法治化树立了样本，也必将推动其他各个领域的法治建设。但是，法治国家、法治社会的建设不是一蹴而就的。这就要求我们在推进反腐法治化的同时，高度重视各个领域的法治建设。习近平总书记指出："要加强反腐倡廉党内法规制度建设，加强反腐败国家立法，提高反腐败法律制度执行力，让法律制度刚性运行，尽快形成内容科学、程序严密、配套完备、有效管用的反腐败制度体系。"① 反腐败制度体系是如此，其他领域的制度体系更是如此。

国家监察体制改革理顺了监察机关与行政机关、司法机关的关系，但无法理顺政府与市场、政府与社会的关系。腐败是为达到私人目的而利用公共权力进行的资源交换行为，政府掌握的资源越多，腐败的风险就越高。从近几年来查处的腐败案件来看，很多腐败分子集中在土地资源和房地产、公共资源交易等领域。这些领域恰恰是市场化程度不高或者市场交易不够规范的领域。即使在其他领域，很多民营企业的发展离不开当地政府的支持，当地政府也离不开企业的贡献，两者之间存在千丝万缕的联系。如何进一步理顺政府和市场的关系，减少行政权力对市场经济的不当干预，确实是一个历史性难题。监察机关在案件查处中拥有监察建议权，但无法从全局上、根本上改变现状。

---

① 《习近平关于全面从严治党论述摘编》，中央文献出版社2021年版，第362页。

四 廉政建设体系的整体性重塑：清廉国家建设的根本路径

国际上清廉体系建设总体上是一个制度建设过程。廉政体系从根本上说，就是依靠系统、整体推进的方法解决腐败问题。因此，透明国际提出："反腐败改革是系统性的改革。"① 虽然各个国家的历史文化传统、经济发展水平、政治体制发展、社会发育程度不尽相同，但是廉政体系建设普遍呈现出法治化、制度化、信息化等特征，并以建立健全廉政法律体系、完善权力监督制约机制、规范权力运行体系、孕育廉政文化等为基本路径。从世界范围看，任何一个现代化国家，都将公平、效率和法治作为廉政体系建设的最高价值追求。从整体性治理视角审视，我们既要进一步巩固和拓展国家监察体制改革的制度成果，又要全方位、立体化重塑清廉国家体系。

（一）依法治国与法治反腐：建立健全法律法规体系

对国家兴衰的探讨始终是政治学研究的核心议题。国家的发展和进步有其自身的特点和道路，也有一些共同的规律和经验。不管是资本主义国家还是社会主义国家，法治都是安邦兴邦之本，也是清廉国家建设之本。"依法治国，是坚持和发展中国特色社会主义的本质要求和重要保障，是实现国家治理体系和治理能力现代化的必然要求，事关我们党执政兴国，事关人民幸福安康，事关党和国家长治久安。"② 如果法治没有占据主导地位，各个领域、各个层级都以人治为主，权力的分配、权力的行使因领导人的变化而变化、因领导人意志的变化而变化，人们就会一味地逢迎与钻营，权权交易、权钱交易就会存在肥沃的土壤。习近平总书记指出："法治和人治问题是人类

---

① ［新西兰］杰里米·波普：《制约腐败——建构国家廉政体系》，任建明等译，中国方正出版社2003年版，第22—24页。
② 《中共中央关于全面推进依法治国若干重大问题的决定》，人民出版社2014年版，第2页。

第八章　超越监察体制改革：清廉国家的整体性系统性建设

政治文明史上的一个基本问题，也是各国在实现现代化过程中必须面对和解决的一个重大问题。纵观世界近代史，凡是顺利实现现代化的国家，没有一个不是较好解决了法治和人治问题的。"① 在某种程度上讲，一个国家的廉洁程度与法治程度是成正比的。我们必须不遗余力地建立和完善各个领域的法律法规并严格执行，"形成完备的法律规范体系、高效的法治实施体系、严密的法治监督体系、有力的法治保障体系"②，确保国家治理的各个领域、各个环节都有法可依、有法必依、执法必严、违法必究。

廉政法律体系为反腐倡廉提供根本遵循，建立、健全廉政法律法规体系为我国反腐败斗争和廉政建设指明方向。一是加强廉政立法建设，构建反腐败斗争的法律体系和制度保障体系，根据新情况、新问题和反腐败工作需要，及时制定出台相关法律，提高廉政法律的立法层次和立法效力，确保系统性、权威性与时效性。在深入推进国家监察体制改革的同时，借鉴国际先进经验，加强反腐败专门性法律的立法，制定打击政府官员腐败的专门性法律并不断修订、完善。二是加强党内法规与国家法律的衔接与协调。近年来，党内法规建设不断得到加强，从党组织建设到党员的权利义务，各个领域都已经建立起了比较系统、比较完善的规章制度。党内法规必须与国家法律有机衔接，在腐败预防与惩处中更好地形成合力。三是及时完善相关法律的补充性规定。新的法律出台以后，各个地方都在严格执行。但是，法律规定不可能周延各种情况，各地的自由裁量空间仍然存在。这就要求相关部门根据法律的执行情况和面临的新问题，及时出台补充性规定，避免法律执行中标准不一，影响执法的公平与公正，以及社会公众对法治的信仰和认同。四是深度参与反腐败国际合作，并在国际反腐规则的制定中发挥更大作用，增强反腐败国际合作中的话语权和主导地位。

---

① 《习近平关于全面依法治国论述摘编》，中央文献出版社2015年版，第12页。
② 《中共中央关于全面推进依法治国若干重大问题的决定》，人民出版社2014年版，第4页。

（二）全方位监督与全过程监督：建立健全权力监督与制约体系

权力的制衡与监督能有效地预防腐败是国外廉政建设的基本经验。建立和完善中国特色社会主义权力监督与制约机制，首先要加强权力监督，强化权力制约。权力在阳光下作业，让权力受到制度的约束，尤其是让权力从过度集中走向相对分权与相互制约，成为完善我国反腐监督制约机制的必然选择。一方面要从决策和执行等环节加强对权力的监督，通过建立健全结构合理、科学配置、程序严密的权力运行监督机制，让权力在正常轨道内运行；另一方面重点加强对领导干部特别是主要领导干部的监督，加强对人财物管理和使用的监督。其次要形成监督合力，提升监督效能。建立党内监督引领各种监督力量的监督网络体系，形成整体监督合力。建立健全监督网络体系，加强党内监督、加大人大监督力度，在日常监督检查、听取和审议政府工作报告、质询政府工作等过程中，加强人大监督的针对性和有效性。充分发挥人民政协、群众团体、新闻媒体和广大群众的监督作用和优势，构建强有力的监督网络体系。同时，健全行政监督、司法监督、审计监督，尽量做到科学用权、依法行权，保障各权力主体的规范运行。最后，重点加强全过程监督机制。一方面要注重事前监督和过程监督的及时性和有效性，探索建立和完善包括新闻媒体、社会公众参与的民主监督、社会监督和舆论监督机制；另一方面，还要特别重视事后监督的有效性和惩罚功能，尝试健全和强化以检察机关的法律监督权为主要支撑的责任追究机制。

公开是监督的前提和基础，运用信息公开监督规范权力运行是国际社会的普遍共识。公开透明也是现代法治政府的基本价值理念，政府权力必须在阳光透明的环境下运行，接受全面监督与制约。政府作为权力主体，往往掌握着与公权相关的大量信息，政府信息公开具有重要反腐功能，是实现对权力有效监督的重要方式，是民众知情权的基本保障，是媒体舆论监督的必要条件。[①] 一方面，深入推进政府信

---

① 张杰：《论反腐败中的信息公开制度》，《铁道警官高等专科学校学报》2010年第6期。

第八章 超越监察体制改革：清廉国家的整体性系统性建设

息公开，进一步完善信息公开制度。通过政务公开，促进政府职能转变，形成政务公开长效机制，不断满足人民群众对信息公开广度和深度的需要，建立和完善各级政府的组织制度、工作制度，确保政府在管理人事、财政财务、行政接待、行政许可、公共服务等各项事务中，具备健全的机制、规范的程序、清晰的制度，保障人民群众的知情权、参与权和监督权。加大财政资金管理使用情况、公共资源配置等信息公开力度，逐步探讨以制度化方式公开官员财产，使其成为真正有效的反腐败措施。另一方面，推进行政权力公开透明运行。在决策方面，坚决贯彻民主集中制和法定决策程序，有效防止行政首长独断专权的局面，推动民主决策机制的完善，保证决策过程的科学化、民主化和透明化。在职能方面，推进行政权力运行程序化、公开化、法治化。按照职权法定、程序合法的要求，梳理行政职权目录、行政权力清单和权力运行要素表、流程图，并向社会公布。在政务公开方面，健全和完善高效透明的政务服务体制。进一步完善政务服务的标准、规范，优化工作流程，提升工作效率。根据基层群众意见建议，及时规范行政权力运行公开的范围、方式和办法。[①]

（三）方式创新与效能提升：完善权力监督的技术治理体系

发挥新兴技术在强化廉政风险防控、预防腐败、加强廉政建设中的重要作用。通过对世界主要国家反腐败战略分析，互联网等新技术融入政府管理对于反腐败有明显意义，新的数据技术应当作为政府管理的有效工具，[②] 也应当广泛应用于对公共权力进行监督。运用大数据、人工智能、区块链等新兴技术建立反腐系统，通过政务大数据建立腐败预警机制，将数据技术运用于公共采购、扶贫领域等，建立起预警监督机制；强化区块链去中心的分布式账本数据库，发挥去中心化、不可伪造、不可撤销、可验证等优势，促进信息共享、深化政务

[①] 参阅中共中央办公厅、国务院办公厅《关于深化政务公开加强政务服务的意见》，《国务院公报》2011年第23号。

[②] Chonkyunkim, "Corruption Initiatives and E-government: A Cross-national Study", *Public Organization Review*, Mar. 2014, p. 14.

公开，保障举报人信息安全和贪腐案件境外追逃追赃效能提升，建立高效便捷的反腐网络系统。发挥大数据、区块链有效监控资金流向的特殊作用，确保资金流向政府重视和支持的领域，从而保证政府既定公共政策目标的实现、保障资金安全廉洁使用。同时，在新媒体、融媒体时代，鼓励和支持主流媒体开通运行"网络问政平台"，利用各种科技发展成果，遏制权力腐败的蔓延。网络媒体为保障人民群众的知情权、参与权、表达权和监督权提供了广泛的渠道，网络问政成为现代政府必须适应的监督方式。要强化媒体监督的有效性，发挥新闻媒体的舆论监督功能。在预防和惩治腐败体系建设中，充分利用微博、微信等新媒体发现腐败线索、强化廉洁责任。

近年来，许多地方纷纷将数据技术运用于腐败预警和权力日常监督之中，取得了很好的效果。农村集体资产监管、集体资金使用、社会保障资金的分配、工程招标与采购、劳务分派等历来成为村干部腐败的"重灾区"。有些地方将政府各个职能部门（如农业农村部、社保局等）的数据打通，只要村级有财务活动发生，各个职能部门的数据就会自动碰撞和比对，第一时间发现异常现象和腐败线索，在一定程度上防范了村级腐败现象的发生。村级公共权力大数据监督平台的建设，是基层廉政建设技术治理体系的样板。公车私用、油卡私用也是党政部门时常发生的腐败现象，有些地方开发出先进的管理系统，自动识别公车使用情况和公车加油是否正常，在很大程度上堵住了管理漏洞。随着数字化改革的推进和各种先进技术的广泛运用，我们可以将重要岗位领导干部的亲属信息、各种公共资源交易信息、领导干部重大经济往来信息等建立统一的数据库，智能监测各种异常情况，第一时间采取措施，防范和处置各种违法乱纪事件。当然，利用技术手段治理腐败，必须在法律法规的严格规定下进行，不能随意侵犯公职人员和其他相关人员的隐私权，不能产生技术治理权力的四处滥用和肆意妄为。

（四）思想引领与清源铸魂：夯实廉政文化建设体系

习近平总书记指出："坚定理想信念，坚守共产党人精神追求，

第八章　超越监察体制改革：清廉国家的整体性系统性建设

始终是共产党人安身立命的根本。对马克思主义的信仰，对社会主义和共产主义的信念，是共产党人的政治灵魂，是共产党人经受住任何考验的精神支柱。形象地说，理想信念就是共产党人精神上的'钙'，没有理想信念，理想信念不坚定，精神上就会'缺钙'，就会得'软骨病'。现实生活中，一些党员、干部出这样那样的问题，说到底是信仰迷茫、精神缺失。"[①] 事实上，许多腐败分子的忏悔录都写道，由于理想信念动摇，思想防线出现了缺口，不法商人乘虚而入，从而使自己最终走上贪腐之路。因此，我们必须始终重视和加强领导干部的理想信念教育，让领导干部始终牢记初心和使命，始终严于律己、廉洁奉公。和其他政党不同，中国共产党是具有崇高理想、全心全意为人民服务的政党；是组织严密、组织纪律严明的政党。党员领导干部在各级领导干部之中占有绝大多数，只要把党员领导干部教育好，廉政建设就会拥有坚实的基础。百年以来，中国共产党形成了重视理想信念教育的优良传统、积累了许多宝贵经验。我们要充分发挥政体优势、政党优势、政治优势，继承和发扬党的优良传统，把理想信念教育、廉洁纪律教育等落到实处，让制度优势更为充分地转化为廉洁治理效能。

思想是行动的先导。廉政文化建设是教育和引导领导干部廉洁从政、廉洁自律的重要手段，也是反击腐败的有力武器。廉政文化包括廉政的社会意识、制度精神、行为准则等内容，它贯穿廉政建设的整个过程。廉政文化建设，归根到底是思想建设和观念转变，即以教育为主，通过思想启迪、教育感化、觉悟认知等方式，从源头消除贪腐之心。一是加强廉政文化建设。廉政文化建设赋予了廉政教育新的内容和形式，要在整个社会形成以廉洁为荣、贪污为耻的道德传统和社会氛围，使民众大多养成遵纪守法、诚实守信的良好理念，发挥廉政文化的导向、规范和约束功能，通过弘扬和倡导自律、公正、廉洁精神，使廉荣贪耻的价值观成为普遍的思想观念和价值取向，使全社会崇尚廉洁、远离腐败。二是运用多种形式加强廉政教育。加大反腐倡

---

① 《习近平关于全面从严治党论述摘编》，中央文献出版社2021年版，第159页。

廉教育，采取形式多样、行之有效的方式对群众开展反腐败工作的方针、政策、形势的宣传，普及廉政知识和廉洁法制，引导社会公众正确看待反腐败斗争形势与任务，增强监督意识、参与意识和法治意识，积极、有序地参与反腐败斗争。通过培训、教育或者网络平台方式，提高国家公职人员对廉政的认知水准，形成廉洁从政的思想意识。加强学校教育和社区教育，在社会中形成追求公平正义、勤劳节俭、克己奉公、守纪自律的浓厚氛围。

结　　论

　　国家监察体制改革的研究可以从多个学科展开。目前，政治学、法学的研究较多，成果日益丰硕。相比之下，公共管理学的研究较少，成果也不多见。公共管理学的研究可以运用各种前沿的理论分析工具，从各种不同的视角切入。本书以当代公共管理的前沿理论整体性治理为视角，建立起主体、客体、行为三重维度的分析框架，对国家监察体制改革进行较为全面、较为深入的分析。

　　从主体的维度分析，国家监察体制改革建立了纵向到底、横向到边的组织体系，理顺了纪委和监委、上级与下级之间的主体关系。纵向到底，就是建立了中央、省、市、县（区）级监察委员会，并将触角延伸到乡镇和村（社区）；横向到边，就是实现纪检监察机关及其派驻机构向党政机关、国有企事业单位全覆盖。在此基础上，强化上级为主的领导和管理体制，从而建立起党的集中统一领导的反腐组织体系。从整体性治理的视角审视，这样的组织体系能够完成繁重的反腐任务，但也存在层级之间的发展不平衡、上级组织"单向吸纳"的问题，必须补足基层组织存在的短板，建立"双向赋能"的组织结构。上级与下级的主体关系也必须进一步理顺，并使上级的主导地位得到强化和规范。

　　地方监察委员会必须始终坚守主责主业，在强化主业中实现组织目标，而不能使职能过于分散，或者过多地承担地方党委政府的中心工作、削弱自身职能。在监察官队伍建设方面，要注重专业化建设，提升监察官队伍的执法能力、监督能力，并且要注重上级指导和系统统筹，推动监察官队伍的整体性发展。

　　从客体的维度分析，国家监察体制改革改变了以往监察对象的交叉、重叠和不周延现象，将所有行使公权力的人纳入监察范围，实现了对客体的整体性治理。以往纪律检查机构、行政监察机关、检察院都有自己的监督对象，有时相互交叉，有时又有纰漏，造成重复投入、效能低下等诸多问题。国家监察体制改革打破了不科学、不合理的界分，打破了身份界限，将所有行使公权力的人都纳入监察范围，既有利于反腐对象全覆盖，又有利于政治生态、社会生态的整体性治理。但是，限于各种条件，还必须兼顾各类对象，特别是对新近出现的"边缘群体"给予更多的关注，实现从"有形覆盖"到"有效覆盖"的转变。

例如，对医疗系统、教育系统、小区业主委员会的监督仍然存在短板，导致腐败问题时有发生，有些还比较严重。如果这些方面得不到加强，社会的廉洁文化难以形成、社会生态难以好转，整个国家的廉政建设也将难以实现整体性跃迁。

从行为的维度分析，国家监察体制改革已经赋予监察机关监督、调查、处置三项职能，足以能够完成对腐败预防与腐败惩处的整体性治理。预防、教育和惩处是一个整体，三者相辅相成、相互促进。监察机关完整地拥有三项职能，符合腐败治理的客观规律。从腐败查处来看，监察机关拥有多项强制性权力，可以顺利地完成各项调查处置任务。但是，层级之间的权力分配仍然存在矛盾，基层纪检监察机关的权力配置问题值得重视。从整体性治理的视角来看，还必须处理好赋权与控权的关系，让权力赋予和权力制衡相对平衡；处理好监察权力行使与公民权利保障的关系，切实维护和保障公民的人身权、自由权、财产权、隐私权、知情权、救济权等各种权利，促进政治文明的发展。

要正确认识和处理人大监督、司法与执法监督的关系，最大限度地实现这些关系的法治化、规范化、程序化。此外，还必须处理好自我监督与群众监督、自我革命与社会革命的关系，在加强自我监督的同时始终重视舆论监督和社会监督，使自我革命和社会革命相互促进、相得益彰。

国家监察体制改革的初期，可以运用整体性治理的理论工具对其进行研究和分析，在宏观上明确方向、开阔视野、把握重点。但是，整体性治理的分析也有一定的局限性，它的涵盖面较广，对具体事务、微观机制的深度挖掘明显缺乏,这也是本书的局限和不足。未来的研究可以从两个方面展开。一方面,利用公共管理的其他理论工具对国家监察体制改革进行研究。例如,运用合作治理理论,可以更好地分析改革实践中政府、社会、公民等多元主体的合作关系;运用网络治理理论,分析监察机关、人大、检察院、法院之间的各种网络治理结构和互动模式;运用制度变迁理论,分析重大制度变革的机理与发展趋势;等等。另一方面,可以对国家监察体制改革的某方面内容进行更加深入的研究。例如,对监察机关的监督,本书虽然提出了整体性架构,但每个方面还可以细化,而且随着实践的发展,新问题、新现象可能层出不穷,研究也必须与时俱进;上下级监察机关的权力关系调整已有一定进展,但尚未从根本上解决问题,也值得进一步探索和研究;对于国家监察机关的治理效能,除了已有的定性分析,在条件许可的情况下,还可以建立各种数理模型进行定量分析;等等。

参考文献

一　中文文献

（一）著作类

《马克思恩格斯全集》第 2 卷，人民出版社 1995 年版。

《马克思恩格斯选集》第 3 卷，人民出版社 2012 年版。

《马克思恩格斯全集》第 3 卷，人民出版社 1995 年版。

《马克思恩格斯选集》第 4 卷，人民出版社 2012 年版。

《马克思恩格斯全集》第 42 卷，人民出版社 1995 年版。

《资本论》第一卷，人民出版社 1958 年版。

《毛泽东选集》第 4 卷，人民出版社 1991 年版。

《邓小平文选》第 2 卷，人民出版社 1994 年版。

《习近平谈治国理政》第 2 卷，外文出版社 2017 年版。

《习近平谈治国理政》第 3 卷，外文出版社 2020 年版。

习近平：《摆脱贫困》，福建人民出版社 1992 年版。

习近平：《之江新语》，浙江出版联合集团、浙江人民出版社 2007 年版。

习近平：《决胜全面建成小康社会　夺取新时代中国特色社会主义伟大胜利——在中国共产党第十九次全国代表大会上的报告》，人民出版社 2017 年版。

《习近平总书记系列重要讲话读本》，学习出版社、人民出版社 2014 年版。

本书编写组：《监察与司法有效衔接工作指引》，中国方正出版社 2019 年版。

本书编写组：《深化党和国家机构改革方案辅导读本》，人民出版社 2018 年版。

本书编写组：《法法衔接 20 讲》，中国方正出版社 2019 年版。

本书编写组：《国家监察体制改革试点工作学习参考》，中国方正出版社 2017 年版。

蔡定剑：《国家监督制度》，中国法制出版社 1991 年版。

陈国权、皇甫鑫等：《功能性分权：中国的探索》，中国社会科学出版社 2021 年版。

陈宏彩：《行政监察专员制度比较研究》，学林出版社 2009 年版。

陈宏彩：《地方纪检监察派驻机构制度创新研究》，中国社会科学出版社 2016 年版。

陈守一、张宏生：《法学基础理论》，北京大学出版社 1981 年版。

陈新民：《公法学札记》，中国政法大学出版社 2001 年版。

程燎原、王人博：《权利及其救济》，山东人民出版社 1998 年版。

杜兴洋：《国家监察概论》，武汉大学出版社 2019 年版。

段龙飞、任建明：《香港反腐败制度体系研究》，中国方正出版社 2010 年版。

范柏乃：《政府绩效评估理论与实务》，人民出版社 2005 年版。

关文发、于波：《中国监察制度研究》，中国社会科学出版社 1998 年版。

过勇、宋伟：《中国县级纪检监察机关改革研究》，清华大学出版社 2014 年版。

韩阳：《北欧廉政制度与文化研究》，中国法制出版社 2016 年版。

侯志山：《外国行政监督制度与著名反腐机构》，北京大学出版社 2004 年版。

胡锦光：《香港行政法》，河南人民出版社 1997 年版。

焕力：《中国历史廉政监察研究》，武汉大学出版社 2015 年版。

江国华：《国家监察立法研究》，中国政法大学出版社 2018 年版。

李雪勤：《中国共产党纪律检查工作60年》，中国方正出版社2009年版。

李晓明、芮国强：《国家监察学原理》，法律出版社2019年版。

李晓明：《控制腐败法律机制研究》，法律出版社2010年版。

李飞、郑淑娜等：《〈中华人民共和国各级人民代表大会常务委员会监督法〉释义及实用指南》，中国民主法制出版社2013年版。

刘国栋：《纪检监察原理与方法精要》，中国方正出版社2010年版。

刘旭涛：《政府绩效管理：制度、战略与方法》，机械工业出版社2005年版。

吕元礼：《新加坡治贪为什么能？》，广东省出版集团、广东人民出版社2011年版。

马进甫、王天星等：《德国廉政制度与文化研究》，中国法制出版社2017年版。

秦前红、叶海波：《国家监察制度改革研究》，法律出版社2018年版。

申险峰、周洁等：《日本廉政制度与文化研究》，中国法制出版社2016年版。

石俊超、刘彦伟：《比较监察制度》，中州古籍出版社1991年版。

宋振国、刘长敏等：《各国廉政建设比较研究》，知识产权出版社2013年版。

武光军、顾国平：《新加坡反腐的历史进程及廉政建设机制研究》，中国法制出版社2016年版。

徐家林、邓纯余等：《中国共产党反腐倡廉建设史论》，中国方正出版社2009年版。

杨五湖、刘明波：《世界行政监督大辞典》，法律出版社1990年版。

姚文胜：《国家监察体制改革研究》，中国社会科学出版社2019年版。

尤光付：《中外监督制度比较》，商务印书馆2003年版。

张正钊、韩大元：《比较行政法》，中国人民大学出版社1998年版。

中共中央纪律检查委员会、中华人民共和国国家监察委员会法规室：

《〈中华人民共和国监察法〉学习问答》，中国方正出版社 2018 年版。

中央纪委纪检监察研究所编：《中国共产党反腐倡廉文献选编》，中央文献出版社 2002 年版。

中共中央纪律检查委员会办公厅编：《中国共产党党风廉政建设文献选编》（第四卷），中国方正出版社 2001 年版。

中央纪律检查委员会办公厅：《中国共产党党风廉政建设文献选编》（第八卷），中国方正出版社 2001 年版。

周凯：《政府绩效评估导论》，中国人民大学出版社 2006 年版。

卓越：《政府绩效管理导论》，清华大学出版社 2006 年版。

左连璧：《中国监察制度研究》，人民出版社 2004 年版。

［法］卢梭：《社会契约论》，何兆武译，商务印书馆 1982 年版。

［法］孟德斯鸠：《论法的精神》（上册），张雁深译，商务印书馆 1997 年版。

［古希腊］亚里士多德：《政治学》，吴寿彭译，商务印书馆 1997 年版。

［美］戴维·奥斯本、［美］特德·盖布勒：《改革政府——企业家精神如何改革着公共部门》，周敦仁等译，上海译文出版社 2006 年版。

［美］E. 博登海默：《法理学：法律哲学与法律方法》，邓正来译，中国政法大学出版社 2004 年版。

［美］弗莱蒙特·E. 卡斯特、［美］詹姆斯·E. 罗森茨韦克：《组织与管理：系统方法与权变方法》（第四版），傅严、李柱流等译，中国社会科学出版社 2000 年版。

［美］杰斐逊著，方纳编：《杰斐逊文选》，王华译，商务印书馆 1963 年版。

［美］乔治·萨拜因：《政治学说史》（下卷），邓正来译，上海人民出版社 2010 年版。

［美］西奥多·H. 波伊斯特：《公共与非营利组织绩效考评：方法与应用》，肖鸣政等译，中国人民大学出版社 2005 年版。

［美］西塞罗：《国家篇法律篇》，沈叔平、苏力译，商务印书馆 1999 年版。

［美］詹姆斯·M. 伯恩斯：《美国式民主》，谭君久等译，中国社会科学出版社 1993 年版。

［英］弗里德利希·冯·哈耶克：《自由秩序原理》，邓正来译，生活·读书·新知三联书店 1997 年版。

［英］洛克：《政府论》（下篇），叶启芳、瞿菊农译，商务印书馆 1982 年版。

［英］密尔：《代议制政府》，汪瑄译，商务印书馆 1982 年版。

（二）论文类

习近平：《在新的起点上深化国家监察体制改革》，《求是》2019 年第 5 期。

柏必成：《我国运动式治理的发生机制：一个宏观层面的分析框架》，《学习论坛》2016 年第 7 期。

卞建林：《检察机关侦查权的部分保留及其规范运行——以国家监察体制改革与〈刑事诉讼法〉修改为背景》，《现代法学》2020 年第 2 期。

蔡乐渭：《论国家监察视野下公权力的内涵、类别与范围》，《河南社会科学》2018 年第 8 期。

曹雪松：《党的十八大以来党内监督理念与实践的新发展》，《社会主义研究》2016 年第 4 期。

陈邦达：《推进监察体制改革应当坚持以审判为中心》，《法律科学》（西北政法大学学报）2018 年第 6 期。

陈辉、汪进元：《监察委员会处置权与人大监督权的内在张力及协调》，《广西社会科学》2019 年第 6 期。

陈辉：《论监察委员会处置权的合理配置与规范运行》，《社会主义研究》2019 年第 6 期。

陈宏彩：《反腐机构绩效制约因素与互动模式：一种解释性分析框架》，《中国行政管理》2013 年第 11 期。

陈宏彩：《强化监察机关内部监督的理论逻辑与制度建构》，《河南社会科学》2020年第11期。

陈宏彩：《通过完善权力监督机制增强制度自信》，《中州学刊》2014年第12期。

陈宏彩：《论权利救济与社会和谐的内在逻辑》，《天津社会科学》2008年第1期。

陈宏彩：《国家监察体制改革绩效评估问题探析》，《中州学刊》2020年第1期。

陈瑞华：《论国家监察权的性质》，《比较法研究》2019年第1期。

陈伟：《监察官法制订的现实必要、原则构建及实践问题》，《学术界》2020年第1期。

崔冬：《行政违法与犯罪衔接问题研究》，《行政论坛》2011年第1期。

董坤：《论监察机关与公安司法机关的管辖衔接——以深化监察体制改革为背景》，《法商研究》2021年第6期。

董茂云：《人大监督法院的新思路》，《法学杂志》2015年第5期。

杜治洲：《中国特色国家监察的制度创新与运行机制》，《河南社会科学》2019年第1期。

方熠威：《变化与争鸣中的运动式治理——一个研究综述》，《中共青岛市委党校青岛行政学院学报》2020年第3期。

方资、聂晶：《从实证分析和理性思考看监察委员会留置措施的适用——兼对强制措施适用不当的分析》，《社会科学论坛》2018年第1期。

封利强：《检察机关提前介入监察调查之检讨——兼论完善监检衔接机制的另一种思路》，《浙江社会科学》2020年第9期。

郭殊、夏秋艳：《宪法政策学视角下国家监察制度与人大监督制度的衔接—以弹劾权配置为中心》，《南京大学学报》（哲学·人文科学·社会科学）2019年第2期。

过勇、宋伟：《中国地方纪检监察机关改革模式分析》，《政治学研究》2014年第5期。

过勇：《改进和完善我国反腐败体制机制的政策建议》，《中国监察》2009年第11期。

谷志军：《党内问责制：历史、构成及其发展》，《社会主义研究》2017年第1期。

何增科：《建构现代国家廉政制度体系：中国的反腐败与权力监督》，《广州大学学报》（社会科学版）2011年第1期。

洪浩：《刑事诉讼视域下的国家监察机关：定位、性质及其权力配置》，《法学论坛》2019年第1期。

姜明安：《国家监察法立法的若干问题探讨》，《法学杂志》2017年第3期。

江国华：《国家监察与刑事司法的衔接机制研究》，《当代法学》2019年第2期。

江国华：《国家监察体制改革的逻辑与取向》，《学术论坛》2017年第3期。

李辉：《"运动式治理"缘何长期存在？——一个本源性分析》，《行政论坛》2017年第5期。

李少文：《国家监察体制改革的宪法控制》，《当代法学》2019年第3期。

刘素梅：《国家监察权的监督制约体制研究》，《学术界》2019年第1期。

刘艳红、夏伟：《法治反腐视域下国家监察体制改革的新路径》，《武汉大学学报》（哲学社会科学）2018年第1期。

刘艳红：《〈监察法〉与其他规范衔接的基本问题研究》，《法学论坛》2019年第1期。

刘文华：《国家监察体制改革的行政法衔接》，《学术探索》2021年第11期。

刘旺洪：《权利与权力：行政法的理论逻辑》，《江苏行政学院学报》2001年第2期。

刘笑盈：《当前新闻发言人制度建设的进展与挑战》，《对外传播》2016年第12期。

龙太江、牛欢：《监察委员会监察权配置研究》，《长白学刊》2019年第3期。

马怀德：《国家监察体制改革的重要意义和主要任务》，《国家行政学院学报》2016年第6期。

马春晓：《监察委员会监督机制的比较研究》，《河南社会科学》2019年第10期。

莫纪宏：《国家监察体制改革要注重对监察权性质的研究》，《中州学刊》2017年第10期。

倪星、黄佳圳：《工作打断、运动式治理与科层组织的应对策略》，《江汉论坛》2016年第5期。

聂辛东：《国家监察委员会的监察法规制定权限：三步确界与修法方略》，《政治与法律》2020年第1期。

潘泽泉、任杰：《从运动式治理到常态治理：基层社会治理转型的中国实践》，《湖南大学学报》（社会科学版）2020年第3期。

钱宁峰：《监察机关与执法部门之间关系的宪法定位及其具体化》，《学海》2019年第3期。

秦前红：《我国监察机关的宪法定位：以国家机关相互间的关系为中心》，《中外法学》2018年第3期。

秦前红、刘怡达：《国家监察体制改革的法学关照：回顾与展望》，《比较法研究》2019年第3期。

邱霈恩：《积极推进国家监察体制改革和体系建设》，《中国行政管理》2018年第7期。

邱霈恩：《国家监察体制改革和体系建设的法理创新探略》，《中共中央党校学报》2018年第4期。

裴树祥、黄一宸：《国家监察对象认定标准研究》，《中国刑警学院学报》2018年第3期。

任建明、杨梦婕：《国家监察体制改革：总体方案、分析评论与对策建议》，《河南社会科学》2017年第6期。

任进：《宪法视域下的国家监察体制改革》，《行政管理改革》2017年第3期。

沈岿：《论宪制改革试验的授权主体——以监察体制改革试点为分析样本》，《当代法学》2017年第4期。

石亚军、卜令全、陈自立：《国家监察体制：全域立体监察模式的构建》，《中国行政管理》2017年第10期。

宋方青、张可：《国家监察委员会监察法规制定权：权限范围与制度构建》，《湘潭大学学报》（哲学社会科学版）2021年第4期。

宋振策：《我国监察官制度设计初探——以监察官法的制定为视角》，《廉政文化研究》2020年第3期。

苏保忠：《舆论监督对民主政治发展的功能模式探析——透视"焦点访谈"》，《新闻与传播研究》2002年第3期。

孙培军、丁远朋：《国家治理机制转型研究——基于运动式治理的视角》，《江西师范大学学报》（哲学社会科学版）2015年第2期。

谭家超：《国家监察权设置的功能》，《河南社会科学》2017年第6期。

谭宗泽：《论国家监察对象的识别标准》，《政治与法律》2019年第2期。

汤维建：《论人大监督司法的价值及其重点转向》，《政治与法律》2013年第5期。

童之伟：《国家监察立法预案仍须着力完善》，《政治与法律》2017年第10期。

童之伟：《将监察体制改革全程纳入法治轨道之方略》，《法学》2016年第12期。

涂龙科、姚魏等：《人大监督司法的重点和突破口》，《政治与法律》2013年第5期。

王可利、刘旺洪：《论监察委员会监察信息公开立法模式的建构》，《江苏行政学院学报》2021年第4期。

王弘宁：《监察机关办理职务犯罪追诉时效问题研究》，《社会科学战线》2022年第1期。

王希鹏、李雪勤：《一体推进"三不"的理论贡献与实践路径》，《新视野》2021年第2期。

王英津:《论我国的行政自由裁量权及其滥用防范》,《国家行政学院学报》2001年第3期。

王石泉:《多维视域下的中国新闻发言人制度建设》,《中国浦东干部学院学报》2018年第4期。

文丰安、段光鹏:《中国共产党巡视制度的百年历程、经验与启示》,《东南学术》2021年第3期。

吴建雄:《国家监察体制改革背景下职务犯罪检察职能定位与机构设置》,《国家行政学院学报》2018年第1期。

吴建雄:《国家监察体制改革的法哲学思考:立场、观点与方法》,《中南大学学报》(社会科学版)2019年第4期。

谢登科:《论国家监察体制改革下的侦诉关系》,《学习与探索》2018年第1期。

徐汉明:《国家监察权的属性探究》,《法学评论》2018年第1期。

徐汉明、张乐:《监察委员会职务犯罪调查与刑事诉讼衔接之探讨——兼论法律监督权的性质》,《法学杂志》2018年第6期。

徐小庆:《完善党和国家监督体系的创举——国家监察体制改革的回溯与展望》,《政治学研究》2021年第4期。

许耀桐:《党内监督论》,《中共天津市委党校学报》2016年第3期。

薛彤彤、任建明:《法官员额制改革及其对国家监察官制度的启示》,《河南社会科学》2021年第1期。

颜新文、黄也倩:《从"有形覆盖"迈向"有效覆盖" 来自浙江深化派驻机构改革的生动实践》,《反腐败导刊》2019年第4期。

杨子强:《论人大监督司法的功能结构与模式兼容》,《政治与法律》2013年第5期。

姚莉:《监察案件的立案转化与"法法衔接"》,《法商研究》2019年第1期。

叶海波:《从"纪检立规"到"监察立法":深化国家监察体制改革法治路径的优化》,《政治与法律》2020年第8期。

叶青、王小光:《监察委员会案件管辖模式研究》,《北方法学》2019年第4期。

伊士国：《国家监察体制改革的宪法学思考》，《甘肃社会科学》2020年第6期。

殷冬水、邢轶凡：《从专项治理到制度治理——当代中国国家治理变革的实践逻辑与战略选择》，《社会主义研究》2019年第3期。

袁钢：《构建中国特色监察官制度：意义、原则与任务》，《武汉科技大学学报》（社会科学版）2020年第5期。

曾庆辉：《发挥特定问题调查权在人大监督中的作用》，《中国党政干部论坛》2017年第3期。

张康之、李东：《组织资源及任务型组织的资源获取》，《中国行政管理》2007年第2期。

张逸雪：《浅析如何完善职务犯罪初查与纪检监察工作的衔接》，《法制与社会》2017年第11期。

张学龙：《整体性治理视角下的党内巡视巡察联动研究》，《理论与改革》2019年第6期。

赵秉志、张磊：《习近平反腐败追逃追赃思想研究》，《吉林大学社会科学学报》2018年第2期。

钟稳：《纪检监察派驻机构管理改革：演化、困境、展望——写在派驻机构统一管理制度走过10年之际》，《求实》2014年第8期。

周磊、焦利：《构建中国特色国家监察官制度：背景与建议》，《北京行政学院学报》2019年第3期。

周磊：《中国监察官制度的构建及路径研究》，《国家行政学院学报》2018年第4期。

周佑勇：《对监督权的再监督 地方人大监督地方监察委员会的法治路径》，《中外法学》2020年第2期。

周长军：《监察委员会调查职务犯罪的程序构造研究》，《法学论坛》2018年第2期。

周军：《官僚制控制体系的失灵与变革—通过任务型组织的建构寻求出路》，《公共管理与政策评论》2015年第3期。

宗婷婷、王敬波：《国家监察对象的认定标准：核心要素、理论架构与适用场域》，《中共中央党校（国家行政学院）学报》2019年第

4 期。

朱福惠：《论检察机关对监察机关职务犯罪调查的制约》，《法学评论》2018 年第 3 期。

庄德水：《国家监察体制改革的行动逻辑与实践方向》，《中共中央党校学报》2017 年第 4 期。

二　英文文献

Andrew Wedeman, "Anticorruption Campaigns and the Intensification of Corruption in China", *Journal of Contemporary China*, Vol. 42, No. 14, February 2005.

Bertrand De Speville, "Anticorruption Commissions: The 'Hong Kong Model' Revisited", *Asia-Pacific Review*, Vol. 17, No. 1, May 2010.

Jin-Wook Choi, "Institutional Structures and Effectiveness of Anticorruption Agencies: A Comparative Analysis of South Korea and Hong Kong", *Asian Journal of Political Science*, Vol. 17, No. 2, August 2009.

John Joseph Wallis, "Constitutions, Corporations, and Corruption: American States and Constitutional Change, 1842 to 1852", *Journal of Economic History*, Vol. 65, No. 1, March 2005.

Jon S. T. Quah, "Combating Corruption in Singapore: What Can Be Learned?", *Journal of Contingencies and Crisis Management*, Vol. 9, No. 1, March 2001.

Michael Johnston, "More than Necessary, Less than Sufficient: Democratization and the Control of Corruption", *Social Research*, Vol. 80, No. 4, December 2013.

Michael T. Rock, "Corruption and Democracy", *Journal of Development Studies*, Vol. 45, No. 1, January 2009.

Moshe Maor, "Feeling the Heat? Anticorruption Mechanisms in Comparative Perspective", *Governance: An International Journal of Policy, Administration, and Institutions*, Vol. 17, No. 1, January 2004.

N. Naher, R. Hoque, M. S. Hassan, D. Balabanova, A. dams A. M.,

S. M. Ahmed, "The Influence of Corruption and Governance in the Delivery of Frontline Health Care Services in the Public Sector: A Scoping Review of Current and Future Prospects in Low and Middle-income Countries of South and South-east Asia", *Public Health*, Vol. 20, No. 1, June 2020.

Najih Mokh, Wiryani Fifik, "Learning the Social Impact of Corruption: A Study of Legal Policy and Corruption Prevention in Indonesia and Malaysia", *Journal of Social Studies Education Research*, Vol. 11, No. 4, Oct. 2020.

Patrick Meagher, "Anti-corruption Agencies: Rhetoric Versus Reality", *The Journal of Policy Reform*, Vol. 8, No. 1, March 2005.

Roman David, "Transitions to Clean Government: Amnesty as an Anticorruption Measure", *Australian Journal of Political Science*, Vol. 45, No. 3, September 2010.

SAM Choon-Yin, "Singapore's Experience in Curbing Corruption and the Growth of the Underground Economy", *Journal of Social Issues in Southeast Asia*, Vol. 20, No. 1, April 2005.

Tacconi Luca, Williams David Aled, "Corruption and Anti-corruption in Environmental and Resource Management", *Annual Review of Environment & Resources*, Vol. 45, No. 4, Oct. 2020.

T. Wing Lo and Ricky C. C. Yu, "Curbing Draconian Powers: The Effects on Hong Kong's Graft-Fighter", *The International Journal of Human Rights*, Vol. 4, No. 1, March 2000.

Vladyslav Teremetskyi, Yevheniia Duliba, Volodymyr Kroitor, Nataliia Korchak, Oleksandr Makarenko, "Corruption and Strengthening Anti-corruption Efforts in Healthcare During the Pandemic of Covid-19", *The Medico-legal Journal*, Vol. 89, No. 1, March 2021.

后　　记

　　2001年冬天，在中国人民大学攻读博士学位期间，某个寒冷的周末，我不知不觉地走进海淀区的某个胡同，在一家不知名的书店看书。当我选了一本反腐败方面的著作准备付款时，四十多岁的老板将我上下打量了一番，问："您是研究反腐败的?"我点点头。老板又问："您是老师还是学生?"我说是学生。老板当机立断地说："这本书免费，您可是在为国家作贡献啊!"二十多年过去了，我已无法记清店名，但老板一本正经的神情，始终萦绕在我的脑际。人民群众痛恨腐败，希望国家清正廉明。作为学者，我们怎能忘记自身的初心和使命？

　　读博士期间，行政监察是一个相对冷僻的领域，但我始终坚信，国家要强大，行政监察必须加强。我以一位学生的简单和纯朴，一头扎在这个冷僻的领域。2009年，我的博士学位论文《行政监察专员制度比较研究》由学林出版社出版。2016年，国家社科基金课题成果《地方纪检监察派驻机构制度创新研究》由中国社会科学出版社出版。2017年，国家社科基金重点课题"试点地区监察委员会运行状况与制度完善跟踪研究"立项。五年来，笔者克服重重困难，全身心投入课题研究之中，终于按期免鉴定结题。本书即此重点课题的最终成果。

　　为了开展课题研究，我先后访谈了无数纪检监察一线的领导。他们的情怀、睿智和奉献，给我留下了十分深刻的印象，也始终激励我砥砺前行。省、市、县、乡镇等各级纪检监察机关为我的调研和访谈提供了帮助，使我最终能够顺利完成课题研究。考虑到各种原因，深度访谈内容在出版时省略,仅仅作为珍贵的研究资料保存。

在担任省纪委、省监委特约研究员期间,我和省纪委各个职能部门特别是研究室工作人员的合作十分愉快,我们共同见证、调研了一线的许多卓有成效的改革。浙江大学的教授、博导陈国权老师对本书研究提供了许多帮助,并欣然为拙著作序。我的导师朱立言教授、省委党校原副校长马力宏教授、浙江大学光华法学院副院长郑春燕教授、中国政法大学李莉副教授、浙江省社会科学院陈思宇副研究员等对本书初稿提出了宝贵的修改建议。省委党校科研处为本书的出版提供了资助,浙江省新型重点智库全面从严治党研究中心将本书列为中心的研究成果。党校的领导和同事对我的工作、生活给予了最大程度的关心和支持,尤其是在我遇到困难的时期。同事谭晓丽还承担了第八章的部分写作任务。中国社会科学出版社王琪老师提出了十分专业的修改建议,并以高度负责的精神投入本书的编辑工作之中。我的家人永远无私地支持我的事业,为我全身心工作创造了良好的环境。对以上所有的关心、支持和帮助,我将永远铭刻在心、感激不尽。

路漫漫其修远兮,吾将上下而求索。

陈宏彩
2023 年 3 月